福爾摩沙見聞錄

風中之葉

Formosa

目錄

本書編輯體例說明

一、人名、地名原則上保留作者原有的寫法。十七世紀荷蘭人根據聽聞拼音書寫,同一人名或地名常有不同的拼寫方法。但若為
　　我國學術界通用的人名,則改為中文通用之譯法。

二、人名、地名於第一次出現時附原文與現今之地名,第二次之後則不再附記。

三、船名則按學術體例於原文中加上「the」,所有船名後面均加上一個「號」字,並以「」標示,並依最近的學術用法,以斜體
　　字標示。

四、外國人名全書統一,但因作者原文所引資料常為遊記與難以考究之人名,故部份沿用作者原文。人名之譯法部分依荷蘭文
　　發音,部分依法文,大部分依英文譯音,因譯者係按英文與中文通用之慣例。

五、遇有無法翻譯之專有名詞,如原住民的部落、以及不知道何處之譯名,均保留原有的寫法,留待以後研究。

六、圖片索引因原文冗長,統一匯整於書後之圖片索引以資參考。

七、另於書末附參考書目以利學術研究,倘有書中未附原文之書名,可於參考書目中找到。

福爾摩沙地圖集

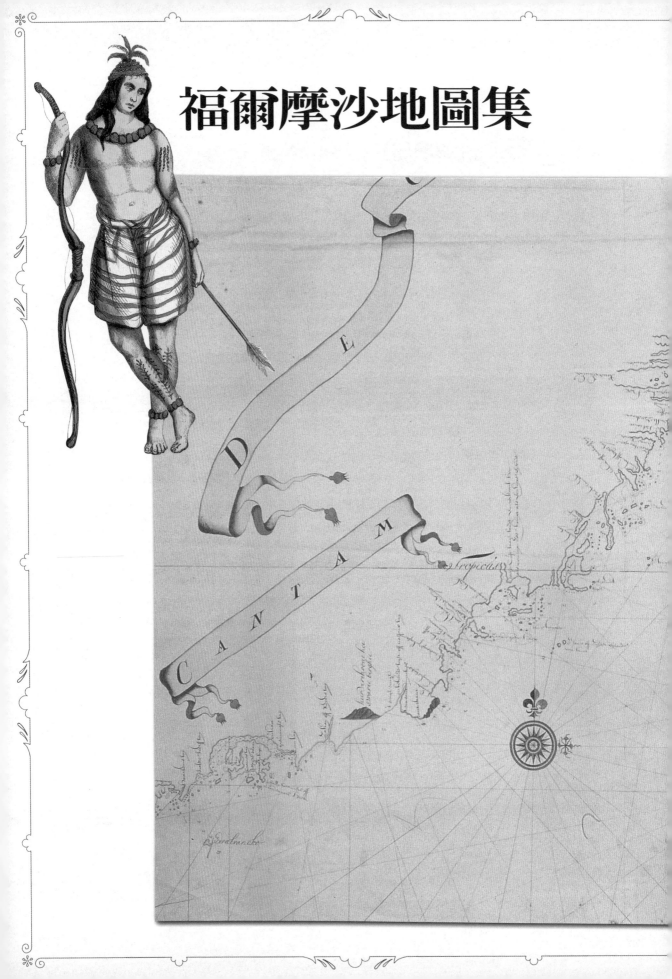

1624

此張福爾摩沙與澎湖群島（當時稱漁翁島）地圖原稿，原預定使用於荷蘭東印度公司的船隻上。荷蘭人也跟著葡萄牙人，用島上原住民的稱呼：「八嵌」（Pakan），來稱這個島，在地圖上除標出「Pakan」外，還標出「o Ilha Formosa」，即美麗的島嶼。

1633

為求與中國直接通商，荷蘭籍大員長官普特曼斯於一六三三年領軍攻打廈門港，但鄭芝龍的艦隊於金門海灣將荷蘭艦隊驅散，此為金門與廈門海灣的地圖。

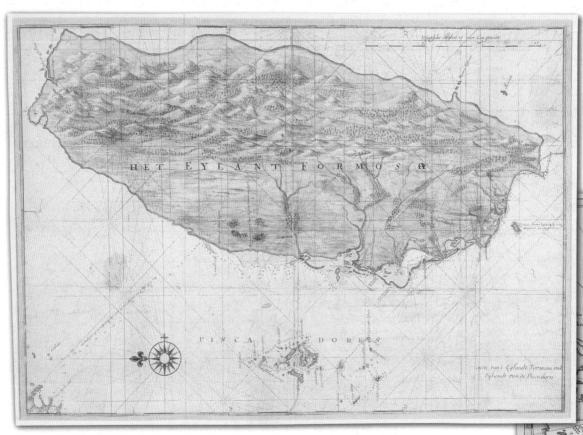

1640

這幅海圖繪製與著色都極為精巧,澎湖群島也描繪得十分詳盡,右下角標示著「Caerte vant Eijlandt Formosa ende Eijilandt van de Piscadoris」的字樣。島上的文字寫著「Het Eylant Formosa」,由一六四○年荷蘭籍的製圖師凡博(Johannes Vingboons)所繪製,是根據一六三六年荷蘭領航員詹斯(Pieter Jansz.)繪測的地形圖,為之後許多繪製者第一張基本藍圖。

1664~1668

荷蘭籍的繪圖師奎廉(Johannes van Keulen)所繪之海圖,地圖上標示著許多細密的經緯線,此圖專門使用於航海,並列有航行指示。繪製時間約為一六六四至一六六八年,為原始手工著色,是難得一見的精緻地圖。

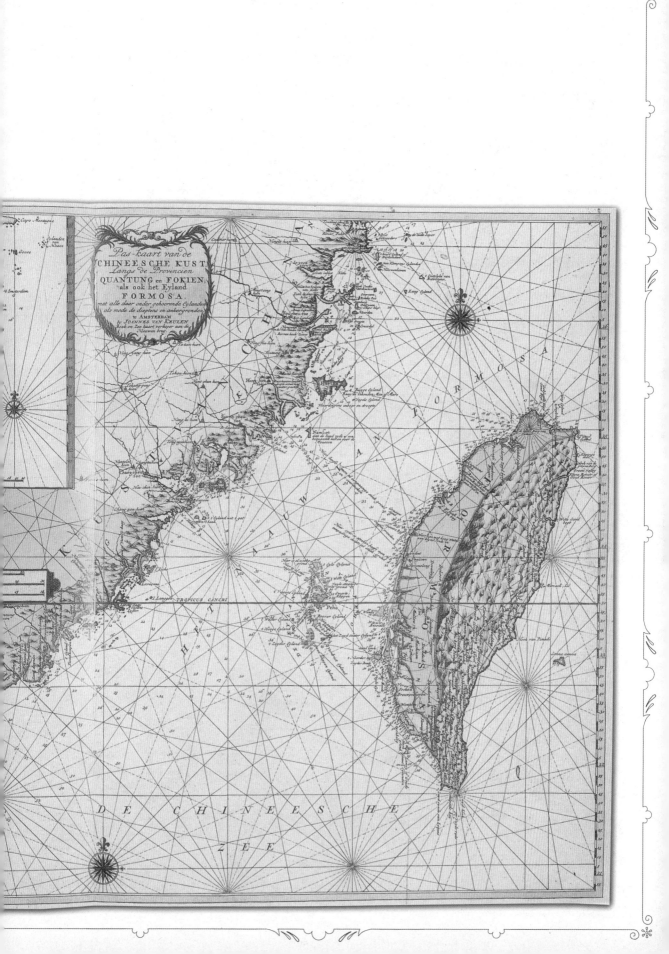

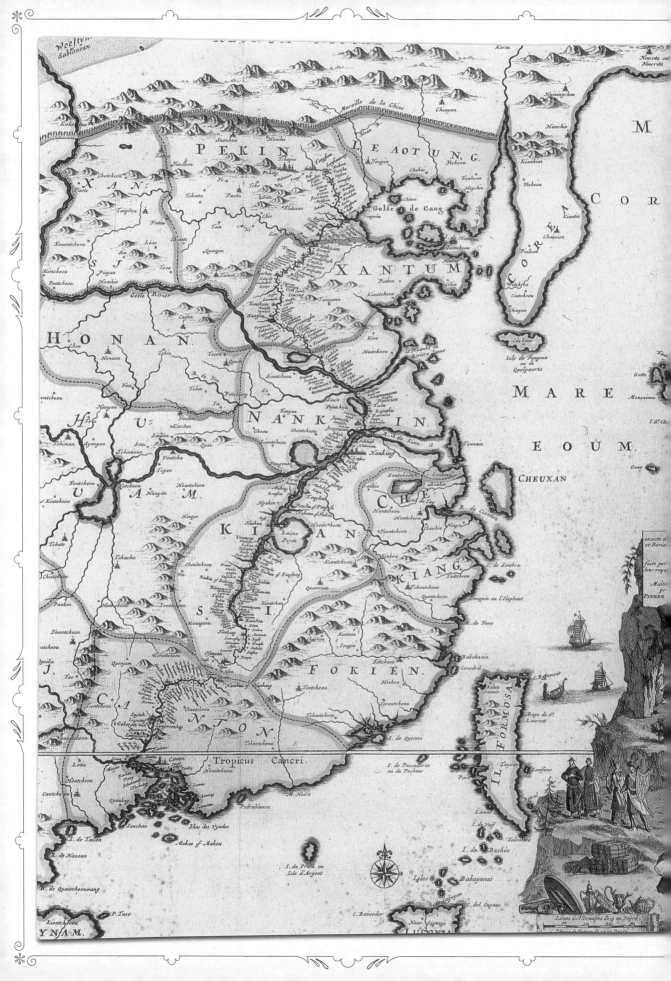

1665

荷蘭書商萬迪亞(Peter van der Aa,1659～1733)，本人也是製圖師，
製作過數幅中國與台灣的地圖，此圖是根據當時荷蘭特使團成員紐霍
夫(Jean Nieuhof)的資料繪製而成，繪製於一六六五年左右。

1680～1710

這幅地圖的標題為「中國東部」(Parte Orientale della China)，是義
大利天主教聖方濟修會克羅內立(Vincenzo Mario Coronelli,1650-1717)
神父所繪，他採用一種細膩的繪圖方式，呈現中國東部的形貌，詳細地標
出福爾摩沙島上的地名，此圖繪製時期約為一六八○至一七一○年之間。

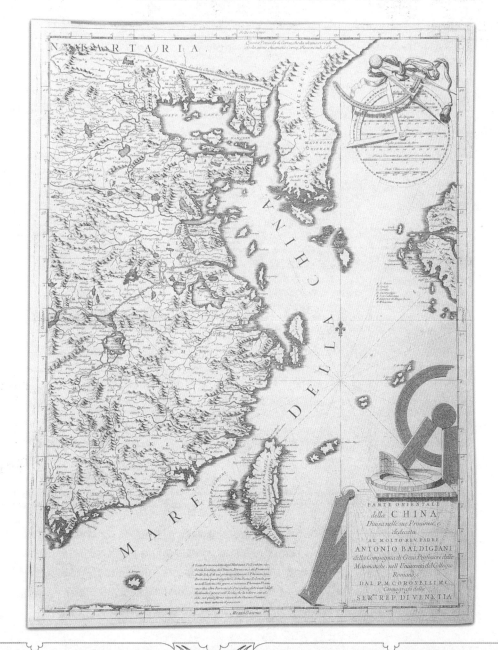

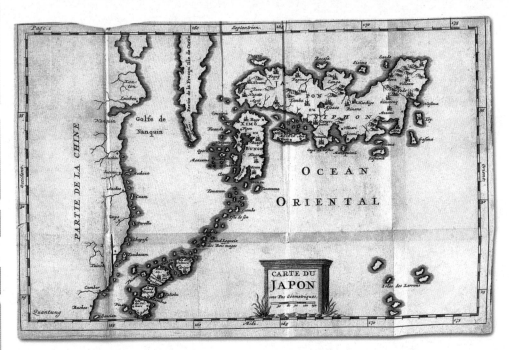

沙曼那拿（George Psalmanazar）所著之《日本國屬島福爾摩沙歷史與地理之描述》，此書銷路良好成為熱門話題，不但相繼被翻譯為荷蘭文版及法文版，隔年還再版，身為作者的沙曼那拿也在第二版書中，再增加一幅親手繪製的福爾摩沙地圖，證實福爾摩沙為位於日本西南的一連串的島嶼。

1704

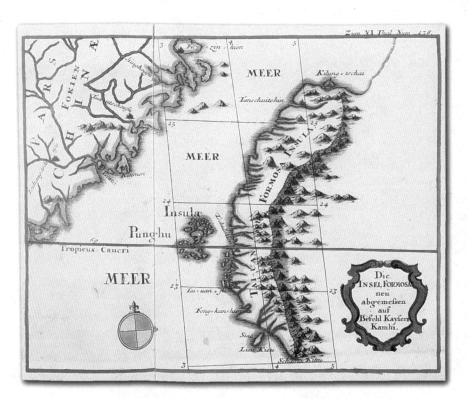

1714

康熙皇帝派遣耶穌會傳教士到各地勘察，並繪製地圖，完成《皇輿全覽圖》一書，而馮秉正神父負責走訪台灣、遍遊台西地區，他將觀察後所繪製的地圖，也寄給他的耶穌會上司。一七一五年，馮秉正神父繪製福爾摩沙地圖。一七二六年，這批資料首度出現在德國史塔克林（Joseph Stocklein）所刊印的《耶穌會教士海外傳教書信集》。

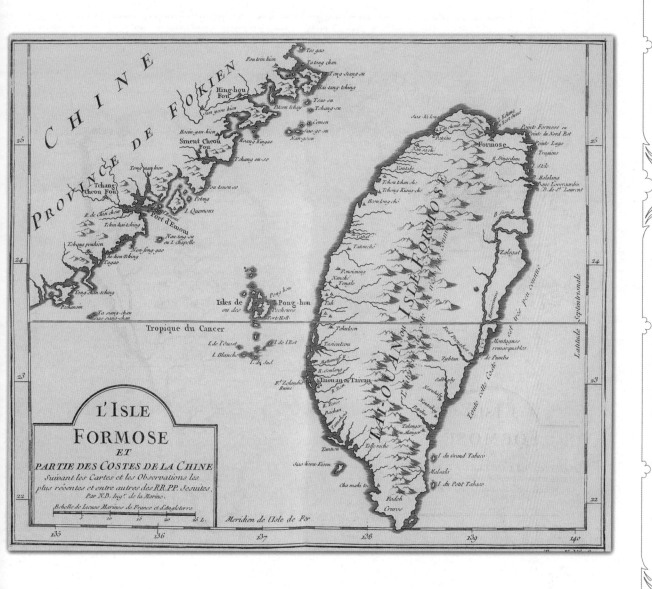

L'ISLE
FORMOSE
ET
PARTIE DES COSTES DE LA CHINE
Suivant les Cartes et les Observations les
plus récentes et entre autres des RR.PP. Jesuites.
Par N.B. Ing.r de la Marine.
Echelle de Lieues Marines de France et d'Angleterre.

十八世紀中期，法國人狄克士(Prevost d'Exiles)發行《航海通史》(Histoire General des Voyages)數冊，其中一冊內容許多篇幅與中國有關，圖為書中福爾摩沙島與部分中國海岸線。《航海通史》之地圖，可能出自另一位貝林(Nicolas Bellin,1703-1772)之手，一七六五年，貝林將自己繪製的地圖集結出版《法蘭西水文地圖集》(Hydrographic Francois)這幅有名的台灣地圖乃根據耶穌會教士資料繪製，在島嶼東海岸上寫這：「對這邊的海岸所知甚少」，島上標著：「大員或福爾摩沙島」(Tai-ouan ouIsle Formosa)。

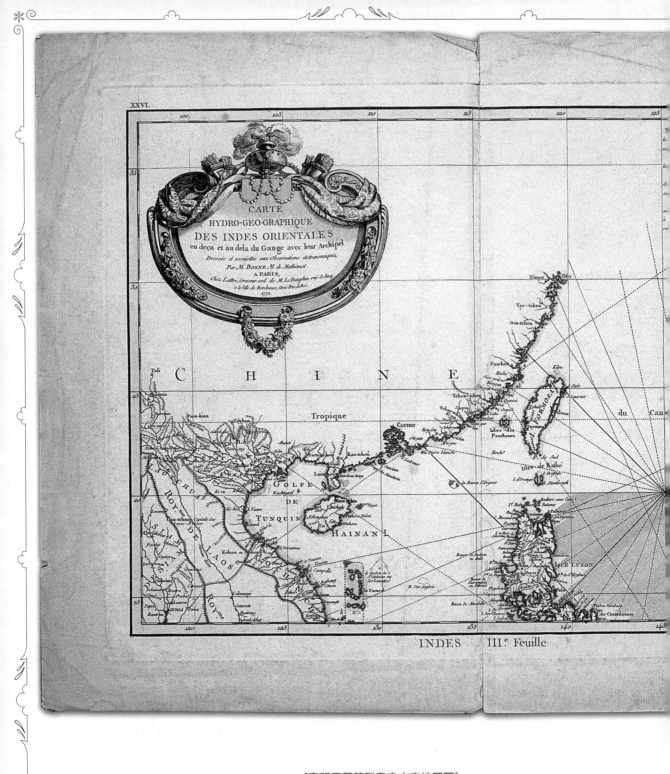

1771

《東印度暨諸群島之水文地理圖》。一七七一年，製圖師波那（M. Bonne）於巴黎所繪製，也收錄在狄克士發行的新版《航海通史》中。

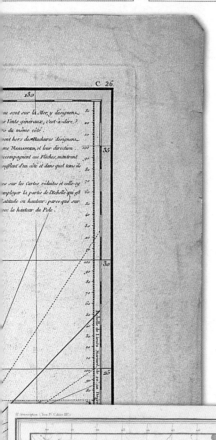

1812

法國出版家暨地理學家拉比兄弟，皮耶（Pierre Lapié）與亞力山大（Alexander Emile Lapié）發行許多地圖集，在他們一八一二年出版的《古代與全球地圖集》（Atlas Classique et Universel）畫冊中，已經包括了中國、日本及菲律賓與福爾摩沙部分的地圖，是現代地圖的雛型。

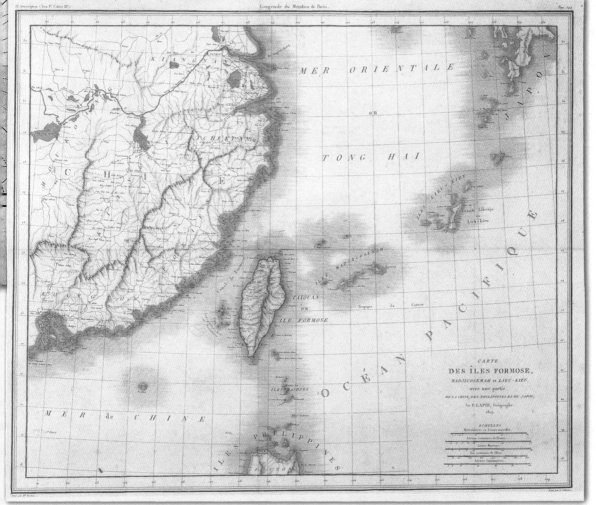

吟唱這片在風中搖盪的綠葉

時勢推移，世代更替，許許多多發生過的事象，在不知不覺中快速遠離了。

——於是，隨著時間的飄逝，過去發生的事象越來越模糊了，模糊到可以各說各話了。

——於是，歷史在各說各話中，真中有假，大假似真，巷議街談，真假互見，讓人不知何者是真，何者是假了。

——於是，稗官野史，傾巢而出，臧否人物，隨意揮灑，歷史的迷霧指數增加了，歷史的真相也更加模糊了。

研究歷史的人都知道：歷史，都有它的隱晦處，也有它的難明處，即使是面對當代歷史，由於意識形態迥異，也由於價值判斷有別，有時都難免難以理出真相，何況是情移勢變，時過境遷，證據日越湮滅，傳說日越紛紜的百千年歷史，其爭議性也就必然與日俱增了。

近一、二十年來，台灣本土意識漸熾，過去被欽定並視為主流的台灣史書，一夕之間，飽受顛覆，台灣歷史的再研究、再定位，一時也儼然成為顯學。

誠如連雅堂先生在《台灣通史》一書的自序中說的：「台灣固無史也，荷人啟之，鄭氏作之，清代營之，開物成務，以立我丕基，至今三百有餘年矣。」其實，台灣的歷史豈止三百餘年而已，只因「台灣固海上之荒島爾」，所以在「西力東漸」之前，台灣被視為化外之島、蠻夷之域，歷代何曾給予應有的重視與關懷？

自海運開通，殖民主義盛行，西人紛至沓來，台灣雖蕞爾小島，但「運會之趨，莫可阻遏」，除了西、荷之爭外，尚有英人之役、美船之役、法軍之役、中日之役，外交兵禍，相逼而來，台灣的戰略價值日顯重要，台灣的歷史定位漸受矚目。

本書作者蘭伯特(Lambert van der Aalsvoort)，荷蘭人，是位從事旅遊寫作與攝影的自由作家，他之所以對荷蘭統治台灣的歷史產生興趣，緣於大約二十年前，他在墾丁附近旅遊時，偶然發現一間奉祀「荷蘭

FORMOSE. — Ruines du vieux fort Zélandia.

八寶公主」的小廟而引發的，此後，他不斷在歐洲找尋自十六世紀以來有關台灣的版畫與地圖，也不斷接觸東印度公司的史料，並致力於台灣與中國特殊歷史文物的蒐集，從中領悟到三百多年來，台灣的命運如同風中之葉，隨風飄零，何去何從，難能自主，這或許就是台灣的痛，台灣人的悲哀吧！

當然，我們不能以蘭伯特先生的感覺爲感覺，因爲蘭伯特先生是荷蘭人，而荷蘭又曾在十七世紀殖民過台灣，左右過台灣的命運，以這樣的情結來感覺台灣的命運，難免會有情感上與認知上的落差。然而如果我們能換個角度，把他的見解當作是一個旁觀者的觀點來思考，也未嘗不是爲我們指出一種另類思維的新方向。

這本書是一本十六世紀至十九世紀三百多年間，外國人對台灣片段觀察，彙集而成的一些紀錄。這些紀錄，不管是圖與文，我們固然不必期待它全然爲眞，但這些吉光片羽，至少可以提供我們了解三百多年來外國人眼中的台灣，究竟像什麼模樣。

不可諱言的，本書最能引起讀者興趣的，恐怕是那些十七、十八世紀有關台灣的插畫了。這些插畫確實可以增添讀者的想像空間，但誠如本書審訂者陳國棟教授一再提醒的：「那些插畫，說眞的，其實不完全是當時外來觀察者的作品。插畫家只是根據原作者的敘述，用圖畫幫忙讀者想像。」所以讀者在閱讀時，對於圖象只能作爲擴大想像空間的工具，不能完全就其表象加以解讀。

話雖如此，我們仍然要對本書的出版感到自豪，因爲這是作者花了很長時間的蒐集，很大工夫的研究，才獲致的成果。而陳國棟教授的用心審訂與導讀，增加了讀者閱讀本書的清晰度，給讀者帶來很大的幫助與啓發，我們在此一併致謝。

經典雜誌發行人

王瑞正

寫在《風中之葉》卷頭

台灣島被稱爲「福爾摩沙」、「美麗之島」是眾所皆知的事情。大家也都知道，這個名字是葡萄牙人取的，當時叫作「Ilha Formosa」。根據二十世紀初日本人新渡戶稻造(Nitobe Inazo)的說法，西班牙人、葡萄牙人在地理大發現的時代，航海者向世界各處探險。歷經驚濤駭浪的洗禮，每於看到陸地時，情不自禁地發出這樣的歡呼，往往也就成爲當地的地名。因此，在他的年代，在歐洲、亞洲、非洲以及南、北美洲，據說就有十二個地方，叫著「Formosa」這樣的地名，而台灣只不過是其中最廣爲人知的一個而已。(註一)

新渡戶稻造講得一點也沒錯。就是過了將近一百年，我們也還是可以在比較詳細的世界地圖中找到不只一個叫作「Formosa」的地方。我們隨手翻閱手邊的《美國世界地圖集》(The Prentice-Hall American World Atlas)這本地圖集(註二)，馬上看到南美洲的阿根廷、巴西和非洲的肯亞都有喚作這個名字的城市、山脈或海灣。此外，就個人所知，也還有別的不出現在這本地圖集的「Formosa」。例如在英國泰晤士河(The Thames)中游，介於溫莎(Windsor)與牛津(Oxford)之間，就有一個小島(恰巧也是泰晤士河上最大的一個島)，也叫作

「Formosa」。

　　然而不管是哪個「Formosa」，都遠
不及台灣出名。台灣與「Formosa」
（福爾摩沙）這樣可以互相轉換的地
名，意味著台灣在出現於歷史舞台
時，就已深具國際性的特色。所以，
從十六世紀以來，曾經活躍於台灣這
塊舞台的人士，除了原住民不說，就
包含有中國人、日本人、荷蘭人、西班牙人、波蘭人、德國人、法國人、美國人……等等的
外來者。這些外來者，或多或少都見證過，某一特定時段台灣的歷史、地理、人文與自然現
象，同時也留下來吉光片羽的紀錄或影象資料。《風中之葉》這本書就是設法把早期三百多
年間，外國人對台灣的片斷觀察彙集在一起，提供本地的讀者認識外國人眼中的台灣。

　　作者蘭伯特(Lambert van der Aalsvoort)，荷蘭人，他所寫的精采報導也常披露在《經典
雜誌》上。雖然他本人並不是一個歷史學者，而是一名在歐洲買賣東方古董、古文書的古董
商，但他花了很長的時間，收集了兩百三十多張的圖像資料，交給《經典雜誌》出版，與國
人見面，可以說是一件很有意義的事情。眼尖的讀者也許會發現：書中某些圖片在近年來有
關台灣的出版品中，可能已經露過臉。不過，本書的特色除了選用的圖片更具時代特色，全
書更具完整性之外，所有的圖片幾乎都來自原始資料，而非經過輾轉複製而成，因此圖片的
品質也比一般出版品來得清楚與精緻。

　　蘭伯特在收集影象資料的同時，也下了很大的工夫，提供讀者認識這些圖片的背景資訊。
隨圖而來的文字，大致上反映出記錄事件的西方人一時的認知、情緒或偏見；屬於作者本人
的文字，則代表他對相關問題的看法。讀者應該事先明瞭：作者蘭伯特對古代的文物具有鑑
別的能力，但對歷史事實的真假卻不見得能做出完全正確的判斷。這本來就不容易呀！不然
哪需要歷史學家呢？其實，也正因為作者不是專業歷史學家，因此他把重點放在轉述資料來
源，而不加入煩瑣的考證；同時在「原音重現」的原則下，作者也沒有提出任何特殊的觀
點，這留給讀者更多自由想像的空間。

　　《經典雜誌》希望我為本書中文版作一些校訂的工作，並寫下這篇簡短的介紹文字。因為
蘭伯特先生湊巧是我常年旅居法國的堂哥陳嘉祺的朋友，於是就承允了這項工作。我的校訂
原則為：⑴針對譯文部分：更正錯誤的翻譯，建議將非慣例的譯法或譯名做必要之修改；

(2)針對作者的敘事：指出敘事不符史實的部分，建議修改；(3)史料原文的部分，以不變動為原則。最後修飾完稿的工作，完全交由《經典雜誌》編輯部的朋友執行，而他們也都全力求好。

結果，實際更動的地方並不多，換言之，我們還是把很多該有的判斷留給讀者。不過，我們也願意利用這個機會提醒讀者一、兩件事情。首先，即使在「全球化」(globalization)運動風起雲湧的今天，異國人士在文化上的接觸還是免不了偏見與誤解。這樣的偏見與誤解，有的純粹是個人的主觀，有的則是個人教養上受到特殊文化浸染所致。我們用現代的知識、現代的邏輯來觀照古人的看法(不管是文字還是圖象)時，更難免會覺得種種的不是。我們要誠懇地建議讀者，不妨包容書中觀察者的片面看法和不周延的評述，藉著這些偶然流傳下來的圖片和史料，對歷史台灣作一番想像。閱讀的主權在您，但我們同時也把想像的主權留給您！

其次，就時間段落與圖文分配的情形來說，讀者也不難察覺本書內容的安排頗不均衡。造成這樣的事實，主要是歷史本身以及遺留的文獻有以致之。有關荷蘭時代的篇幅看來相當適中，可是對隨後的鄭氏政權，書中沒有多少交待。十八世紀時，台灣完全在清朝的掌握之下，原則上不可能有什麼涉外的事件發生。但是在十八世紀的上半個世紀，荷蘭人在台灣的活動，餘音嫋嫋，還能引起歐洲人的興趣，因此有沙曼那拿的偽書《福爾摩啥》(註三)風靡一時。同時，世紀初年歷史的偶然，也把馮秉正、雷孝思等天主教耶穌會神父帶來台灣從事地圖的測繪，從而留下雪泥鴻爪；到了該世紀的後半葉，涉外的接觸屈指可數，但是還有波蘭人貝尼奧斯基伯爵、法國人貝胡斯突如其來的造訪，猶如止水中的微瀾吧！十九世紀前半

的台灣，乍看之下依舊相當孤立，可是外來的勢力已經在門口徘徊。歐美商人通商的需求與輪船發明以來對燃煤的渴望，正迅速地把台灣拉進中國以外的世界體系中，於是到了十九世紀下半葉，形形色色的觀察與紀錄就紛紛出籠了，這也是有關這個階段的圖像與文字特別豐富的原因。

就這樣，「有事則長，無事則短。」《風中之葉──福爾摩沙見聞錄》把十六世紀末以後，三百年間，歐美人士對台灣的觀察與描述作了一番剪輯。這樣的一個剪貼本上，有文字，也有圖畫，分別反映了歷史人物本人的見聞與那個時代的特色。說反映個人的觀察倒容易瞭解，說反映時代特色則似乎有點含糊。這也是我們還要囉嗦一下的：《福爾摩啥》的插圖固然是虛構，其他的圖象也不能完全就其表象加以解讀──特別是源自十七、十八世紀的銅版畫，那些銅版畫、插畫，說真的，其實不完全是當時外來觀察者的作品。插畫作家只是根據原作者的敘述，用圖畫幫忙讀者想像。對一個未曾來過遠東、未曾來過台灣的歐洲畫匠而言，要把文字作者的意象用圖畫表達出來，只能靠自己的經驗知識找到素材，加以發揮（所以他們如果把一個台灣原住民畫成有點非洲人或美洲印第安人的味道，也就不足為怪了）。為了避免誤解，讀者們不妨對照文字，把插畫的片斷細節當成是一個個的符號，那樣就比較能貼切地掌握插畫者的意圖。至於十九世紀以後的圖象，我們倒可以比較放心地說，寫實性很高。這要感謝科學時代的來臨，像郇和這樣的紀錄者正和達爾文一樣，分享著科學考察的嚴謹精神！

時間從來不曾暫停，所有的現在轉瞬都要成為過去。然而不是所有的過去，都會成為伸手可及的歷史。彷彿秋令當頭，落葉飄零，湊巧跌落在您眼前的，才是可以觸摸、可以直接感受的歷史。就容許我們以懷舊的心情，把玩這片片的「風中之葉」吧！

註一：Nitobe Inazo, The Japanese Nation, ch. IX, "Japan as a Coloniser" ,p. 233，轉引自矢內原忠雄著，周憲文譯，《日本帝國主義下之台灣》，p. 3。台北，帕米爾，1985。

註二：New Jersey: the Prentice-Hall, 1984。

註三：完整的中譯本請參閱薛絢譯，《福爾摩啥》，台北，大塊文化，1996。

審訂者

台灣的歷史被隱晦在疑雲中。長期以來，中國大陸的統治者將台灣視作化外之地，認為島上廣布桀驁不馴的移民，以及獵頭的原住民族，因此，與台灣有關的工藝品、文件及地圖極為罕見。直至西方人開始覬覦島上利益，台灣在戰略與經濟上的重要性方才顯現出來。中外通商始於十七世紀，其後，十九世紀的鴉片戰爭更打開中國的門戶。荷蘭人、西班牙人、英國人、美國人、普魯士人以及法國人，均曾向其國人詳細地報導台灣。透過商人、傳教士、領事、投機份子、探險家以及科學家的觀點，我們可以意外客觀地拼湊出台灣的命運——身為風中之葉，幾乎完全不得自主的命運。

我來自荷蘭，荷蘭人短暫殖民台灣的國族記憶至今已大半消逝。大約二十年前，我首次走訪台灣。在早年的一次旅行中，我偶然在墾丁附近發現一座指向某間小廟的路標，那間廟奉祀某位無名的「荷蘭八寶公主」(Dutch Princess of Eight Treasures)。據信，她所搭乘的船隻於荷蘭統治期間在沙岸上失事。這個故事沒有任何佐證，看來是編造的，目的在吸引遊客。然而，這個故事串聯起我的國家的過往，激起了我的好奇心。在荷蘭統治時期到底發生了哪些

在被遺忘的礦坑中挖掘金塊

事？除了曹永和先生（臺灣史研究先驅）之外，似乎沒有人真正明瞭。為了閱覽東印度公司的古文件，台大圖書館主任曹永和先生設法學會我們先祖所使用的古荷蘭語。針對這段台灣史上的重要時期，這位謙和的學者似乎是獨自地獻身研究，好像沒有人真正在乎荷蘭時期的台灣歷史。往後，我成了造訪台灣的常客，目睹台灣社會多年來的劇烈變化，台灣社會日趨開放，人民開始關注起更加深植人心的國家認同感。民眾對於台灣歷史的興趣迅速增長，曹永和先生畢生投入的工作也獲得了應有的肯定。

　　台灣的歷史顯示出一個道理，外國勢力介入儘管造成國家受支配、剝削，但同時也會刺激發展，而自溺短視只會導向孱弱不振的孤立之途。更深入了解自身的歷史後，台灣人民或許能以更充分的自信和自尊，來面對自己的命運，因為在處理對中國和外國關係上，台灣所面臨的挑戰，其本質與以往如出一轍。歷史影像所訴說的內容更勝千言萬語。大約五年前，我開始搜尋有關福爾摩沙的歷史資料，西歐各國的古書店和拍賣場是我主要的搜索場所。此外，舉凡我的足跡所到之處——從愛沙尼亞到印度、亞美尼亞的葉勒凡至海參崴——跳蚤市場總在必搜之列，任何可望提供資料線索之人，我絕不忘詢問。我不時地找尋與福爾摩沙相關的版畫或地圖，不錯過任何微小篇幅，我彷彿是在被遺忘的礦坑中挖掘金塊。一旦發現未為人知的歷史影像，我總是感到十分興奮，它們像黑暗中的燭光，剎時為福爾摩沙的過往歷史提供一絲新線索。

　　將我的發現與島內外越來越多的福爾摩沙史料搜集者分享，支撐著我堅持不懈。我願將此書獻予這些熱心人士以及曹教授，作為他們關切家鄉遺產的獻禮。

作者

蘭伯特・凡・德・歐斯弗特
Lambert van der Aalsvoort

【第壹部】

十六、十七世紀

葡萄牙和西班牙人是西方人在遠東拓展勢力的先鋒。葡萄牙人於一五一三年到達中國，他們急欲開發新的貿易市場，一心想使中國人改信天主教。由於沿岸受到本地與日本海盜的騷擾，因此中國並未與日本直接通商。葡萄牙人協助中國當局打擊海盜，逐漸與中國建立貿易關係。

葡萄牙人在澳門(Macao)奪得一個海上據點，終於得以藉由澳門與中國通商。一五四二年起，葡萄牙人派遣數支遠征隊前往日本。北上途中，航經一座未標示在中國地圖上的島嶼，水手們將該島稱為「Ilha For-mosa」(Ilha指島，Formosa指美麗)，意指「美麗之島」。

地圖上的台灣

一五六四年，台灣島出現在西方人所印製的地圖上。在歐提利歐(Abramo Ortelio)的《世界地圖》(Orbis Terrarum)上，或許出於手稿的訛誤，台灣被稱為「Tinhosa」。一五八二年，葡萄牙人記載，有船員因船難滯留該島長達十星期。兩年後，受雇於葡萄牙人的荷蘭籍高級官員林斯霍登(Jan Huygen Linschoten)，首次在信件中正式提及「福爾摩沙」(Formosa)。

同年，在歐提利歐的中國地圖上，該島被命名為「Fermosa」，位置介於小琉球(Lequeio parvai)和大琉球(Lequeio magna)之間。在航迪斯(Jodocus Hondius)一六〇六年的中國地圖，以及布洛(Guilielmus Bleau)一六一八年的亞洲地圖上，福爾摩沙是位於北回歸線略北處的島嶼群，與琉球諸島相銜。

西班牙人欲與中國直接通商，未果，轉而在菲律賓經營殖民地。一五八六年起，他們開始覬覦福爾摩沙。一五九八年，西班牙船艦在登陸福爾摩沙之前遭遇暴風，無功而返。一六〇九年，一支日本遠征隊想占領福爾摩沙北部——日本海盜長久以來的據點。結果大多數船隻因暴風而沉沒。一六一五年的另一次遠征任務亦告失敗。

根據西班牙人所搜集的地圖資料，桑卻斯(Antonio Sanchez)在他一六二三年的世界地圖上，正確描繪出福爾摩沙的輪廓，圖中的福爾摩沙是北回歸線上的獨立島嶼，與琉球

Eoum nobis heic dat Lynſcotius Orbem,
Lynſcotum, artifici ſculpta tabella manu.

葡萄牙水手在遠征日本途中，看到了一個蔥鬱美麗的島嶼，忍不住讚歎，高呼「Ilha Formosa」，意思是「美麗之島」。一五八四年，荷蘭籍航海官林斯霍登將此記下，自此，「福爾摩沙」之名就在西洋人中傳開來。

諸島截然分立。

澎湖群島

十七世紀初期，信奉新教的英國、荷蘭，開始與西班牙、葡萄牙爭奪海上貿易。荷蘭長期與信奉天主教的西班牙交戰，一五六九年開始起義，一六四八年獨立獲得國際承認，一五九〇年代已加入東方貿易，在這段時間，荷蘭亦開始尋求與中國直接通商。一六〇〇年，荷蘭人首度想登陸葡萄牙殖民地澳門，被葡萄牙人擊退。

四年後，荷蘭艦隊司令官韋麻郎(Wijbrand van Warwijck)抵澎湖群島(Pescadores)。韋麻郎欲就直接通商之事宜與中國當局展開談判，但因葡萄牙人阻撓而再次受挫。數年後，荷蘭人三度叩關。為了促進在遠東的貿易利益，荷蘭若干家貿易公司決定合力籌組荷蘭聯合東印度公司(Verenigde Oost-Indische Compagnie)。

一六〇九年，荷蘭東印度公司開創了日本貿易。中、日兩國向來互市絲綢與白銀，荷蘭東印度公司想占取這個有利可圖的市場，一度與英國船艦合作，封鎖中國海域，不讓葡萄牙和西班牙船隻航行。

一六二二年，巴達維亞(Batavia，今雅加達)的荷蘭東印度公司評議會派遣八艘船艦組成遠征軍，指揮官雷爾生(Cornelis Reijersen)奉命攻占澳門，壟斷對中貿易，如若無法達成任務，則設法在澎湖群島(當時荷人稱漁翁群島)或其東的福爾摩沙，兩地之中取得其一作為據點。巴達維亞的荷蘭總督顧恩(Jan Pietersz. Coen)，在他的任務命令中描述：「福爾摩沙相當美麗，島上盛

IAN PIETERS ZOON KOEN.
Gouverneur Generaal van Nederlands Indien.

荷蘭聯合東印度公司意欲獨占中國大陸與東南亞的利益，一六二二年，被賦予裁決貿易政策與軍政特權的荷蘭東印度公司總督顧恩(上圖)，派遣指揮官雷爾生在中國海域間攻取據點，以壟斷對中貿易。

產鹿，但就目前所知，當地似乎缺乏停泊大船的良港。」

雷爾生指揮官未能攻下澳門，於是轉往澎湖，以澎湖作為「會船點」與前來貿易的中國人交易，兼可封鎖沿海交通，使西班人無法從馬尼拉與中國進行貿易。

危險的海岸

抵達澎湖數日後，雷爾生向東航行，對東南海岸進行勘察，找尋合適的貿易地點。他在大員(Tayouan，今安平)灣發現日本商人。每年都有幾艘日本商船來此地採購鹿皮，以及來自中國大陸的絲綢。雷爾生走訪

荷籍朋第高參與過雷爾生的遠征計畫,經過六年的遊歷後,寫下《東印度遊記》,獲得十七、十八世紀讀者們的廣大迴響,圖為朋第高在遊記內所繪製的版畫。

附近的蕭壟村(Soulang,今佳里),得知此地家家戶戶都有漢人借住,他們從土著手中大量買進鹿皮和鹿肉乾,「所費無幾,因為土著不知錢為何物……。」這些漢人逼迫原住民供應食物,否則便不給予他們中國大陸的出口食鹽。

有一位荷蘭人朋第高(Willem Ysbrandtz Bontekoe)參與了雷爾生的任務,經過六年的歷遊後,他寫下《東印度遊記》。這本遊記在十七、十八世紀時擁有廣大的讀者群,至今還有現代改編本。在描寫遠東冒險經歷的記述中,他只簡短提及澎湖和大員灣,以及他們在漢人村落裏購買新鮮食物。

大員沙洲附近沒有森林,無法供給築城所需的木料。往南七十公里處,另有一個被稱為蟯港(今高雄縣北部)的海灣入口處,但雷爾生發現那裏水灣太淺,而且只能容納八至十艘船隻停泊。他想前往東南方不遠處的一座小島(大概是小琉球),船上的中國舵工卻拒絕靠岸,說那裏住著「吃人肉的壞人」,三年前曾殺害三百名漢人。

雷爾生得到結論,認為福爾摩沙島西岸「滿布沙洲,非常危險」,大員灣可能是發展

貿易的合適地點。雷爾生返回澎湖。不久後,他派了一艘船到福爾摩沙北部去勘察雞籠(keelung,今基隆)。雷爾生得到的回報是,雞籠港並不太合適,因為港口四周沒有屏障,無法阻擋來自北方的季風。

荷蘭人強迫被俘的中國帆船水手,以及當地漢人,在澎湖主島築城。往後數年,雷爾生數度與福州當局商議直接通商,沒有得到結果。中國當局力勸荷蘭人離開澎湖,他們建議荷蘭人移師至澎湖附近的島嶼,那裏不是中國領土。當局以誘人的詞彙做描述,他們說島上住著「與土著女子通婚、樂意合作的漢人」,並且出產黃金。中國當局承諾,准許中國帆船可航至大員與荷蘭人通商。但如果他們繼續占據澎湖,則將全面禁止貿易活動。

中國當局要求與日人通商的私商頭子李旦居中斡旋,並以監獄裏其同黨為人質,試圖說服荷蘭人離開澎湖,移往大員。此時,其部下鄭芝龍擔任荷蘭通事(即翻譯)一職,荷蘭人以他的教名「尼古拉·一官」(Nicholas Iquan)稱呼他。鄭芝龍是福建人,在澳門居住時曾受雇於葡萄牙人,還信奉了天主教。

雷爾生率五十名士兵在大員沙洲登岸。他向巴達維亞的荷印公司評議會報告:「土著原先對我們似乎十分友善,但是在中國人煽動下,情況即刻改觀。他們答應讓我們住下來,還可以採竹子,我們得自己動手,因為中國人不願將竹子賣給我們。這些土著邀請我們其中幾人前往他們的村子,與他們建立友誼。」

隨後幾週,雷爾生的手下在竹林裏採竹

子，原住民會替他們領路，他們還與附近村莊的原住民接觸過。但為了某些事，「原住民之間顯然起了爭執，他們大約有兩百人，我方有三十人，我們受到攻擊，被迫撤回船上。我們不得不認為，他們已經受到中國人的煽動。」回到澎湖後，雷爾生聽說荷蘭人進攻廈門失敗，他預料中國會發動攻擊，將他們驅離澎湖。為了增強防禦，雷爾生撤回大員駐兵。

熱蘭遮城

當時的新任指揮官宋克(Martinus Sonck)搭乘「熱蘭遮號」(*the Zeelandia*)前來接掌指揮權時，澎湖灣集結了數量龐大的中國艦隊。宋克於是決定於八月二十六日開始拆除荷蘭堡壘。四天後，移師大員沙洲。由於大員四周沒有任何屏障，宋克下令立即在舊址(指雷爾生所建竹砦舊址)上建城防禦。該城鄰近一座漢人漁民和商販所居住的小聚落。在預定築城的沙地上，一開始僅用木板柵欄圈圍，內填沙土。後來又圍上了堅實的城牆，所使用的建材是拆自澎湖的磚塊，以及從中國大陸和巴達維亞運來的磚塊。

起初宋克依荷蘭國王的名字命名，將城堡名為奧倫耶城(Fort Oranje)，後來更名為熱蘭遮城(Fort Zeelandia)，大概是沿用其船熱蘭遮號的名稱。大員沙洲有淹水之虞，而且無法取得淡水，荷蘭人於是在海灣對岸

Fort de Zeelande ou de Taiovang

Pag. 68

這是最早問世的福爾摩沙圖像，刊行於一六三五年，出自一位賽傑瑞(Seygert van Regteren)所編的《干治士福爾摩沙見聞》，而這幅描繪熱蘭遮城的版畫也被用於往後出版的遊記中。

開設商館，名爲普羅民遮城(Fort Provintia)。由於當地漢人不願前往，而荷蘭人又感染瘧疾，於是放棄築城的計畫，改將商館建在熱蘭遮城旁。

一六二五年，首任荷蘭大員長官宋克向鄰近的赤嵌(Saccam，今台南)村村民租賃土地，用以放牧牲畜。荷蘭人繞航全島，繪製港口和周遭環境的海圖。他們沿用沙洲名稱，將台灣島稱福爾摩沙。稱一鯤身爲大員，也稱北港，當時島上鮮少有永久的漢人聚落。荷蘭人估計，漢人數目介於一千與一千五百人之間。島上大多數的漢人都是漁夫，只有捕漁季節時才居留在西部海岸，除之此外還有中國走私商人和海盜。

荷蘭人從此將大員港據爲己用。李旦、鄭芝龍等人，再也不能在大員與日本人進行交易。鄭芝龍擔任過第二任大員長官德韋特(Gerrit Fredericqs de Witt)的通事，也曾在熱蘭遮城當裁縫。荷蘭東印度公司便雇用鄭芝龍、李旦及其黨羽，掠劫當時與西班牙殖民地菲律賓通商的中國船隻。

中國當局僅准許間接通商，限一艘商船在廈門(Amoy)互市。一六二五年，李旦死後不久，一六二八年鄭芝龍接受中國當局招撫。福建巡撫任命鄭芝龍爲「海防游擊」，命其掃蕩沿岸海盜。握有艦隊的鄭芝龍，幾乎掌控了整個南中國海岸，支配大牛的貿易，壟斷與荷蘭人交易的市場。

北部的西班牙人

一六二六年，來自馬尼拉的西班牙遠征隊登陸雞籠。三個步兵連加上六位道明會(Dominican)傳教士隨行。西班牙人想以雞籠爲基地，將天主教介紹到中國大陸。他們將港口駐地命名爲「至聖三位一體城」(La Santissima Trinidad)。海灣入口處的小島——和平島(Hoping Tao)上築有一座堡壘。傳教士建造了一座小教堂，著手使附近的原住民改信天主教。

三年後，西班牙移民開始進占北部的第二座天然港淡水(Tamsuy，Tamsui)，淡水港常有中國大陸的商人往來。西班牙人在其所占領的堡壘廢址上另建新城，命名爲聖多明哥城(Santo Domingo，即聖主之意)。

傳教士干治士

占據大員的首任長官宋克也認爲荷蘭殖民者需要精神寄託，同時也有必要將荷蘭的宗教介紹給原住民。基督教傳教士干治士(Georgius Candidius)於是在一六二七年抵達福爾摩沙，成爲島上第一位新教傳教士。生於德國的干治士逃離被戰火蹂躪的家鄉，前往荷蘭修習神學，三十歲時被派到島上傳播基督教。

干治士在新港社(Sincan，赤崁社)定居，此時荷蘭人已經與新港社人建立起友好的關係。每天花費數小時，主動教育成年村民，並介紹新教信仰。與當地居民相處了一年半後，他刊行了第一份由外國人編著，有關福爾摩沙及其居民的報告，其內容涵蓋了七座村莊，這些村莊與熱蘭遮城的距離，皆在一日行程內。

「島上居民使用數種語言。他們沒有國王、統治者，也沒有首領。他們彼此無法和平共存，村莊之間持續處於交戰狀態。這些居民極爲殘忍、野蠻，男子往往非常高大強

壯，事實上，幾乎可說是巨人，膚色介於黑、褐色間。夏季時，男子行動往來，一絲不掛，完全沒有羞恥感。相反的，女子身材則相當矮小但壯碩，膚色介於黃、褐之間。她們以少許衣物蔽體，有一定程度的羞恥感，但沐浴時除外。她們每天以溫水沐浴兩次，沐浴時即使有男子經過，她們也不太在意。

大體而言，福爾摩沙人相當友善、守信，而且本性良善。他們對待外國人也十分懇懃，依其風俗，以最親切的方式供給食物和飲料。耕種稻米是居民的主要勞務，他們坐擁大量的肥美土地，可以輕易地養活更多的人口，然而，這七個村莊的人卻只耕種所需的數量。婦女任勞任怨，承擔大多數的農事。若不在田裏工作，她們便駕著舢舨，忙著捕捉蝦、蟹，或採集牡蠣。

婦女工作時，男人卻游手好閒，十七歲至二十四歲的壯丁尤其如此。年長男子(四十至六十歲者)通常日夜與妻子待在田間小屋，每次為時約兩個月的時間，他們幾乎不回村莊，除非村裏舉行慶典或發生其他的事情。青年男子鮮少在田裏幫忙妻子，因為漁獵是他們主要的工作。」

戰事

「向敵村宣戰前，他們會事先發出警告，說明和平已經破裂。接著便派出二、三十名男子，或合適的人數，有時乘舢舨出發。到達目的地後，他們靜待天黑，以免洩露行蹤。交戰期間，他們十分狡詐，對他們而言，背信等同於戰爭。到了適當時機，他們會潛入田地，先查看是否有人在田間小屋睡覺，因為如先前所提及，大多數年長的土著

福爾摩沙的島民，總在與敵軍交戰獲勝後，割下敵人的首級，拿回村莊巡行，向村人誇耀勇武，並接受眾人的喝采及盛宴款待。

會睡在自己的田地裏。不管男女老幼，只要碰上了就立即加以格殺，切下頭顱、手足。

有時他們會取走整具屍體，依戰士人數，分割成同等數量，因為每個人都想要得到一塊，返家後方可用來向人誇耀其勇武。但倘若遭受敵人攻擊，非逃不可，他們就只帶走頭顱；如果可能被攔截，他們就只帶走頭髮，然後儘快離開。萬一田裏沒人——這種情況偶爾會發生，他們就進入村莊，伺機偷襲其中一戶人家，不留任何活口，急忙切下

原住民村莊裏發生爭端時，由十二名男子所組成的長老會議協助調停解決。

他物品毀壞。

他們不用律法懲處偷竊、殺人和通姦者，認為自己受到冤屈的人可以自行報復。因此，如果偷竊的事情被張揚出來，遭竊的受害者就會約同幾位朋友，前往偷竊者家中，盡其所能取走物品，或強迫犯罪者做某種讓步。然而，如果竊賊不同意這種處理方式，遭竊的人就會動用刀械，召集族人、朋友，一同向犯罪者宣戰。

村莊之間沒有共同的首領，各個村莊也沒有頭目管理。每個村莊都是獨立自主的，雖然名義上有十二名男子所組成的長老會議，長老在兩年後由其他聲譽良好的男子接替。長老必須年過四十，是推選出來的，並無大權在握，但每當發生爭端，他們就想出最佳的解決辦法，是否接受他們的建議，村人可自行決定。長老們的職責還包括，務使村人確實遵守女巫師的命令，以及預先杜絕任何可能觸怒神靈的事情。」

頭顱、手、足，用最快的速度撤離，以免被攻擊。

如果順利割下敵人首級，即使沒有取得首級，只得到一些頭髮，甚至只是抓取了一隻矛，他們也會大肆慶祝，總之，全村人都會興高采烈。首先，他們持頭顱巡行村莊——拿著頭顱是男子的一大殊榮，同時吟唱歌曲，表示對神靈或偶像的敬意，他們認為勝利歸功於神靈。行經村中任何一戶人家時，他們都會受到喝采與熱心的款待，也享用到最好的飲料。

接著他們會帶著頭顱進入放偶像的房屋，通常每十五或十六戶人家就有這麼一間房屋，頭顱被放入罐中烹煮，直到所有的肉脫落為止，然後置於陽光下曝曬使之乾燥，再以最好的烈酒澆灌。碰上這種場合，他們會宰殺許多頭豬來祭神。慶祝勝利的豪華慶典隨之舉行，為時兩個星期。他們珍視這些頭顱、手、腳，或屍體其他部分的程度，正如同我們珍視金銀、珍珠，或其他寶石。如果房子失火，他們會先搶救這些遺骸，任憑其

家庭生活

「男子達二十三歲方可成婚，女子則視由自己認定其適婚年齡。年輕男子如果看上了一位年輕女子，首先他會派他的母親、姊妹、堂表姊妹，或任何一個女性友人，到他所鍾情的對象家中送禮。男方媒人會要求女方父母或朋友，將女兒嫁給他，並展示贈與新娘的禮物。如果父母或其他的朋友滿意這件親事，禮品就被留在家裏，婚事就成定

局，毋須舉行其他的儀式，也不舉行婚禮。隔天，該男子便可以和他所選擇的對象共度良宵。

然而，依照習俗，妻子並不住在夫家。妻子、丈夫依舊分別在自己家裏食宿。到了晚上，丈夫必須偷偷溜進妻子家中，不可以公然爲之。丈夫不可接近火燭，他要一語不發，立刻躺到躺椅上。隔天早上，如同前夜，不發一語，神祕地消失。白天時，丈夫不可以進入妻子家中。女人擁有自己的田地，可自行耕種養活自己，她們吃住在同一間房子裏，男人亦是如此。

婚後剛開始幾年，妻子不可以懷孕，因爲根據族人的規定和習俗，女人得等到三十五、六歲，或三十七歲才能懷孕。如果懷孕就得實施墮胎，其方法如下：村人召來女巫司，懷孕的婦女躺在躺椅或地板上，被人用力推擠，直到流產爲止。胎兒如果活著出世，則將導致更多的痛苦。這些婦女並非缺乏母愛，她們只是遵循女巫師的教導。

小孩子出生以後，多半跟著母親住，但到二十三歲時，他們就跟父親住。我們聽說已婚男子白天住在自己的房子裏，但晚上睡在妻子的房子裏，依照慣例，未婚男子，以及已婚但不和妻子同睡的男子，則可以在村中指定的個別場所過夜。每十二或十四所房舍，就有一所獨立宿舍。

不過依照習俗，丈夫可以不必和妻子終生廝守。如果丈夫不再喜愛他的妻子，他可以離開她另結新歡，但如果丈夫提不出除此之外的理由，他就必須留下當初的聘禮，此聘禮則成爲女方的財產。年逾五十的丈夫會離開住處，離開他們的神、朋友和親屬，帶著年邁的妻子，定居在他們的永久住所。但是他們很少在家，大多數的時間都待在田裏，他們在田間小屋睡覺。此時方見他們婚姻生活的本質。」

葬禮習俗

「族人死後，拜祭死者的諸多儀式通常要持續兩天。隨後，屍體的手、足會被綁起來，放置在竹片製成的檯子上，檯子搭建在

原住民村莊是由茅草屋組成的聚落，他們的房屋主要以泥巴和竹子搭建，用稻草覆蓋屋頂，搭築在三、四呎高的平台上，形狀像倒覆的漏斗，屋內沒有家具。

習俗使然，福爾摩沙原住民在結婚後，妻子及丈夫依然分別在自己家裏食宿，他們也擁有自己的田地，可以耕種稻穀雜糧養活自己。

屋內，高約二度（ell，指兩手張開的長度，每度約一百三十八公分）。他們會在屍體旁邊燒火，將屍體烤到乾透。葬禮儀式於此時進行，例如殺豬儀式，每人有各自的手法，人們大吃大喝來打發時間。屍體被放上九天使其乾燥，但每天清洗一次。乾燥後的屍體用蓆子包裹，放在屋中的另一座檯子上，三天後，取出屍骸，埋葬在屋內，隨即又舉行許多慶典。

宗教

他們祀奉許多神祇。其中有兩位主神。一個是住在南方的Tamagisanhach男神，創造人類，使人變美。他的妻子Taxankpada女神住在東方。當東方打雷時，土著認為是女神在責備她的丈夫不下雨，於是他就乖乖聽話，開始下雨。大多數的獻祭都是奉予這兩位主神，祭品主要經由婦女呈獻。

另一個男神Sariafingh住在北方，是不太重要的神，他只會讓人變醜、長滿麻子等類似的小瑕疵。因此，他們會向Sariafingh祈求不要傷害他們，同時懇請Tamagisanhach保護他們，不受Sariafingh的傷害，因為

Tamagisanhach才是主神，法力最強。出征打戰時，他們會祈求另外兩位神祇：Tala-fula與Tapaliape。他們所祀奉的神祇不勝枚舉，在此難以細述。

女巫師

據我所知，所有國家都有指導人民的男祭司或教師，然而在這個國家，卻只有被稱為尪姨（Inibs）的女巫師。尪姨替大家祈神和獻祭，祭品包括屠宰過的豬、米飯、堅果、飲料，還有鹿頭和豬頭。獻祭後，一位或兩位尪姨起身祈神，口中念念有詞，眼珠轉動，倒臥在地，發出淒厲的喊叫聲，接著他們的神就降臨了，尪姨僵臥在地，如同死屍，五、六個人也抬不起來。等到她們終於恢復知覺後，她們會痛苦地顫抖，這表示她們所召喚的神靈確實現身了。

這時周遭的人群一味地哭泣。我目睹過這種儀式，但從未見過任何一位神，也無法知道尪姨到底看見什麼。儀式進行了一個小時後，爬上廟頂，各據一角，再度對其神靈做長篇大論的演說。最後她們脫下衣服，裸體面對神，雙手捶打身體，並喚人取水來清洗全身。在場大多數都是女人，她們極度陶醉，幾乎無法站立。這項儀式是公開的，在寺廟裏舉行。

每戶人家都有自己祈神獻祭的場所，但如果碰上疑難雜症，他們會請尪姨到家中進行儀式。預言吉凶是尪姨的職責，天氣或雨或晴都可加以預測。尪姨會找出不潔的地方，大聲喊叫，驅逐惡靈。她們還會拿著茅草束追趕惡靈，直到惡靈跳入水中溺斃為止。

我不只一次踢倒在路上到處放置的祭品。

我也努力學習他們的語言，著手教導他們基督教信仰，成效卓著。一六二八年聖誕節兩週前，已經有一百二十八個人會念祈禱文，並且能夠非常適切地回答基督教信仰的主要問題。」

事變

荷蘭大員當地的長官開始對島上各行各業課稅後，荷蘭人與日本商人隨即產生衝突。早在荷蘭人到達之前，日本商人即已活躍於福爾摩沙，他們強烈抗議荷蘭人的課稅政策。一六二七年，日本商人帶了十六名新港社原住民，組成代表團前往日本，提議將福爾摩沙主權獻給幕府將軍，但此提議遭到拒絕。隔年，武裝的日本商船返回福爾摩沙，新任長官奴易茲(Pieter Nuyts)堅持搜船，解除船上武裝，還囚禁了新港社人。

奴易茲在家中遭日商挾持，日商要求荷蘭評議會賠償貨物損失，並釋放新港社人。日本商人返國後，日本當局斷絕了荷、日間的

M. Balen delin.　　　　　　　　　　　　　　　H. F. Diamaer. fec. 1726.

福爾摩沙島民將死去族人的屍體，放置在屋內檯子上燒火烤乾，待屍骸完全乾燥後，便將之埋葬於屋內，並在屋內舉行慶典儀式。

貿易活動。奴易茲則自願被引渡到日本，他被軟禁五年之後，荷、日間的貿易關係才又全面恢復。一六三五年，幕府將軍下令國外的日本人全數回國，不准在國外進行貿易，從此再也沒有日本商人與荷蘭人競爭。

在一個原住民村莊中，奴易茲又碰上一次事變。為了追捕幾名中國海盜，奴易茲率領三十六個士兵前往麻豆社（Mattau），結果一無所獲。麻豆社當地人邀請他們進餐，奴易茲留下士兵，返回熱蘭遮城。事出突然，麻豆社的戰士卻擊殺了這些荷蘭兵，取走他們的首級。

擴張

一六三三年，第三任大員長官普特曼斯（Hans Putmans）攻打廈門港被擊退，這是荷蘭人為求與中國直接通商，所做的最後一次努力。鄭芝龍的艦隊驅散金門（Quemoy）海灣裏的荷蘭艦隊。數年後，荷蘭人與鄭芝龍達

被稱為尪姨的女巫師，專門替福爾摩沙島上的居民祈神和獻祭。如果碰上疑難症，居民習慣求助於尪姨，她們會大聲喊叫，驅趕惡靈，有時也會召來神靈，為人解答。

成和平貿易協議。

中、外貿易活動的成長，帶動殖民地的發展。更多的商人、技術人員、士兵和傳教士抵達荷蘭東印度公司在福爾摩沙的殖民地。熱蘭遮城築起圍牆，城內興建了市場、市政廳、教堂、醫院和孤兒院。城旁的漢人移民村莊蓬勃發展，名字也叫熱蘭遮。

荷蘭人與中國的貿易活動受制於鄭芝龍，大員長官普特曼斯放棄這種間接通商的形態，轉而在福爾摩沙島擴張荷蘭人的勢力，加緊剝削島上資源。早期，普特曼斯與傳教士干治士合作緊密。在新港社的傳教工作，因與日商有所衝突而遭受阻礙，干治士看出需要軍隊做後盾。

第二位傳教士尤羅伯（Robertus Junius）於一六二九年加入干治士的傳教工作，兩人力勸荷蘭台灣長官，以武力增強荷蘭人對島上原住民的統治。特別是麻豆社人，挑戰了荷蘭人的威信，麻豆社人向他們的首要敵人，即荷蘭人的主要盟友新港社人，誇耀幾年前他們成功攻擊荷蘭士兵的事蹟。尤羅伯報告說，荷蘭人若無法為此一攻擊事件做出有效的報復行動，將會被原住民視為軟弱的表現：「如果豬隻被偷，即使事過境遷數年，新港社人仍會進行報復。」

在新港社傳教士的建議下，荷蘭人以優勢武力征服了麻豆社。只消幾百名兵士即足以統治各社原住民，因為他們彼此時常交戰。荷蘭人唯一遭到的嚴重抵抗，來自金獅島（Gouden Leeuw Eyland，今小琉球）的原住民。荷蘭船「金獅號」（the Gouden Leeuw）的船員在小琉球進行補給時，遭原住民殺害，小琉球因此被命名為「金獅島」。

為求與中國直接通商，荷蘭籍大員長官普特曼斯於一六三三年領軍攻打廈門港，但鄭芝龍的艦隊於金門海灣將荷蘭艦隊驅散，此為金門與廈門海灣的地圖。

此圖描繪當時金門城與附近海灣的地形，數年後，荷蘭人正式與鄭芝龍達成和平貿易協議。

到了一六三六年，荷蘭人控制了大約二十個原住民村社，同時也控制了大牛的西部平原。福爾摩沙島盛產鹿，鹿皮成為相當可觀的財源。荷蘭傳教士販賣狩獵許可證給漢人，賺取經費供應活動資金。鹿皮大量出口到日本，用作武士的盔甲。連續三十年間，每年約出口六萬張鹿皮。

荷蘭當局將可耕地出租給漢人農民。中國當局只准許他們在福爾摩沙停留三年，他們如苦力般在稻田和甘蔗田裏辛勤工作。甘蔗製成糖後銷往日本與波斯（今伊朗）。除了提倡農業，荷蘭人也鼓勵樟腦的生產，樟樹林的分布擴及平原。殖民初期，荷蘭人發現，他們無法說服原住民生產多於日常食用所需的稻米。原住民農業的進展並不如預期，荷蘭當局進口水牛，分配給原住民。

傳教士在懷柔原住民以及鞏固荷蘭人威信上，扮演了舉足輕重的角色。干治士的後繼者，努力根絕原住民獵首和墮胎的習俗。他們設法降低尪姨的影響力，曾有好一段時間， 尪姨被放逐至其他地方，有的甚至遠至巴達維亞。同時，他們也勸誘原住民過符合基督教義的生活。傳教士的努力據說得到了成果。「我們喜出望外，每天看著青年男女依照基督教儀式結婚，在田地裏也是出雙入對，他們不但生下小孩，甚至還在一起生活了。」

一六二八年，荷蘭官員奴易茲堅持清查返回福爾摩沙的日本商船，除解除船上武器裝備，還囚禁新社港人，奴易茲因而在家中遭受日本人挾持，之後又被軟禁在日本。

一六三六年，尤羅伯在新港社開辦了第一所學校，有一個班級七十名男童。兩個月後又增收一班女童。他教導原住民兒童以羅馬拼音書寫母語。不久，即訓練原住民為教師。一六四六年，五十個原住民教師在當地任教職，尤羅伯希望能將最優秀的原住民學生送往荷蘭，接受更高等的教育，並訓練成傳教士。但荷蘭東印度公司否決他的提議，理由是花費過高。

當時的許多報告都描述，福爾摩沙土著在林野間獵鹿時，健步如飛，速度十分驚人。一六四八至五○年間，福爾摩沙島上荷印公司員工許碼爾卡爾登，揣摩後描繪出這幅圖像，此圖在當時十分有名。

居留福爾摩沙的十三年間，尤羅伯除了使五千名原住民受洗成基督徒外，更提高原住民的稻米生產，研究藥草，還編纂了新港

語、放索語（Pangsoia，放索即今林邊，放索語是台灣南部的三種語言之一，又稱爲南路語，即Zeydeytsch或Zuidsche語）兩部方言字典。

另一位傳教士亨伯魯克（Antonius Hambroeck）則將《馬太福音》和《約翰福音》譯成新港語。島上共有五種方言在不同程度上被羅馬拼音化。宣教團曾考慮過使荷蘭語成爲原住民的共通語言，因爲島上有太多不同的方言。新港社人也會要求校長替他們以荷蘭文取名，他們也自願依荷蘭習俗，在星期日上教堂。

傳教士花德烈（Jacobus Vetrecht）率先在虎尾社（Favorlangh）教授學生基礎荷蘭語，但不久即告中斷。宣教團向荷蘭東印度公司要求印刷機，以便用新港語及虎尾語印製教科書和宗教教材。然而這項要求被拒絕，理由是連巴達維亞也沒有印刷機。

《以主禱文爲範本的通用語》一書，一八〇六年於柏林刊行，第一冊中的基督教主禱文附德文譯文，以兩種不同的福爾摩沙方言寫成。編號九十五出自《基督教信仰要項》，第二任荷蘭傳教士尤羅伯以新港語寫成，刊行於一六四五年。第二幅編號九十六則出自《虎尾語基督徒指導信條書》，荷蘭傳教士倪但理（Daniel Gravius）以虎尾語寫成，刊行於一六六二年。

驅逐對手

西班牙人瓜分了與中國通商的部分市場，然而在一六三八年的原住民暴動後，他們撤出在淡水的殖民地。被敵對原住民部落包圍的西班牙人據守雞籠堡壘，堡內只有五十名

Ds. ROBERTUS JUNIUS.
(Naar een gravure voorkomend in VALENTIJN: Oud en Nieuw Oost-Indië.)

一六二九年加入甘治士牧師傳教工作的尤羅伯牧師（上圖），在熱蘭遮城住了一年半，同時也熟習了當地的方言新港語。比起一六二七年抵達的甘治士，尤羅伯更嚴苛且有行動力，他強力的傳教甚至發展了傳教士在福爾摩沙島上殖民擴張的角色。

西班牙士兵駐守。一六四一年，巴達維亞的荷蘭東印度公司總部認爲，這是消滅他們剩餘對手的良機。第六任荷蘭大員長官杜拉第紐斯（Paulus Traudenius）派遣三艘船艦到北部，遞交如下的最後通牒給西班牙總督：

「致雞籠島堡壘西班牙長官波提里斯（Gonsalo Portilio）

閣下：

我已奉命率領大軍，入主雞籠島至聖三位一體城。爲符合基督教國家習俗，於開戰前預先告知敵國，我在此籲請閣下投降。閣下倘使願意傾聽我方所提之投降條件，將至聖三位一體城，以及其他堡壘獻予我方，根據戰爭慣例，閣下與部屬皆可獲得善待；閣下如若對此命令佯裝不聞，此事將別無他法可解，只有訴諸武力一途。信中內容望閣下仔

尊崇正統教義的傳教士兼翻譯家倪但理肖像,不但重新改寫前一位傳教士尤羅伯過度簡化的教義問答,更尋求語言學家幫助,將荷蘭語祈禱文翻譯為虎尾語,並修訂洗禮及婚禮之儀式改寫經文,圖片上的標題寫著:「這是倪但理,因傳教而活,福爾摩沙應該感念他!」

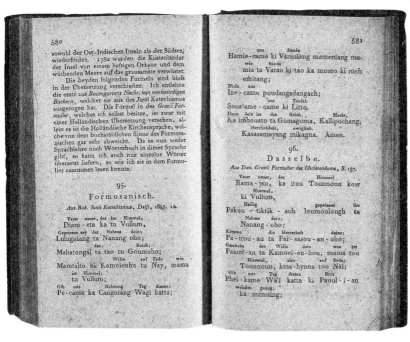

《以主禱文為範本的通用語》一書一八〇六年刊行於柏林,此書第一冊的基督教主禱文(附德文譯文),是以兩種不同的福爾摩沙方言寫成。圖中第一幅No.95出自〈新港語基督教信仰要項〉,是由第二任荷蘭傳教士尤羅伯以新港語寫成,刊行於一六四五年;第二幅No.96則出自〈虎尾語基督徒指導信條書〉,由荷蘭傳教士倪但理以虎尾語寫成,刊行於一六六二年。

細考慮,避免不必要的流血。我相信不久即可得到閣下明快的答覆,讓我早日知道閣下意圖。

願上帝長佑閣下!

保魯斯‧杜拉第紐斯

一六四一年八月二十六日,熱蘭遮城」

波提里斯的回信如下:

「致台灣長官:

我已於八月二十六日收到閣下信函,容我向閣下說明,我已在我國國王面前設誓,身為信守誓言的基督徒,我不能也不願交出閣下所要求的堡壘,因為我與駐軍部隊已決意捍衛各堡壘。面對大批敵軍,對我乃司空見慣之事,我曾在法蘭德斯(Flanders)等地打過無數場戰役,無勞閣下再寫類似意旨之信函,願雙方各自做好最佳的防衛。我們是西班牙基督徒,我們所相信的上帝會保護我們。

願神對你們發慈悲!

波提里斯

一六四一年九月六日,寫於主堡聖救主城(San Salvador)」

西班牙守軍擊退荷蘭人的第一次攻擊。一六四二年八月,荷蘭人以優勢武力二度進攻。此次,總督波提里斯僅從馬尼拉得到八名士兵增援,他不得不投降,交出西

班牙在福爾摩沙的據點。總督、守備部隊和傳教士被押解到熱蘭遮城，轉送至巴達維亞後，然後全數遣返馬尼拉。

波提里斯這位福爾摩沙的末代西班牙總督選擇留在巴達維亞。「因爲福爾摩沙在他手裏失守，他感到害怕」，法倫多（Juan Ferrando）神父在有關道明會傳教史的書中寫著：「毫無疑問地，在公正人士眼裏，他的名聲是不會動搖的，因爲指揮如此薄弱的部隊，即使再能幹的軍官也不得不投降。他已經鞠躬盡瘁，責任不在他身上。」

荷蘭人在淡水興建一座大堡壘，在淡水和雞籠兩地蓋商館，試圖控制北海岸地區。

轉口港

成爲福爾摩沙無可置疑的絕對統治者後，荷蘭人開始對原住民擴張武力。三百名荷蘭兵，加上一千名原住民士兵，組成荷蘭人的征討部隊。一六四四年時，在荷蘭管轄下的原住民村社數目增加到四十四個。到了一六五〇年，荷蘭人控制了三百五十個原住民村社。其中三十七個鄰近東南海岸，其範圍從

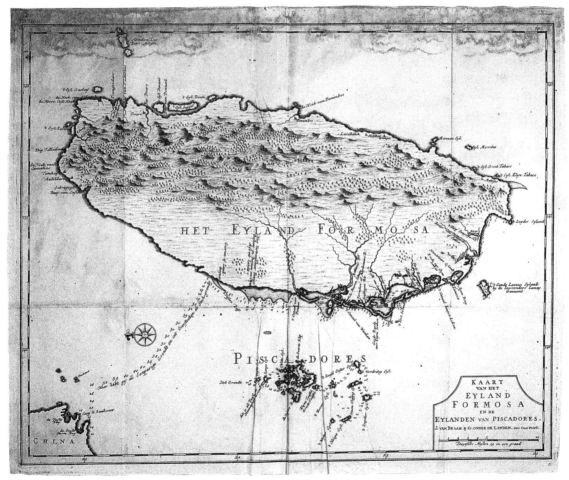

布蘭姆（Jan van Braam）與林旦（G. Onder de Linden）所繪的「福爾摩沙與漁翁島地圖」，是根據一六三六年間詹斯（Pieter Jansz.）的航海圖繪製而成，同一幅地圖有許多版本，被用於法倫退因所著的《新、舊東印度誌——含荷蘭殖民統治詳盡說明》，這幅是新版本，對東北角有更詳細的描繪。

一六五○年，荷蘭人將福爾摩沙三百五十個原住民村落劃為七區，選出每社最年長、能幹的人為頭目，荷蘭官員每年固定召集頭目們，此圖為在赤崁舉行的地方會議。

卑南社(Pimaba，今台東)以至現今車城附近的瑯嶠。荷蘭人將治下諸社分成七區。每社最年長能幹的人被任命為頭目，任職一年，配備二十人的武裝隊伍，負責維護治安。

「地方會議」(Landdag)每年在赤崁舉行，荷蘭大員長官和所有的頭目一同與會。頭目接任時，必須宣誓服從荷蘭人的統治，他們被授以皇室親王旗(Orange flags)、黑色絨袍，以及一根銀頭藤杖，配帶公司官階徽章，作為頭目的權力象徵。

一六四○年起，荷蘭即成為唯一能與日本通商的外國強權，福爾摩沙發揮貿易集散地的功能。荷蘭人考慮將荷蘭東印度公司總部遷至福爾摩沙。福爾摩沙當地所產的糖、鹿皮、來自中國的生絲，以及南亞的香料均可銷往日本，稻米、糖、鹿肉與鹿角則銷往中國。煤與黃金有少量的開採，而黃金、絲綢和瓷器出口到巴達維亞。

除了可觀的貿易利益外，荷印公司在島上所課徵的各種生產稅和人頭稅，也讓荷蘭人賺進大筆收入。起初，人頭稅由傳教士徵收，然而，當統治下的原住民村社數目增加後，荷蘭當局便雇用漢人來收稅。由於收稅的漢人勒索原住民，造成緊張的情勢。此

外，由於漢人屯墾面積增加，原住民的狩獵區域相對變小，衝突隨之而起。

鄭成功

滿洲人攻陷北京後，明室遷往南京。鄭芝龍欲反清復明，其子鄭成功就讀南京國子監，被安排拜謁南明新登基的皇帝隆武帝，賜姓「朱」。福爾摩沙的荷蘭人聽說他被稱為「國姓爺」(Koxinga)，從此以此稱之。但鄭芝龍反清復明的立場逐漸鬆動，並決定與滿人講和。清廷不信任鄭芝龍，將其挾持至北京囚禁。

南京陷落後，鄭成功繼續效忠遷往福州的南明。他接管了父親鄭芝龍的艦隊，成為反清的主要勢力。一六四六年起，鄭成功以廈門為總部，控制南中國海岸。荷蘭東印度公司總部接獲警告，說鄭成功準備進犯台灣。

滿洲人入侵後，中國局勢動盪，越來越多的漢人外移到福爾摩沙，在此落地生根。一六五○年前後，約有一萬五千名漢人在福爾摩沙定居。原熱蘭遮城腳下另一漢人村莊熱蘭遮(今安平)，以及大員灣對岸的赤崁(今台南)蓬勃發展。漢人隨處興建房舍，荷蘭長官於是下令，房舍需依筆直的街道排列，這些街道寬二十五至三十公尺。主要街道起點起至民權路，並有渡口前往熱蘭遮。

當清人蓄勢待發南進，準備一舉擊敗鄭成功時，另一批難民潮湧向福爾摩沙。

荷蘭人的課稅政策引發漢人居民的怨恨。一六五二年，繁榮的赤崁發生暴動，數千名武器簡陋的漢人農民，被幾百名荷蘭士兵與原住民部隊擊潰。據說造反漢人有數千人喪命。荷蘭人懷疑鄭成功在幕後策動這場叛

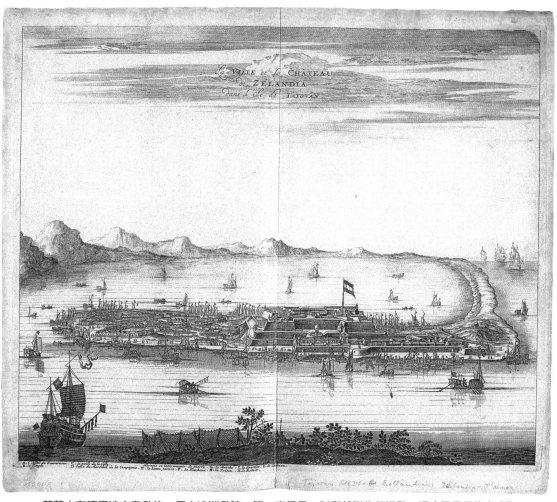

La Ville et le Chateau de ZELANDIA dans l'Île de TAYOVAN

荷蘭人在福摩沙本島外的一個小沙洲登陸，築一座堡壘，以利部隊先行進駐。這座堡壘最後來成為殖民城市的要塞，即熱蘭遮城。當時荷蘭人以此小海港，作為經營往來荷屬東印度、中國及日本的貿易業務。此圖為商業全盛時期，熱蘭遮城縱覽圖，全圖繪製細膩而詳盡。

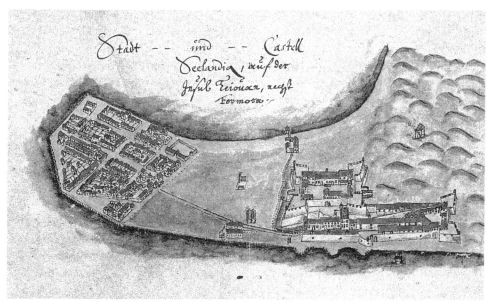

福爾摩沙附近，大員島上的城市與熱蘭遮城之俯瞰圖。

法倫退因的《新舊東印度誌—含荷蘭殖民統治詳盡說明》一書內，闢一專章，講述福爾摩沙島上的情形，此圖即為福爾摩沙這一章之標題頁。

亂，於是在赤嵌修築一座新城，同樣命名為普羅民遮城，監控赤嵌地區的漢人移民。

巴達維亞的荷蘭東印度公司評議會，寫信給熱蘭遮城長官富寶（Nicolaes Verburg），信中說明澳門來的耶穌會神父告訴他們：「中國近來謠傳，一官（Iquan，鄭芝龍）的兒子，名叫國姓爺的，被韃靼人大力追擊，已經無法在中國立足。他因此率領許多士兵出海，做起海盜行徑，密切關注福爾摩沙，最後想在福爾摩沙安身。上帝保佑別讓此事成真。我們認為最好還是向閣下報告，讓閣下能事先做好準備，嚴加防範」。

巴達維亞的荷印公司評議會相信，清廷遲早會統治全中國，於是派代表團到北京商議直接通商的事宜。鄭成功以斷絕荷蘭人的貿易活動，作為回應。

據說，富寶作風專斷獨行，不但與傳教士發生衝突，並與熱蘭遮評議員揆一（Frederic Coyett）反目成仇。富寶於一六五三年辭職，揆一被任命為新任長官。揆一設法改善與國姓爺的關係，恢復一定程度的貿易往來。越來越孤立的鄭成功，於一六五九年對南京發動大規模攻擊，鄭軍敗北。清帝下詔疏遷福建沿岸區域，實施堅壁清野策略，務使鄭軍得不到補給，也無法進行貿易。往返大陸與福爾摩沙間的中國帆船，數量頓減。

群聚在荷蘭殖民地的漢人難民帶來傳言，說鄭成功即將進犯，奪取福爾摩沙作為陸、海軍基地。長官揆一禁止漢人農民集會，並圍捕疑似從事間諜活動、散布謠言煽動群眾的漢人。他三番兩次要求增加預算，強化防禦工事，巴達維亞全數回絕。

一六六〇年三月，巴達維亞方面終於回應揆一急迫的示警，派遣十艘船艦和一千五百名士兵，組成一支遠征軍，交由范德蘭（Jan van der Laan）指揮。范德蘭受命與熱蘭遮評議會一同評估島上情勢，若鄭成功來犯並非迫在眉睫，則善加利用遠征軍，設法從葡萄牙人手中奪取澳門。

抵達熱蘭遮城之後，范德蘭指揮官認為揆一和其他評議員的顧慮沒有根據，還批評揆一杞人憂天。他認為鄭成功不可能來犯，極力主張攻打葡萄牙在澳門的殖民地。經投票表決，大多數評議員都反對范德蘭的主張，他們決定派信使攜帶評議會的和解信，會見

鄭成功，詢問他為何阻止中國大陸的貿易船前往福爾摩沙。

鄭成功回覆揆一的內容如下：「與閣下相隔遙遠，謹在此表達我們對荷蘭國特別的善意與情誼。收到閣下來函，細細拜讀後，顯見閣下聽到諸多不實報告，且似乎信以為真。多年前，荷蘭人定居大員附近時，我的父親一官當時統領該地，並成功地維持該地與中國之全面通商，如今在我的治理下，非但未使貿易減縮，反而更努力促進其興盛，雙方船隻往來不絕，可資證明。

閣下應視此一退讓為我善意的表現。然而，閣下卻依然懷疑我對荷蘭國的善意，以為我準備對貴國採取敵意的行動，但這顯然僅是心懷不軌者之流言蜚語。待韃靼人無動靜之時，我一定下令讓商船恢復航行，相信閣下必會盡全力嘉惠這些商人，他們將心懷感激。」

不久後，貿易大門重開，然而揆一深知鄭成功的處境，知道福爾摩沙是鄭唯一的庇護地。范德蘭帶領數名軍官返回巴達維亞覆命，留下六百名士兵，強化揆一的防禦力。眼見南方季風吹起，巴達維亞當局六個月之內無法接獲警訊，鄭成功認為此刻時機已經成熟。一六六一年四月，前一年傳聞中的入侵行動經過延宕後，鄭成功入侵福爾摩沙，發動數百艘船艦，大約兩萬五千名士兵。一半的兵力針對荷蘭人的防禦工事，另一半則用以占領島上其餘的地區，並鎮壓原住民。

大批船艦進入大員灣。「數以千計的中國人前往迎接鄭軍，用牛車和各種器具協助他們登岸。」揆一在回憶錄中寫道。他派了兩艘戰艦和幾艘小艇前往迎擊，荷蘭人四面受敵，其中一艘船艦因彈藥室爆炸而毀。

小艇「瑪麗亞號」（the Maria）的船長發現自己身陷海戰之中，決定駕駛他那艘只適合在沿海航行的小船，設法前往巴達維亞，報告鄭軍來犯的消息。揆一的軍官彼得爾（Thomas Pedel），則帶領幾百人到附近的北線尾（Baxemboy）沙洲，迎擊登陸部隊，與數量上占優勢的敵軍交戰。

「彼得爾上尉要贏得勝利的信念堅定不移，他那種信心滿滿的態度讓士兵大受鼓舞。他們確信，那些漢人受不了滑膛槍的火藥味和聲響。在第一次衝鋒後，只要有幾個人被打中，他們立刻就會逃之夭夭，潰不成軍。」揆一所敘述的是早在九年前發生的一場漢人造反活動。「從此，荷蘭人就看不起福爾摩沙的中國人，認為他們膽小怯戰，沒有男子氣慨。估計二十五個中國人加起來，勉強抵得過一個荷蘭士兵，整個中國都是如此。中國的士兵與農民沒有兩樣，中國人個個懦弱無能。」

隨後，雙方在熱蘭遮城附近展開戰鬥，揆一的部隊總數一千一百人，兵力有限，並非鄭軍的對手。鄭成功的部隊長年與清軍交鋒，不僅武器精良，而且作戰經驗豐富。

熱蘭遮城孤立於本島外，與普羅民遮城及原住民的連繫被鄭軍切斷。幾天後，普羅民遮城被迫投降，在附近村莊工作、居住的六名荷蘭傳教士也遭到囚禁。被囚禁者包括了傳教士亨伯魯克（Antonious Hambroek）和他的妻子，以及三名子女，另外，兩個已經出嫁的女兒則居住在熱蘭遮城。除熱蘭遮城尚有一千一百人防守外，鄭成功完全控制了福爾摩沙。

一六六二年荷蘭總督揆一派軍官彼得爾，帶領一千一百名官兵迎擊鄭成功的部隊，雙方在熱蘭遮城附近展開戰鬥，揆一的部隊並非鄭軍的對手，此役為重要之一戰。熱蘭遮城孤立於本島外，與普羅民遮城及原住民的連繫被鄭軍切斷。幾天後，普羅民遮城也被迫投降。

Conrad Meyer fc: Aᵒ 1669.

根據荷蘭人的《公司日誌》記載，鄭成功曾招降荷蘭人。「我的父親一官將這塊土地租給荷蘭人，如今我要收回。你們不宜再占據我的土地，投降吧！我會給你們升官，並且饒恕你們以及你們妻兒的性命。」

亨伯魯克

揆一拒絕投降，鄭軍圍城數月。為了打破僵局，鄭成功決定以被囚的荷蘭人為質，勸誘荷蘭守軍投降。法倫退因（Francois Valentyn）在他的《新舊東印度誌》（Oud en Nieuw Oost Indien）中回憶道：「國姓爺將荷蘭囚犯放在熱蘭遮城前，看看荷蘭長官和評議會是否會即時投降，以解救他們，他還派了亨伯魯克先生入城勸降。

然而高貴且果敢的亨伯魯克，反倒激勵荷蘭同胞不要投降，儘管知道如此做，他自己、他的妻兒，以及一同被囚禁的人，都將難逃一死。揆一先生叫他留在城裏，但他絲毫不加以考慮。他說如果他失信，國姓爺會立刻遷怒於其他的囚犯，尤其是他的妻兒。因此，亨伯魯克先生認為，他最好還是信守承諾，回到他所珍愛的妻兒，以及忠實的朋友身邊。然後靜待上帝的音旨，這樣才能無愧於上帝和世人。

城裏的兩位女兒，也對他苦苦哀求，其言語令人聞之動容。她們想盡辦法，也無法將他留在城裏，其中一位女兒哀傷過度，不支倒地，另一位無言以對，在父親臨行之際，伏在父親肩上痛哭，昏厥了過去。他提起無比的勇氣，趁機離去，唯恐這種令人心碎的場面會讓他意志動搖，這種場面當然足以撼動鐵石心腸！

Hambroeck fu da Kochinga inviato al forte Zelanda per proporre condizioni di resa.

熱蘭遮城一役被囚的荷蘭籍傳教士亨伯魯克，被派往熱蘭遮城勸降，回到軍營
向國姓爺報告，荷蘭方面決意守城，寧死不投降。這個答覆，讓鄭成功惱怒不
已，殺了荷蘭囚犯，包括亨伯魯克本人。

亨伯魯克先生回到國姓爺的軍營，極其冷靜地向國姓爺報告。他說荷蘭長官和評議會決意守城，戰至最後一兵一卒，無論如何絕不投降。這樣的回答令國姓爺十分惱怒，眼見事情大違所願，而且福爾摩沙人又開始反叛他，他想找一個似是而非的藉口，殺光所有的荷蘭囚犯。此時福爾摩沙人又攻擊他的大軍，還加以分屍，最後他找到了藉口，誣控是我們荷蘭人煽動福爾摩沙人，於是迅速處死荷蘭籍的男性，下手毫不留情。」

熱蘭遮城圍城期間，亨伯魯克的事蹟被保存在西方的年鑑中，如同書中引用之十九世紀初期義大利平版印刷品之描述。在荷蘭，直至十九世紀，傳教士亨伯魯克仍是不屈不撓、勇於自我犧牲的道德楷模。十八世紀

時，有人以亨伯魯克為題材寫下劇本；十九世紀時，還有人寫了一首冗長的戲劇詩。

佛莉耶(Aleida van Flier)在她的歷史小說《無力回天》中，將荷蘭人失去殖民地的經過，鉅細靡遺地再現，故事即以揆一與亨伯魯克為軸。幾幅十九世紀的版畫，所述內容大同小異，都是描繪亨伯魯克在圍城期間所扮演的角色。

投降

范德蘭回到巴達維亞，向荷印公司評議會提出報告，指控揆一治理不當。評議員富寶對於他的繼任者揆一懷有敵意，附和范德蘭的指控。評議會決定解除揆一的職務，並派柯蘭克(Hermanus Cleck)取代他。柯蘭克出

發後的第二天，小艇「瑪麗亞號」才抵達巴達維亞。「瑪麗亞號」沿菲律賓海岸逆風航行了五十天，帶來國姓爺已經進犯福爾摩沙的消息。

評議會決定暫時取消撤換揆一的決定，並迅速召集十艘船艦增援，交由卡烏（Jacob Caew）指揮。但卡烏未能及時將評議會的最新決定，告知新任長官柯蘭克。此時因熱蘭遮城被圍，柯蘭克並未登陸，僅轉交評議會要揆一解職的命令。且由於暴風即將到來，柯蘭克啓碇駛往日本。

卡烏不久率援軍抵達。有了七百名兵員增援，揆一數次突擊圍城的鄭軍。然而揆一明白，其兵力不足以轉守為攻。一六六一年十一月六日，揆一接獲訊息，福州靖南王耿繼茂表明要協助揆一，「合力徹底摧毀這個海盜」。熱蘭遮評議會決定接受提議，並將婦女、兒童送回巴達維亞，「以免消耗他們的資源」。

援軍指揮官卡烏自願前往福州答覆。不久之後，卡烏與援軍卻駛往巴達維亞。同年十二月，一名荷蘭叛徒向鄭成功透露，若奪下附近的烏特列支堡（Ronduyt Uytrecht），熱蘭遮城即暴露砲口下，不堪一擊，圍城情勢告急。荷蘭長官揆一想繼續抵抗，等候巴達維亞的援軍，然而多數的評議員卻決定與鄭成功談判投降條件。

三天後，一六六二年一月一日，簽訂投降條約。剩下的荷蘭人得允返回巴達維亞。亨伯魯克的妻子與被俘的一個女兒也獲釋，據說另一個女兒則被鄭成功收作小妾。福爾摩沙島的新統治者選擇以熱蘭遮城為新的行政中心。赤嵌易名承天府，熱蘭遮城改稱安平，鄭成功選擇居於此地。

「一六六一年七月五日，在東印度、福爾摩沙大員島上，荷蘭人慘遭中國人攻擊之過程：以武力俘獲中國皇帝之後，強大的韃靼王想消滅中國叛逆，將他們驅出他所建立的帝國，以勝利的統治者姿態，確保穩固的王權和領土。然而，仍有少數中國人不願屈服於韃靼王的武力。

這些人現已逃往各個小島，由於船隻缺乏，他們不會遭到追捕，因為無法登陸，他們於是在海面上往來行搶，他們不僅搶劫敵人的財物，連朋友也不放過。他們的首領是

被鄭成功派遣入城勸降的亨伯魯克，反倒激勵他的荷蘭同胞們奮戰到最後一刻，儘管他兩個女兒苦苦哀求他留在城內，但他卻堅持信守承諾，回到鄭成功軍營，並被殺害，他與兩個女兒道別時，城內的荷蘭旗仍然飄揚。

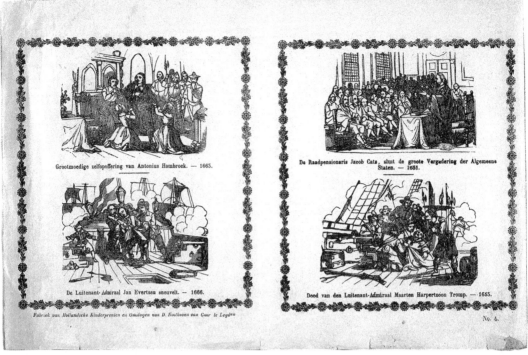

Grootmoedige zelfopoffering van Antonius Hambroek. — 1665.

De Raadpensionaris Jacob Cats, sluit de groote Vergadering der Algemeene Staten. — 1651.

De Luitenant-Admiraal Jan Evertsen sneuvelt. — 1666.

Dood van den Luitenant-Admiraal Maarten Harpertszoon Tromp. — 1653.

Fabriek van Hollandsche Kinderprenten en Omslagen van D. Noothoven van Goor te Leyden

No. 4.

亨伯魯克的英勇事蹟，為人們津津樂道，十九世紀中期的筆記本封面，常以此情境為背景圖片，特別強調他的自我犧牲精神。這幾幅十九世紀版畫，內容幾乎都是描繪亨伯魯克在圍城期間所扮演的英雄角色。

一官（鄭芝龍），曾在大員島上當裁縫，在這群中國遺民中十分有名望，許多人都畏懼這位『閩海王』。一官死後，其子國姓爺接替了他的位置。

韃靼人不以現況為足，這群中國遺民無法安全藏匿，他們圖謀收復富庶的福爾摩沙島，作為安身立命之地。他們知道，荷蘭東印度公司在島上的防禦設施，不足以抵抗他們的攻擊，經過勘察後，國姓爺意欲出兵，控制福爾摩沙。然而，島上的荷蘭長官及時得知消息，火速稟報印尼巴達維亞的總督和評議會，要求立即援助，為此，援兵也儘速馳救。

於此同時，國姓爺並未放棄實現他的企圖，三月，他派出六百餘艘中國帆船，裝備充足的人員和槍砲，進攻福爾摩沙島，他很快就攻下名為赤嵌（Stekan）的要塞，要塞指揮官是阿姆斯特丹人，因敵我懸殊，不得不獻城投降。他們隨即又攻下更多防禦設施，

也擊敗所有的黑人及摩爾人士兵。

由於熱蘭遮城是當中最堅固的堡壘，一時之間難以攻取，國姓爺於是喚來虔誠的亨伯魯克牧師，以及其他的上帝使僕，派遣他們到熱蘭遮城，令長官揆一大人投降，如此，所有的荷蘭人皆可留在島上，保有身家性命，自由無礙。如若拒降，他誓言劍下將不留任何活口、任何一草一木。

亨伯魯克牧師如實傳達國姓爺的命令。進城後，他向揆一大人稟明一切。但揆一大人如此答覆：他絕不投降，他正在等候巴達維亞的援軍。亨伯魯克他們的悲慘處境，令他深感同情，即使最後寸草不留，他仍然不答應投降。牧師和他的同伴於是悲泣而去，臨走時他說：我何其不幸！必須再一次面對那位可怕的異教徒暴君。

他將此一決定回稟國姓爺，以及他的教友。那位暴君下令不留活口，無論他們如何求饒。隨後，上帝的創作就被殘忍地殺害

了，連無辜的幼童也不放過。任何人寫到此事，無不潸然淚下，基督教遭受恐怖、無情地殺害。

暴君國姓爺想攻打熱蘭遮城之際，九艘荷蘭船艦抵達大員救援，人員、裝備充足。城內守軍於是和援軍聯手，進攻對面北線尾上半完工的壕塹，中國人打算從該地，再度朝熱蘭遮城射擊。然而，在到達北線尾時，荷蘭部隊遭遇強烈的抵抗，損失四百人，被迫撤退。

六千餘名中國士兵由他們的領袖和軍官所指揮，披堅執銳，全身包覆閃亮的胄甲，如同一座錫山。前來救援的荷蘭船，意欲驅散、破壞中國人的中國帆船，卻徒勞無功，因為荷蘭船被數量眾多的中國帆船團團圍攻，幾乎無法逃脫。

中國帆船再度返回熱蘭遮城腳下的淺水區，這時，荷蘭船艦『赫克脫號』（Hector）被自己的火藥炸毀，另一艘船艦隨後擱淺，被四百名中國人用兩艘船給拖走，儘管長官揆一盡力挽救。

於是在卡烏指揮下，荷蘭艦隊帶著兩百名婦孺逃難。出於上帝天大的恩助，他們幸運地在三十四天內航抵巴達維亞，若非如此，他們會因食物缺乏而餓死。艦隊隨即受命前往救護被圍的熱蘭遮城。四艘荷艦被派去聯絡韃靼人，要他們派遣驍勇之師，將中國人驅出福爾摩沙。為了不讓暴君國姓爺得逞，公司也調派大批兵力馳援。長官揆一來不及知道公司的這項重大計畫，於援軍將至之際，與中國人達成協議，獻出熱蘭遮城。

荷蘭人全數航往巴達維亞，長官揆一被監禁起來，直至澄清罪責為止。然而，荷蘭東

原圖說之文字為「亨伯魯克崇高的自我犧牲」，但書上所標示的年代一六六三是不正確的。亨伯魯克在當時被視為自我犧牲的道德楷模。

此圖為十九世紀中期歐洲盛行的廉價印刷品，這些附有插圖的印刷品，每份只要一便士，讓平民百姓也能有機會獲得知識。左側中央主要描繪亨伯魯克不屈不撓、勇於自我犧牲的事蹟，圖說部分寫著：「亨伯魯克牧師信守諾言，忍痛與妻兒分離，甘心承受辱罰。」

D. ANTONIVS HANTBROEK.　D. ARNOLDVS VINCEMIVS.　*pag: 96.*　D. LEONARDVS

Hier wird D. Hantbroek sampt den seinigen nieder gehacht.

Hier werden ihnen die Naasen vnd Ohren auch die Mannheit abgeschnitten.

Hier werden sie theils ermordt, theils hin weg gejagt.

Hier werden sie an die Kreutz geschlagen.

Hier Opfern die Chinesen ihrem Abgott Iosten.

Die Vestung Seeland auff der Insul Tyawan gelegen.

Baxenboy.

Die Insul Formosa. 60. Deutscher Meylen lang.

Hier werden die Schwangern weiber

D.PETRVS MVS.

werden die Weibsbilder Erstlich geschändet vnd hernach Ermordet.

werden den Leuthen Händ vnd Füsse ab gehawē vnd so Jämmerlich hingerichtet.

densie theils Nider gemacht v. theils in die wildnuß verjagt.

Hier werden sie an die Bäume genagelt vnd enthalst.

喪失殖民地的消息傳回荷蘭國內，一份附插圖的小冊子報導了這個事件。登有這幅熱蘭遮城圖，四周排列著斬首等血腥場面，以及荷蘭新教四位牧師的肖像，他們在圍城期間被處決。中央的圖片為：大員島上的堡壘。圖片說明之譯文依順時針方向排列，從左上角開始：亨伯魯克（Antonius Hambroek）、凡聖（D.Arnoldus Vincemius）、傳教士們作祈禱、坎貝（D.Leonardus Kampen）、彌思（D. Petrus Mus）、婦女被姦殺、被砍斷手腳後處死、有些人被處決、有些人被驅入叢林、有些人被釘在樹上斬首、孕婦腹部被切開、被繪為長條形的地圖、中國人向他們的神偶獻祭、俘虜被釘在十字架上、有些人被殺、另有些人被驅逐、有人被割下鼻子、耳朵和生殖器、亨伯魯克與其他人遭受殘殺。這張有名的圖片，刊行於一六六三年的德文小冊子《前年歷史大事誌》。

印度公司仍然希望，藉由武力、透過荷蘭聯省政府，或韃靼人的協助，迅速促使中國人離開福爾摩沙，或是將福爾摩沙歸還荷蘭。因為公司方面認為，韃靼王有意允許荷蘭人在中國，以及鄰近的國家從事貿易活動，如此，不但能彌補公司的損失，還能獲得更大的利益。」

除了熱蘭遮城和普羅民遮城之外，荷蘭人三十八年的殖民統治，在西南平原留下城市基礎建設、道路、橋梁、圩田、給水裝置和種植場，以及教育與傳教活動的遺產。揆一回到巴達維亞，成為淪落殖民地的代罪羔羊。他起初被判死刑，後來獲得減刑，改判流放印尼群島。

鄭經

鄭成功統治福爾摩沙島三個月之後死亡，其子鄭經繼位，不久鄭經便帶著軍官，回到鄭氏長久經營的據點廈門。為了想和清朝政府直接通商，一六六二到一六六五年間，荷蘭東印度公司三次派遣艦隊，由波特（Balthazar Bort）指揮，協助清廷剿滅明朝最後的反抗勢力。

荷蘭海軍正在替清廷收復廈門、金門時，他們從鄭經那裏得到消息，大約有一百名荷蘭人被囚禁在赤嵌。法倫退因寫道：「鄭經願意將他們全數釋放，並答應讓我們自由在台灣進行貿易，我們可以在福爾摩沙北部、雞籠附近的淡水，或就在雞籠建立據點。他還勸我們不要相信韃靼人，斷言韃靼人必定會欺騙我們，並以天地日月立誓，證明他所言不假。」

一六六四年，波特將船停泊熱蘭遮城附

近，商談釋放被囚禁島上的荷蘭人，但談判沒有結果。鄭經又提出類似的建議，願意讓荷蘭人在邊遠地區設立貿易站。同年七月，波特遠征至北部，收復雞籠的堡壘。同年十二月，清廷命降將施琅（他於一六四六年背叛鄭成功）率領大批艦隊，聯同荷蘭東印度

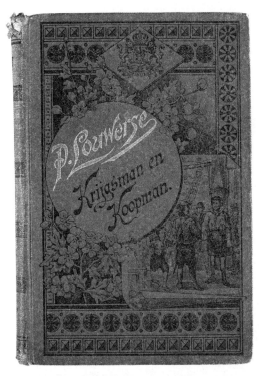

一八九五年出版，由魯威斯所著的兒童版歷史小說《戰士與商人》，描述兩名荷蘭兒童克利和思耶樂的英勇事蹟。克利與思耶樂的父母在亨伯魯克慫恿下，來到福爾摩沙北部開拓殖民地，在荷蘭殖民統治的最後時期，這兩個荷蘭小孩和兩個原住民兒童結成了朋友。此圖為《戰士與商人》的封面。

公司船隊，合力攻打福爾摩沙島。因為天候條件不利，船隊折返。二度進攻時，荷蘭人已經回到巴達維亞，暴風驅散施琅的艦隊。

兩千名鄭經的兵員在雞籠登岸，包圍防守雞籠的荷蘭駐軍，但鄭軍十天後就離開了。占據雞籠作為殖民地無利可圖，一六六八

年，荷蘭東印度公司放棄雞籠，為了能與中國通商所做的一切努力告終。

鄭經鼓勵外國人與福爾摩沙通商。在首都承天府，英國東印度公司取得普羅民遮城對面的前荷蘭市政廳作為辦公室。一六七〇年代初期，英國人努力在南部拓展貿易，但他們很快放棄了，因為鄭氏政權壟斷了糖和鹿皮的出口，英國東印度公司發現他們無利可得，決定移往大陸，最初先在廈門進行貿易活動。

一六八〇年，鄭經失去在大陸的最後據點。鄭經死後一年，鄭成功的孫子鄭克塽繼位。施琅的海軍於一六八三年奪取澎湖，鄭克塽投降獻島。清廷不熱中於治理台灣，打算命令漢人移民遷回大陸故居地，此時移民人數在鄭氏家族統治下已經倍增。清廷想放棄台灣，說台灣僅是中國海外一座孤島，是海盜、逃亡者的藏匿地。他們認為只需要保留澎湖作為軍事據點。

施琅提出異議，他認為台灣島不但可作為大陸的屏障，且土地肥沃、天然資源豐富，應該納入清帝國的版圖。否則台灣不久將落入非法之徒和外國人手中，這些人遲早會生事，澎湖將不時受到他們威脅。施琅的提議終於被接受，一六八四年五月二十七日，台灣正式併入清帝國。同年，荷蘭投降，羈留在島上被監禁達二十二年的荷蘭俘虜獲釋，這批俘虜主要是寡婦和他們的子女。

施琅詢問其中一名荷蘭人葛文博克（Gravenbroeck），問他荷蘭東印度公司還有沒有興趣將福爾摩沙併入他們的帝國。施琅的問題被轉告給巴達維亞的總督。葛文博克注意到福爾摩沙的人口已經增加，而且大多

在一份荷蘭當地的報紙上繪聲繪影地描述著：「有人看到中國強盜忙著割取基督徒的鼻子
和耳朵，而其他已經慘遭毒手的人，則被這些殘酷的強盜驅趕。」圖為刊印於一七八六年
《荷蘭人報》的版畫。

數重要的原住民村社，都渴望再接受荷蘭東
印度公司的治理。葛文博克報告：「他們告
訴我，如果有機會再讓荷蘭人治理，他們會
比前更順從、更勤奮。他們會協助公司教化
島上的野蠻人，將他們變成我們的忠僕，因
為他們想擺脫中國人的奴役、重稅和誘
惑。」然而施琅卻沒有得到巴達維亞總督的
答覆。

荷蘭東印度公司檔案

揆一終於獲得平反，一六七五年返回荷
蘭。同年，《被遺忘的福爾摩沙》一書出
版，副標題為：「描述福摩沙島如何因東印
度當局的疏忽，而遭中國海盜國姓爺入侵、
征服的真實故事」，一般猜測作者正是揆
一，書中指責巴達維亞的公司評議會，從未
正視揆一先前所發出的警告。

除了圍城時的亨伯魯克事蹟，尚存留在荷
蘭人的國族記憶中，失去福爾摩沙在荷蘭持
續不斷的殖民史中，只是一段短暫而戲劇性
的篇章。荷蘭東印度公司的檔案保存了關於
福爾摩沙及其居民，在地理、地圖繪製、政
治和人種學方面的文字資料。

關於福爾摩沙島的知識，仍不為大眾所
知，只有少量的荷蘭文報告被刊行出來。一
六七〇年，達貝爾(Olfert Dapper)所作的報
告，著重描寫干治士。一七二〇年，有若干
法倫退因的報告問世。此外，還有根據荷蘭
海軍資料，所刊印的各種福爾摩沙地圖。

法倫退因總結：「美麗的福爾摩沙現在已
經被國姓爺占據。我們三十七年來所獲得的
一切全數化為烏有，福爾摩沙又恢復為原先
崇拜異教，或中國神偶的狀態。我們在這座
美麗的島上所付出的一切辛勞、期望和金
錢，竟然換來屈辱和無可彌補的損失，這真
是令人遺憾！」

【第貳部】

十八世紀

蘭東印度公司在福爾摩沙的統治終了，而英國東印度公司在福爾摩沙所作的短暫經營亦告結束，外國人深入接觸福爾摩沙的活動，從此長久停滯。時至一七〇三年，一位名叫沙曼那拿(George Psalmanazar)的年輕男子，自稱福爾摩沙人，由殷奈斯(Alexander Innes)牧師陪同，從荷蘭來到倫敦。殷奈斯是蘇格蘭軍團軍中牧師，該軍團駐紮荷蘭史洛斯(Sluis)，他在史洛斯結識沙曼那拿，並使他皈依新教信仰。

沙曼那拿吃生肉，說流利的拉丁文，康普頓(Compton)主教是他的保護人。沙曼那拿所說的故事，關於他那遙遠的故鄉以及耶穌會傳教士在遠東的陰謀，引起大眾和英國皇家學會(Royal Society)的興趣。

英國皇家學會是一個科學機構，致力於研究、推廣自然科學及與世界各地的傳教士和旅行者通信。沙曼那拿和許多人士會面，其中一位剛從中國回來，即法國耶穌會教士洪若(Jean de Fontaney)神父。沙曼那拿的這本書在十八世紀的歐洲，銷路良好成為熱門話題。

耶穌會教士

自從葡萄牙人定居澳門之後，耶穌會傳教團就一直活躍於中國與日本，直到澳門不再對外開放為止。耶穌會傳教團不同於其他的傳教團，以福建的道明會為例，道明會的傳教對象是平民百姓，他們不會因地制宜，故做讓步，然而耶穌會的傳教策略，則是讓朝臣接納他們，為此，耶穌會教士會先研習中國語文、經典，順應儒家傳統，避免牴觸中國人的世界觀，然後再設法轉化高級官員的信仰。

耶穌會傳教士通曉最先進的西方科學知識，以及其實際應用，特別在天文學、曆法、地圖繪製和機械方面，因而獲得賞識。耶穌會教士被引介給朝廷，有時充當政治顧問，他們曾協助朝廷與俄羅斯在尼布楚(Nertsjinsk)做第一次邊境條約談判，他們也曾協助朝廷與尋求通商的荷印公司代表團

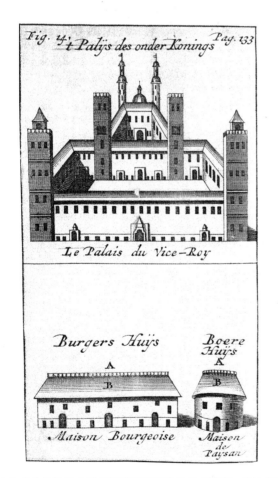

沙曼那拿的偽書中詳細描述福爾摩沙的各式建築，圖中版畫為書內所附之插圖，上圖為國王宮殿，下圖為一般平民的住屋及農舍。

協商。

　洪若神父停留中國期間，曾治癒康熙皇帝的熱病，還指導一群中國數學家從事地球物理研究，以及測定緯度的工作。他描述沙曼那拿是個「大約二十二歲的年輕人，有一頭金髮、面色紅潤，說歐洲語言時不帶一絲亞洲腔調」，在他們以拉丁文談時，沙曼那拿主張福爾摩沙是日本帝國的一部分。洪若神父提出異議，並證明福爾摩沙是在中國人的控制下。他說不久前福爾摩沙海岸上發生船難，透過中國人而非日本人的安排，一位耶穌會教士和其他幾位傳教士因而獲釋。

改變信仰

　在眾人力勸下，沙曼那拿寫下關於故鄉的書。當時，大多數英國人對於福爾摩沙幾乎一無所知，書名《日本國屬島福爾摩沙歷史與地理之描述》，說明此地居民宗教、風俗等，以及作者之遊歷與耶穌會教士之會談。另附作者反對耶穌會，改信基督教之緣由。

　沙曼那拿所寫的書刊印於一七〇四年，附有插圖，獻給保護人康普頓主教。沙曼那拿在序言中寫道，順應大眾要求，他急於完成此書，「但是我見多了那種東方遙遠國度的羅曼史，尤其是關於我自己國家的，這些故事你們都信以為真，我本來不願意動筆，然而事實總應該取代不實的傳聞，因此，我覺得我有義務，獻給諸位一部更可信的福爾摩沙史。」

　沙曼那拿詳細地舉證，他說同年英文版的干治士報告是假的，並描述自己來到歐洲的經過。沙曼那拿成長於首都「Xternetsa」，師從日本人「Ammo-Samma」學習拉丁文，從

沙曼那拿書中第二部分，主要描述福爾摩沙的政府及社會組織，十八世紀初，大多數英國人對福爾摩沙一無所知，故此書成為當時歐洲人的熱門話題，圖中所描繪乃當時控管五座島嶼之福爾摩沙王。

沙氏之書中詳盡刻畫著福爾摩沙的宗教傳統，包括每年獻祭一萬六千名不滿九歲的兒童，圖中版畫所繪為福爾摩沙的主神廟。

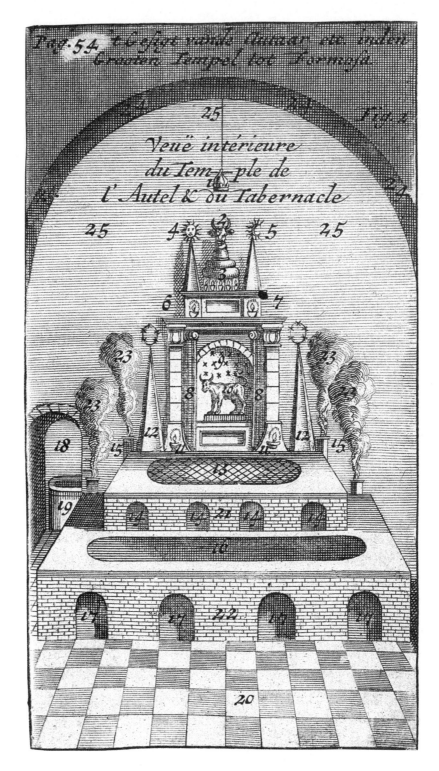

神龕與祭壇。第一間神廟建在首都Xternetsa，神龕置於其中，聖地上置有各種聖物：1.垂掛在神龕屋頂下的王冠。2.公牛頭，象徵他們的神。3.神龕頂上點五盞燈。4.小金字塔，上有太陽形象。5.另一座小金字塔，上有月亮形象。6.一盞燈敬拜月亮。7.一盞燈拜敬太陽。8.平日用兩張簾幕覆蓋神龕凹處。9.神龕凹處以天藍色和金製的星辰裝飾，代表神靈現身的穹蒼。他們的神以公牛的形態現身。11.點兩盞燈敬拜他們的神。12.兩座金字塔，其上有十顆星，是膜拜的對象，全部以金、銀製成。13.用來燒烤幼兒心臟的格狀鐵架。14.燒烤心臟的爐火。15.排煙的煙囪。16.烹煮獻祭生肉的巨釜。17.煮肉的爐火。18.聖地，宰殺幼童的地方。19.盛裝童血與屍體的坑洞。20.宰殺野獸獻祭的聖地。21.內有格狀鐵架的大理石建物。22.石材建築，內有祭壇狀的巨釜。23.火爐的煙。24.屋頂的圓形部分。25.圍牆。

而得知歐洲的名勝與奇聞。四年後，老師說他要到歐洲旅行，沙曼那拿興致勃勃亦要隨行。抵達法國南部後，他發現老師的真名其實是狄羅德神父(Father de Rode)，是一位耶穌會傳教士。

沙曼那拿細述耶穌會傳教士如何學會日語，冒充日本人，設法勸誘日皇屠殺所有非基督教徒，目的在將日皇與日本國，出賣給信奉天主教的西班牙國王。在狄羅德神父的耶穌會修院中，他們逼迫沙曼那拿皈依天主教，最後還以酷刑作威脅。沙曼那拿逃脫魔掌後，開始在歐洲遊蕩，直到在史洛斯遇見殷奈斯牧師，讓他接受了新教信仰，並且為他施洗。

以兒童獻祭

書中第二部分描述福爾摩沙，沙曼那拿稱之為「Gad Avia」，「Gad」意思是「美麗的」，Avia是指「島嶼」。福爾摩沙由五座島嶼所組成，首都Xternetsa位於主島Kaboski。在國王的軍隊以欺敵的方式入侵後，福爾摩沙就成了日本的屬地：「每座大轎以兩頭大象駄負，裏面藏了三、四十人，為防範福爾摩沙人起疑，窗旁放置公牛和公羊以掩人耳目。」

沙曼那拿描述了福爾摩沙的政府、建築、社會階級，從國王以至平民百姓各階級的裝束，還有宗教傳統，包括每年獻祭一萬六千名不滿九歲的兒童。

書中一章介紹當地語言，內有「福爾摩沙語文字符號」圖例，以及「主禱文」和「十誡」的福爾摩沙語譯文，另有一部分介紹動物。「大體而言，這裏所產的動物都可在福

沙曼那拿書中有一章，介紹了福爾摩沙當地語言，書內並附有福爾摩沙語字母表。

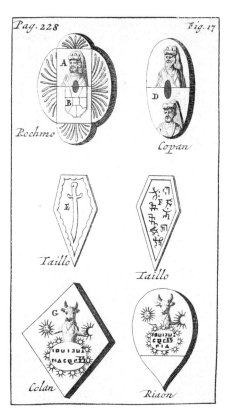

沙曼那拿富異國情趣的故事，深得英國人的青睞，他還特別描繪福爾摩沙幾種錢幣的圖案，滿足讀者的好奇心。

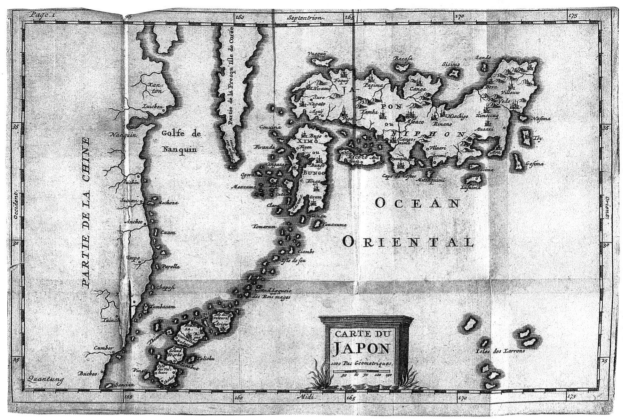

沙曼那拿書中描述福爾摩沙由五座島嶼所組成，一年後的再版書，更增加一幅親手
繪製的福爾摩沙地圖，證明福爾摩沙確實為一連串島嶼，位於日本西南方。

爾摩沙發現，但福爾摩沙當地所產的許多動物是卻這裏所沒有的，例如：大象、犀牛、駱駝和海馬，這幾種都是溫馴有用的動物。然而還有其他的野獸也是這裏所無，例如：獅子、野豬、虎、豹、人猿、鱷魚，此外，還有熊，熊比獅子、野豬更兇猛，土著們相信熊是某些苦行贖罪者的化身。

然而，他們不知龍或獨角獸爲何物，只有一種獨角魚：而且他們從未見過鷹頭獅身獸，認爲那是杜撰出來而非眞實的生物。除上述動物外，他們也有普通的蛇，他們隨身攜帶蛇。蟾蜍被養在家裏，用來引誘偶然出現的毒物，此外，還有吃老鼠的黃鼠狼，養在園子裏的烏龜。

還有一種很像蜥蜴，但比蜥蜴小的動物，土著稱之爲『殺蠅者』（Varchiercho），皮膚像玻璃一樣光滑，依身體狀況呈現各種顏色。看牠拼命追趕蒼蠅的模樣很有趣，無論蒼蠅停在桌上、肉上或飲料裏，都很少失手。除了福爾摩沙以外，這種動物只有在日本或美洲才能發現。」

暢銷的僞書

沙曼那拿的僞書銷路良好，成爲熱門話題。他那饒富異國情趣的故事，符合英國人當時反耶穌會的強烈情緒。他們認爲，耶穌會委曲求全的中國傳教策略，弱化了基督教信仰。沙曼那拿保護人康普頓主教，將沙曼那拿送到牛津基督教學院就讀，作爲回祖國傳播英國新教的準備。

一年之內，該書的荷蘭文版與法文版相繼問世。有位耶穌會教士以法文寫了篇評論：

「這本書十足是小說，該書以惡意的謊言攻擊耶穌會，能成為暢銷書流傳於耶穌會的仇敵間，不足為奇。」他說在日本從來沒有一個叫狄羅德的法國耶穌會傳教士，而且洪若神父沒有揭發沙曼那拿，「是為了讓願意相信他的人為此付出代價。」此書隔年再版，沙曼那拿在書中添加一幅地圖，顯示福爾摩沙是一連串島群，並補上一幅惡靈王插圖。

英國皇家學會持續調查這件事。在某次會議上，發現慧星的哈雷（Halley）帶來一幅中國與福爾摩沙的海圖，繪製於一六六七年，「該圖和沙曼那拿最近所出版的福爾摩沙故事完全不相符。」數月後，沙曼那拿回到倫敦，他發現殷奈斯牧師已經溜到葡萄牙。雖然這項爭議漸漸平息，然而人們仍懷疑沙曼那拿福爾摩沙故事的真實性。往後幾年，沙曼那拿時而成為眾人的笑柄。沙曼那拿於是離開倫敦，前往某個小鎮，從此致力於神學研究。

隔離

清朝治下的福爾摩沙，被稱為台灣，併入福建省。陸軍和海軍從大陸調來，島上不許招募新兵，部隊輪番更調，以免和漢人移民結黨。無妻室產業的漢人移民必須返回福建，並禁止攜眷渡台。清廷想限制漢人的移民活動，於是嚴格限制來台進行貿易或居住的人數，以防台灣叛亂再起，同時也是為了不危及與原住民的現有關係，因為原住民之反叛，多半起因於漢人移民的胡作非為。

一年之內，在台灣漢人總數減少將近一半。台灣島的中央與東部沒有漢人居住，也沒有設立行政單位。分巡台灣道每三年巡視台灣一次。負責行政工作的道台與掌管陸、海軍的鎮台，駐守易名後的首都台灣府。

實地勘察

十八世紀初，為了更明瞭大清帝國的疆土，康熙皇帝指派一群為數十七人的耶穌會傳教士，實地勘察、繪製治下各省各區的地圖（指《皇輿全覽圖》）。三名耶穌會神父馮秉正（de Mailla）、雷孝思（Regis）及德瑪諾（Hinderer）於一七一四年走訪台灣，遍遊台西地區。

儘管有人攻擊沙曼那拿福爾摩沙故事的不真實，但在再版書中，沙曼那拿仍補上一幅惡靈王的插圖，繼續拓展讀者的想像力。

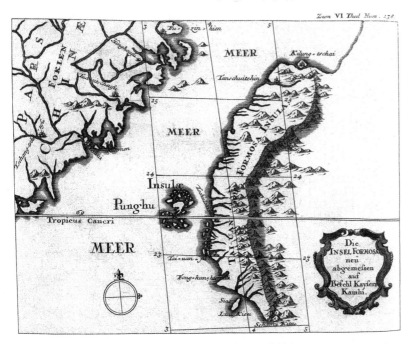

康熙皇帝派遣耶穌會傳教士到各地勘察，並繪製《皇輿全覽圖》一書，而馮秉正神父將所繪製的地圖，也寄給他的耶穌會上司。此為一七一五年，馮秉正神父所繪之福爾摩沙地圖。出現於一七二六年，德國史塔克林所刊印的《耶穌會教士海外傳教書信集》。

一七一五年八月，馮秉正神父將其觀察所得，以及所編製的地圖，寄給他的耶穌會上司。一七二六年，這批資料首度出現在德國史塔克林（Joseph Stocklein）所刊印的《耶穌會教士海外傳教書信集》。

「中國並沒有全面統治福爾摩沙。福爾摩沙被一系列高山分隔成東、西兩半部，山脈最南端起於沙馬磯頭。北端止於中國人所稱的雞籠岇，鄰近西班牙人先前所建的堡壘，只有山脈西邊才屬於中國。東邊居住著野蠻人，據聞這些土著民族的特性幾乎無異於美洲的野蠻人。聽說他們不像易洛魁族（Iroquois）之印第安人那般殘忍，而且遠比印地安人虔誠。

他們性情平和、互愛互助、公正無私，不屯積金、銀，雖然他們擁有幾處礦區。沒有法律、政府和警察，完全以漁獵維生，他們也沒有宗教，不知道有上帝這回事。這就是中國人所說，住在福爾摩沙東部的人。不過，中國人所描述的外國事物不太可靠，我無法保證這種說法是真的，何況目前他們與原住民互不相往來。

征服福爾摩沙後，中國人就知道島上有金礦。他們在西部找不到金礦，決定駕小船經海路到東半部進行調查，因為他們不願冒生命危險，橫越陌生的山嶺。他們受到極友善的招待，福爾摩沙人盡力提供一切協助。這些中國人盤桓了一星期之久，最後只在福爾摩沙人的小屋裏發現幾錠金塊，這是福爾摩沙人所貯藏的極少量黃金。這對中國人來說是致命的誘惑！他們迫不及待想得到金塊，因而設下絕無僅有的殘酷計謀。打點好回程的裝備後，以聊表謝意為藉口，他們邀請福爾摩沙人赴宴。這些可憐的福爾摩沙人在被灌醉之後，全數都遭到屠殺。

中國人搶走金塊，揚帆離去。暴行的主謀現在還住在福爾摩沙，中國人從沒想到要懲罰他，而無辜者卻得替他受罪。這麼一件可怕的罪行傳遍東部，武裝的土著立即進犯屬於中國的北部區域，逢人便殺，毫不留情，還放火燒毀房舍。

從此，中國人與土著居民雙方不斷交戰。因為我必須經過福爾摩沙人的居住地，所以在我繪製南部地圖期間，隨時都有兩百名兵士在一旁護衛。儘管我們已有防範，他們還

是會發動突襲，有一次人數還多達三、四十個，他們以弓箭和矛為武器，由於我方占絕大優勢，他們便因此撤退了。」

台灣府

「為中國人所據的福爾摩沙，殊不愧稱美麗之島。這是一個美麗的國家，空氣純淨清澈、土壤肥沃富饒，無數溪流滋潤著土地。首都台灣府，人口稠密，交通便利，商業發達。比起中國其他首善城市，台灣府確實不遑多讓。福爾摩沙物產應有盡有，本地出產稻米、糖、煙草、鹽，以及中國人所珍視的

燻鹿肉，加上各色水果、布匹，羊毛、棉、麻等。此外，還有大多不為歐洲人所知的種種藥草。再者，也有輸至歐洲的物品，例如：中國和印度織物、絲織品、漆器、瓷器，以及各式各樣的歐洲手工藝品。

島上只有少量桑樹，因此蠶絲產量極少，然而販絲獲利頗豐，肯定會令人起而效尤。倘若中國人在從前就能自由定居福爾摩沙島，不少家庭無疑早已遷入。

然而想定居福爾摩沙，必須取得中國官員所給發的通行執照，這得花費不少金錢，而且還必須提供擔保。

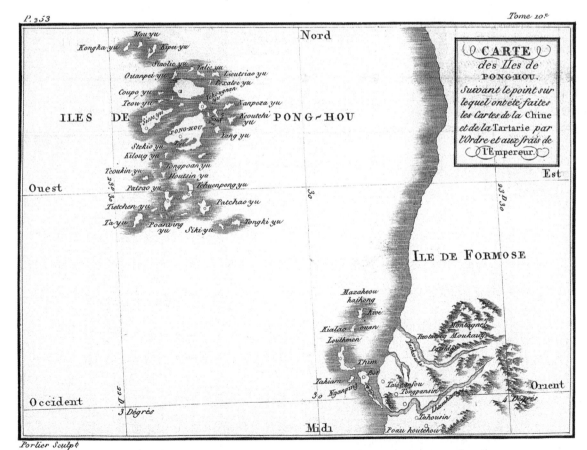

舊名台灣府的台南，是十八世紀福爾摩沙的首府，當地早年已有台灣原住民平埔族人在此居住，而荷蘭人教化工作的主要對象即為平埔族。此圖為平埔族與台灣府之地圖。

馮秉正的福爾摩沙報告及地圖，首度出現於一七二六年德國史塔克林所刊印的《耶穌會教士海外傳教書信集》，圖為此書之標題頁。

不只如此，進到島上還送錢給官員作禮數，他們嚴密監視進出者。即使持有執照，空手而來肯定會被遣返。防範措施如此嚴苛，無非因為中國人天性貪婪，喜好斂財。不過，禁止一切人等進入福爾摩沙不失為良策，尤其對於統治中國的韃靼人而言，因為福爾摩沙地處要津，如果被中國人所占，必成為清帝國的心腹大患。

韃靼人還以超過一萬人的兵力駐守台灣，交由一名總兵和兩名副將指揮。將領每三年輪調一次，如果發生事故，輪調次數則更頻繁。在我們停留台灣府期間，他們輪調了四百名兵士，開除了一名高級軍官，因為他侮辱一位文官，控告這位官員未能秉持公正，

處理日前他們一位弟兄遭殺害的案件。

台灣府的街道規畫差不多全部呈直線排列，為防止強烈日照的破壞，一年之中有七、八個月都加以覆蓋；街道僅三、四十呎寬，但有些長達一里格（約五公里）。街道上商家、店鋪林立，陳列著絲織品、瓷器、漆器等物，貨品的鋪設賣相極佳，這原是中國人的看家本領。街道呈現出迷人的迴廊景致，如果充斥於途的農夫少些，路面狀況好些，步行其中倒不失為一大樂事。房舍多半以泥、竹搭就，屋頂覆以茅草，遮陽篷幾乎將店鋪掩藏，從而也掩飾住店鋪的瑕疵。」

安平

「荷蘭人占領期間唯一所建的房屋，是一棟三層樓的大型建築，有四座的半稜堡作為防護——對於身處遙遠異國的歐洲人而言，這種預防措施是有必要的，他們在異國未必能受到公正、誠實的對待，詐騙、不公之事在他鄉異地往往司空見慣。這棟建築監控著港口，必要時可以阻止敵人登陸。

台灣府沒有圍牆也沒有堡壘。韃靼人從不將部隊放在城堡內，他們偏好在曠野上進行馬戰。港口能避風，但船隻入港日益困難。起初港口兩邊皆可通行，其中一邊，最大型的船隻也能輕易通過，另一邊通道的水底是岩石，漲潮時水深僅達九至十呎。

由於海沙日益淤積，第一條通道現已無法通行。那是荷蘭人當年進入港口所經的通道，為了保衛入口處不受外國人侵犯，他們在小島南端修築一座堡壘，唯一美中不足之處是：堡壘建在沙地上。儘管如此，該堡壘用來防禦敵人還是很管用，荷蘭人的敵人也

就是中國人和日本人。堡壘距台灣府西邊有兩分鐘路程,監控整座港口,二百噸以上的船舶也能出入港口。

中國人統治下的福爾摩沙由兩個民族組成——中國人和原住民。貪婪的中國人,從中國各省聚集到此,台灣府、鳳山縣和諸羅縣的居民清一色是中國人,這裏所見到的原住民都是中國人的奴僕,或根本是奴隸。除了這三座城以外,還有幾個中國村莊,但是都不太值得注意,唯有安平鎮是例外。這一個堡壘位於熱蘭遮城腳下。一鯤身大約住有四、五百戶人家,由一位副將率領二千名兵士駐守。」

原住民

「在福爾摩沙的中國人,其政府組織與風俗習慣與在中國者並無二致。因此,我只敘述土著的政府組織。臣服於中國人的土著,居住在四十五個他們稱之為『社』(Che)的小村落裏,北部有三十六個社,南部有九個。在北部者人口相當稠密,房屋式樣與中國人的房屋差異不大。然而南部的九個社,其實只是一些小茅屋所形成的聚落,這些三兩成群的茅屋以泥巴和竹子搭建,用稻草覆蓋屋頂,搭築在三、四呎高的平台上,形狀像倒覆的漏斗。屋內沒有桌、椅、床等任何家具。

正中央是火爐,離地二呎,用來烹煮食物,稻米、小米和獵物是主食。土著徒手追捕獵物,或持武器狩獵,其奔跑之迅速令人驚嘆。據中國人的說法,土著之所以能健步如飛,是因為他們在十四、五歲時,即緊束雙腿所致。他們以矛作為武器,一擲達七、

八十步遠,出手必定中的。他們的弓箭雖然再簡陋不過,卻是百發百中,不輸給歐洲人的槍法。

他們也沒有餐具,食物簡簡單單地放在木板或凳子上,以手進食。他們吃半生的肉,以小火煨烤成他們所喜愛的口味。新鮮樹葉往地上一鋪,或鋪在小屋的木板上就成了愜意的床。他們僅用一幅布條蔽體,從腰部垂蓋至膝。

我們的野蠻人朋友用皮膚來裝飾自己,他們在身上刺上樹、花朵和動物的圖案。刺青的過程令他們痛不欲生,其間必須中斷多次。整個過程需時數月,有時甚至要一整年,每天接受酷刑——只為了滿足想要與眾不同的渴望,因為並非每個人都可以刺上這些壯觀的圖案。只有在競跑賽中出類拔萃者,經社中長老裁定,才能擁有這項特權。

然而,每個人都可以染黑牙齒,配戴耳環、手鐲、臂鐲,以及用各色小珠子穿成的項鍊或頭冠,頭冠末端有羽飾。北部的氣候較冷,土著以鹿皮披體,用鹿皮製成無袖的外衣。北方土著戴蕉葉製成的圓筒帽,而南部土著,帽上亦有公雞或雉雞羽飾。

他們的婚嫁制度則沒有這麼野蠻。他們不販賣女子,如中國人,也不講究門當户對,如歐洲人,事實上,對於婚事父母極少置喙。想結婚的青年男一旦找到心儀的女子,就會帶著樂器、連續幾天出現在女子家門口,如蒙青睞,女子就會現身,和她的追求者一同發下山盟海誓。隨後將婚事告知彼此的父母,婚慶活動在女方家中舉行,男子從此留在女方家,將岳父家當成自己的家。因此,他們不重生男重生女,因為生女兒可以

得到女婿，作爲老年的倚靠。」

長老

「這些島民儘管完全臣服於中國人，但他們仍保有自己的古老政府組織。每個小鎮推舉三、四名享有令譽的長老，成爲其他居民的領導兼仲裁者，裁定所有的訴訟。若有人不服裁決，他將永遠被逐出該社區，而其他村落也不敢加以收留。

他們向中國人納糧，每個小村落都有一名中國人替官員做通譯。這些通譯殘忍貪婪，苛刻地剝削這些可憐人。南部原有十二個小鎮受中國當局管轄，現在只剩下九個。有三個小村已經叛變，他們趕走了通譯，停止三年一度的納貢，還與東部居民結盟。

我順道向福爾摩沙的首任文官提及此事，他是一位漢醫，最近剛被任命爲福建巡撫。他冷淡地答道：『如果這些野蠻人堅持不受教化，他們只會變得更糟，我們設法要將他們變成文明人，誰知他們不領情。到處都有不滿份子。』儘管在中國人的標準下，他們是野蠻人，然而我卻認爲，他們比大多數名聲響亮的中國聖人更像眞正的哲學家。他們從不行騙行搶，也不爭吵興訟。他們公平地分配所得，言語謹愼、爲人正直，而且心地純潔。」

基督徒

「離開廈門之前，我們聽說福爾摩沙有基督徒。我們於是開始打聽，無疑地，中國人之中並沒有基督徒，然而紀錄卻顯示，自從荷蘭人占領安平港之後，似乎就有原住民開始信仰基督教。我們曾遇見一些會說荷蘭話、讀荷蘭書，還會使用荷蘭字的原住民，我們甚至發現他們手中有五本荷蘭文聖經殘本。他們不崇拜偶像，但也不舉行宗教儀式或誦念祈禱文。有些原住民更知道上帝是造物者——是三位一體的神。他們知道亞當和夏娃，甚至洗禮的慣例。儘管如此，我們仍然無從發現或確認，他們是否有接受洗禮的習俗。

中國通譯肯定地對我們說，他們的嬰兒一出生後，即以冷水澆灌，不過，這些通譯並不可靠，而且當時的通譯並不精通原住民語言。我們似乎可以推斷，他們並沒有來世受罰的觀念，因此可能不會費心讓嬰兒受洗。我們設法對他們灌輸我教最基本的眞理，留下施行洗禮的慣例，這是我們唯一能做的。倘若能有大批人員在福爾摩沙傳教，必定可獲致豐盛的成果，然而我們卻不得不離開，

此版畫描繪福爾摩沙人的「野蠻」裝束，他們穿著及地的長袍，頭戴絲製或棉製的帽子，私處縛以銅、銀或金片遮蓋。而描述福爾摩沙的說明文字，正是引用自沙曼那拿書中〈福爾摩沙居民〉篇中文字。此版畫即出自右頁之書。

一七五三年刊行於德國萊比錫的一本兒童讀物，書中簡述四大洲一百九十二支不同民族，另附描繪各式民族服裝的版畫，圖為此書之標題頁。

無從伸援。在目前的情況下，想由中國海岸前往福爾摩沙是不可能的，我們試過二、三次都失敗了，福爾摩沙的大門已經對歐洲人關閉，這真是令人痛心。」

耶穌會和其他的天主教傳教士，因傳教策略的歧異，長期處於衝突中，連康熙皇帝也捲涉其中。羅馬教宗派出使節來處理紛爭，結果被視為是外國君主在干預中國事務。天主教傳教團必須服從教宗，從而引發中國當局的疑竇，以為他們意欲動搖中國社會的基石。一七二四年，雍正皇帝禁止帝國內所有基督教傳教活動，唯有耶穌會傳教士得以繼續從事天文工作，偶爾也充當翻譯員。

邊境地區

康熙統治末期，漳州、泉州籍福建移民，以及來自廣東惠州和潮州的客家人，開始非法渡台。中國大陸對稻米與甘蔗有高度的需求，台西平原土地肥沃、人口稀疏，吸引漢人移民前往墾殖謀利，隔離政策日漸被破壞，政府越來越難以維持原住民的現狀。

一小部分原住民採納了漢人的生活方式，繼續居住在漢人拓殖地附近。他們被稱為「已開化的」原住民，或「熟番」。世居西部平原的原住民，逐日被漢人移民驅往東部。他們不時報復侵占其地的漢人，當局每每派遣部隊加以懲治。他們居住在邊境外，被稱為「未開化的」原住民，或「生番」。

一七二〇年，超過兩百人因盜伐而被斬首。一七二一年，漢人移民對於清朝官府的憎恨，激化成為一場大規模的暴動。帶頭叛變的漳州人朱一貴與客家移民領袖杜君英聯手對抗政府。朱一貴攻占台灣府，據地稱王。當局從廈門調動軍隊來台，花費六個月時間平亂。

一七三一至一七三二年間，被迫替清朝官

員建造新衙的原住民因不堪士兵虐待，在大甲與彰化附近發起大規模的暴動。一七三二至一七四〇年，家眷可以合法移居台灣，漢人人數遽增。

屯墾移民的賦稅充實稅收，當局藉機強化對邊境地區的直接控制。村莊數目迅速增加。一七一七年，彰化地區只有一個村莊，到了一七四〇年，村莊數已成長至一百一十個。一七一七年時，淡水境內沒有村莊，到了一七四〇年，村莊數目已達三十五個。北部平原上總數七十六個村莊中，漢人移民村莊的數目從原先的八個增至三十個。

此時，鼓勵殖民的政策雖已取消，但大批婦女與非法移民仍持續湧入，漢人人數迅速增至五十萬。漢人移民與邊地原住民之間，因利益衝突而導致緊繃的對立關係。漢人移

沙曼那拿肖像，洪若神父曾經這樣描述圖中自稱為福爾摩沙人的沙曼那拿，「大約二十二歲的年輕人，有一頭金髮、面色紅潤，說歐洲語言時不帶一絲亞洲腔調。」

民之間也因籍貫認同而產生衝突。根據一七四〇年某位供職北京的耶穌會教士所言，台灣被朝廷視為「不滿份子的大本營，使帝國內外飽受戰爭威脅」。

馮秉正的福爾摩沙報告和地圖，於一七三五年出現在耶穌會教士竺赫德(Du Halde)所編纂的中國概覽，其材料取自未刊行的耶穌會著述《中國帝國及中國轄疆地區之地理、歷史、政治與自然》一書。法文與和西班牙文版《外方傳教會所書之教化與珍奇信件》，隨後問世。

一七四二年，安臣(George Anson)於環行世界的途中，駛近福爾摩沙西海岸，他們看見岸上有許多處火光，「我們以為這些火光是島民想邀起我們登岸的信號，但是我們無此打算」，安森的「百夫長號」(the Centurion)是第一艘駛入中國水域的英國戰艦，他在廣州賣掉一艘被俘的西班牙大帆船。一七五七年，乾隆皇帝下令，外國與清帝國的貿易活動只限於廣州港進行，而且需透過當地「公行」。

告白

除前述《日本國島福爾摩沙歷史與地理之描述》外，一七六四年於倫敦出版了一本《＊＊＊＊回憶錄》。作者沒有透露真名，但一般認為該書的作者，就是沙曼那拿本人，他在書中揭發自己冒充福爾摩沙人的假面目。作者生於一六七九年，雙親是天主教徒，住在法國南部的朗多基克省(Languedoc)。他在一所耶穌會學院受教育，隨後又在大學裏研習神學，他顯然是位早慧的學生，學校老師令他感到失望，對於宗教課

程，他也興趣缺缺。

「最近我注意到，自己恥於佯裝成因信仰而受苦的人，虛榮以及我當時所處的惡劣境遇，才是我投身宗教的唯一動機。現在我開始思索，想利用宗教作爲踏腳石，幫助我完成漫長的歸鄉路，於是我給自己弄了張證明，表明我是研習神學的年輕學子，出身愛爾蘭，離國前往羅馬朝聖。」

他的母親建議他去探訪父親，他的父親在兒子年幼時即已移居德國。作者沿路行乞，前往德國，途中「操拉丁文，大半只與神職人員或權貴顯要攀談」。到了德國，他發現父親生活貧困，他的父親盛讚低地國（今荷、比、盧三國）「物豐民富，博學之士輩出」，這個十六歲大的小伙子決定以學生身分行乞前往。這時他靈機一動，想冒充成受耶穌會傳教士影響、皈依基督教的日本人。

他知道大多數歐洲人對於日本所知甚少，於是以他從耶穌會老師那裏所聽來的少量描述，加上日本政府迫害基督教的事實作爲藍本，根據這些材料來佯裝日本人。他編造出一種新的語言和語法。「這種隨興的胡謅越來越像一回事，我於是編了一本小冊，上面有太陽、月亮和星星，以及我在狂想下所得的圖形，剩餘部分則填滿無意義的詞句，用我自己所發明的符號書寫，一時興起便加以吟誦」。

作者以日本人身分在科隆（Cologne）通過入伍申請，加入一支僱於荷蘭的軍團，一七〇二年末，隨軍隊移往荷蘭史洛斯。他在史洛斯結識隨軍牧師殷奈斯，牧師哄騙他重覆一段譯文，他無法辦到，被識破身分。野心勃勃的殷奈斯成爲作者的同謀，殷奈斯牧

被一般人認爲作者即爲沙曼那拿的《＊＊＊＊回憶錄》（Memoirs of ＊＊＊＊）一書（書名即以四個星號爲記號），一七六四年於倫敦出版，作者沒有透露真實姓名，並在書中揭發自己冒充福爾摩沙人的假面目，圖爲此書之書名頁。

師主動提出一項可以名利雙收的計畫，他建議作者冒充福爾摩沙原住民，而不要冒充日本人，因爲當時關於福爾摩沙的事，幾乎無人知曉。

殷奈斯牧師寫信給倫敦主教，托他照料作者。這位假冒的福爾摩沙人引起主教的關注，牧師便替他施洗，並將他帶到英國首都。倫敦大眾對這個冒牌貨大感興趣，牧師和倫敦的出版商，於是敦促他寫一本有關福

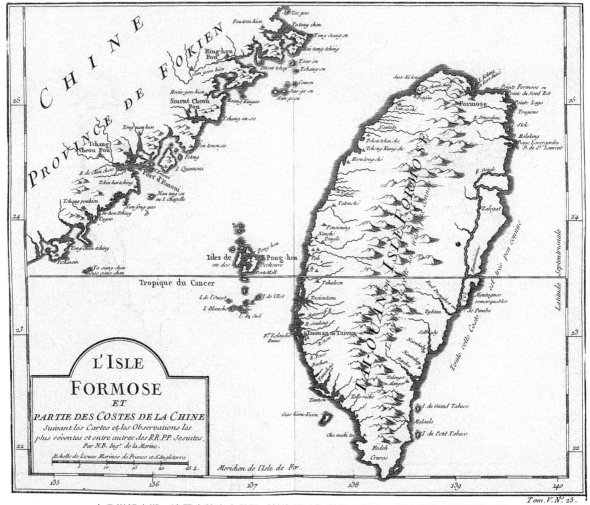

十八世紀中期，法國人狄克士發行《航海通史》數冊，其中一冊內容許多篇幅與中國有關，圖為書中福爾摩沙島與部分中國海岸線。

爾摩沙的書，「因為這樣的書會為我帶來不少讚譽和好處」，殷奈斯給他一本甘治士報告的英譯本——這本書剛出版不久，以及瓦倫尼（Varenius）所著的《日本與暹羅誌》，作為參考資料。

「我發現甘治士的書對我極有用處，讓我鬆了一大口氣，甘治士是荷蘭牧師，曾居住在福爾摩沙，同樣以福爾摩沙為題材的其他作者，某種程度上都抄襲了干治士，這些書裏不乏怪誕荒謬、自相矛盾的內容，大體而言，歐洲人對於福爾摩沙所知甚少，即使中國人、日本人也是如此。

這麼一來，關於福爾摩沙的事，我更可以暢所欲言，普遍為世人所相信。因此，我沒有太多猶豫，開始冒充起福爾摩沙人。我下定決心，要以前所未見的驚人內容來描述福爾摩沙，大多數敘述都要與其他作者所寫的相左。」

這個二十三歲的冒牌貨以兩個月的時間完成一份拉丁文原稿，「同時，倫敦市民也對這本書懷有熱切的期待。」沙曼那拿的真實姓名可能是「N.F.B. de Rodes」，與他在書中所稱「Gad Avia」的耶穌會教師之真實身分很相似。

儘管沙曼那拿在自傳中承認，他所做的福爾摩沙報導是假造的，但仍繼續被認作真實的描述，甚至有些學者也如此認為。西方人對於福爾摩沙的模糊印象，來自荷蘭傳教士甘治士，以及法國傳教士馮秉正兩人的真實報導，沙曼那拿的報導左右了這種印象，其影響力幾乎貫穿整個十八世紀。

十八世紀中期，法國人狄克士（Prevost d'Exiles）發行一套《航海通史》（Histoire General des Voyages），這套書隨後被譯成多種西歐文字，以不同的書名出版。其中一冊內容與中國有關，有專篇描寫一六六二至六五年間，海軍艦隊司令波特率領荷蘭艦隊，協助清廷對抗鄭成功，為收復福爾摩沙所做的努力。篇中一幅地圖呈現出福爾摩沙，以及波特替清廷奪回的金門、廈門兩島。

《中國概述》（Description General de la Chine）刊行於一七八七年，由耶穌會教士葛洛西（Grosier）匯整中國耶穌會教士的報告所編成，書中用以下紀錄作為馮秉正福爾摩沙報告的結尾：「關於福爾摩沙的描述，我們還要添加下列一筆報導。

最近有一件可怕的災難，降臨這座不幸的島，我們從一封信中得知其細節，這封信寄自北京，署時一七八二年七月十四日，信中寫道：『海水差點奪走中國最有價值的海上資產。大員島，亦即歐洲人所知的福爾摩沙，幾乎被海水淹沒。據此地的報告，分隔該島的山丘，部分下沈消失，居民幾乎全數喪命。』這是府城連日來的傳聞，然而政府告知大眾事情的真實狀況，已經過止了傳聞，管轄該地的官員已將此事上告皇帝。

馮秉正引述福建巡撫呈稟皇帝的急奏：『陰曆二十一日（一七八二年五月二十二日），強風豪雨，伴隨前所未見的海水狂漲，令他們時感憂心，唯恐被海浪吞沒，葬

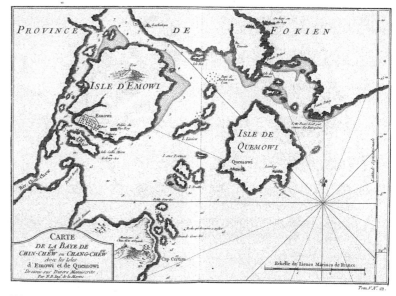

《航海通史》內有專篇描寫一六六二年至一六六五年，海軍艦鑑隊司令波特率荷蘭鑑隊，協助清廷對抗鄭成功，收復福爾摩沙，篇中一幅地圖清楚呈現波特替清廷奪回的廈門島和金門島。

身海腹。自寅時至未時，這場可怕的暴風雨，似乎同時從四面八方來襲，於上述時間，威力始終不減。衙門、糧倉、兵營、鹽倉和工廠全數被毀，內藏物品盡失。貨棧、作坊及民房，大半成為殘墟廢墟。

港中二十七艘戰船，十二艘失蹤，兩艘化為碎片，殘破無以修復。其他百餘艘各型小船慘遭相同命運，八十艘被淹沒，五艘下

沉，這些船才剛裝戴福建的稻米，船上達十萬薄式耳的穀物，全數遺失。其餘未進港的大、小船隻，十至十二艘大船估計遭淹沒。其他小型船隻，包括數量龐大的三桅帆船、小艇，各式小船，亦告失蹤，未見一片殘骸。因為整座大員島已被海水淹沒，糧食物資若未被沖走，亦已嚴重毀損，不堪食用。

《航海通史》一書陸續被譯成多種西歐文字，以不同書名出版，圖為〈福爾摩沙篇〉中之一頁。

作物徹底被沖毀。』」

貝尼奧斯基伯爵

「一七七一年八月二十四日，星期三。狂風大作，無雨，海水上漲。旅程中，他們以《安臣航海記》（Anson's Voyage）中所找到的資料為根據，要我駛往福爾摩沙島。」被流放西伯利亞的匈牙利貴族貝尼奧斯基（Moritz August de Benyowsky）伯爵一行人逃出監獄，伯爵帶領八十五名男女乘快速帆船，從堪察加半島出發，途經千島群島、日本以及琉球群島，回到歐洲。

兩天後，他們將船停泊在「某個港灣，經度二二三、緯度二三點一五，水深十四噚，淺綠色沙灘」（可能是蘇澳）。有一小群人上岸，受到原住民的款待，並被邀往附近村莊。隨後他們遭到手持滑膛槍、弓箭的原住民攻擊，有些船員在戰鬥中受傷。貝尼奧斯基本想離開，但是他的夥伴說服伯爵為攻擊事件做出報復。上岸的人員在海灘上受到友善的接待，有些人離隊，自行進入村落。離隊者遭遇攻擊，其中一人被殺。結果，所有的船員都登岸去破壞村莊。「他們徹底擊敗島上居民，清點之下，發現其死亡人數不下於兩百人，不包括負傷逃逸者。」

他們的船向北航行，停泊在加裏遠灣（Kaleewan）。

「我們才捲好索具，便有一大群島民出現，男男女女帶著家禽、稻米、甘蔗、豬、橙和其他水果，來和我們交換別針、縫衣針等小物品，這些人雖然舉止穩重，但是我不願冒險信任他們。因此，我要讓我的十二名夥伴隨時保持武裝。大約下午三點，有一群

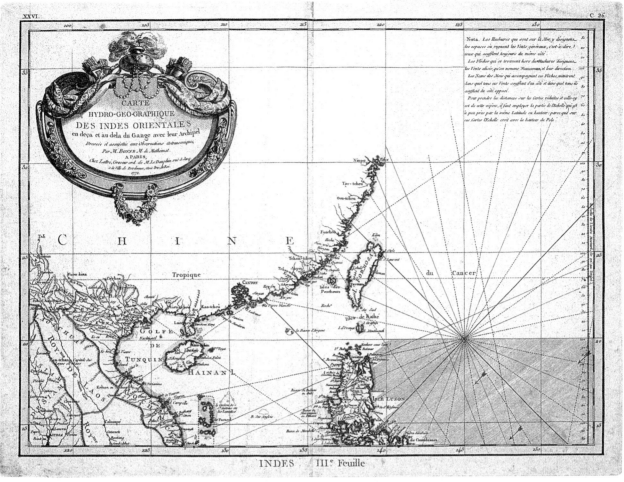

東印度暨諸群島之水文地理圖。一七七一年，製圖師波那（M. Bonne）於
巴黎所繪製，也收錄在狄克士發行的《航海通史》中。

島上居民現身，他們的首領穿著怪異的服
裝，混合歐洲與印度樣式，腰間掛一把巨
劍，鞋子無疑是自製的。」

　　這個男人自稱帕契可（Don Hieronimo
Pacheco），是西班牙人，七年前逃離馬尼
拉。他解釋道，原住民想表達對船員的謝
意。他們聽說貝尼奧斯基成功地懲治了住在
他們南邊的部落——他們的宿敵。「透過帕
契可我才知道島上西部由中國人統治，但是
島上有七分之六的地區是獨立自主的，其中
三分之一住著野蠻人。他向我保證，只需一
些協助，就能征服這個島，趕走中國人。他
的推論，加上他所提到的情勢，令我相信這

樣的計畫是可行的。」

　　在貝尼奧斯基一行人協助下，他們攻打了
附近的敵對部落，得到更輝煌的勝利。帕契
可將貝尼奧斯基介紹給Huapu，「Huapu為該
國王子，年約三十至三十五歲之間，身強體
壯、舉止合威。」這位王子來自更南邊的村
莊，他想親自向貝尼奧斯基表達謝意。「他
說他確信我就是先知們所預言的那個人，將
帶來一群奇怪的人，解救福爾摩沙人免於中
國人的桎梏；因此，他決定來拜訪我，盡其
所能地支援我，服從我的命令。」

　　「我深信與這位王子結盟後，我能夠說動
某個歐洲強國，在島上建立殖民地」，伯爵

MAURIT. AUGUST. COMES DE BENYOWSKY.

"Concerning the Portrait in the Frontispiece.

貝尼奧斯基伯爵是位被流放的匈牙利貴族，他率男女八十五人逃出監獄，乘坐快速帆船，從堪察加半島出發，經千島群島、日本及琉球群島，回到歐洲。他將一路上的冒險事蹟撰寫成《貝尼奧斯基伯爵回憶錄與遊記》一書，刊行於一七九○年，還有多部歌劇以他精采的冒險生涯作為題材。

法國探險家暨海軍軍官胡斯肖像。一七八七年，天地會發動福爾摩沙史上最大規模的造反活動，法國軍軍官貝胡斯率遠征隊在熱遮蘭古城下碇，雖然勝算十之八、九，但幾經考量，最後仍決定不在動亂時期涉險上岸。

決意和王子的部隊合軍，聯手征伐另一個王子Hapuasingo，「他與中國人結盟，還向他們納貢」，Hapuasingo協助中國當局侵占Huapu的領土。Huapu答應將Havangsin一地送給貝尼奧斯基，作為成功克敵的報酬。「他願意將Havangsin連同其城鎮和居民割讓給我，如果我和歐洲人協助他將中國人逐出他的領土，屆時他願將整個王國獻給我。」

貝尼奧斯基一行人使用現代化武器，協助Huapu攻打首要城鎮Xiaguamay，擊敗Hapuasingo。同夥勸貝尼奧斯基留在島上，立刻展開殖民活動，但貝尼奧斯基認為最好還是先返回歐洲。

他想說動歐洲某國的朝廷，資助他的福爾摩沙殖民計畫。他擬定了一個詳細的計畫，估計動用三艘武裝船艦加上一千二百人，即可殖民福爾摩沙。

「中國人稱福爾摩沙島為台灣（Touaiouai），而土著則稱之為Paccahimba，福爾摩沙是世上已知最美麗富庶的島嶼。其土地無邊無際，一年兩穫，盛產各種動、植物，牛、羊等家畜、家禽數量充足。大型河流、湖泊散布其間，漁產豐富。該島擁有許多寬敞的港口、海灣，山脈出產金、銀、銅、朱砂和煤。

除東部海岸外，島上居民已經開化。他們懦弱懶惰，受惠於良好的土壤和氣候，十分容易維生。除中國人所居住的區域外，島上礦藏尚未被開採。他們爭相淘洗砂金。島上居民唯一的商業活動，是與到達此地的日本三桅帆船，以及中國人進行貿易。」

九月十二日，貝尼奧斯基一行人離開福爾摩沙島。繞過最北端時，他們看見「海岸上

多處起火」，他們航經澎湖群島，抵達澳門，此時，他們逃亡的消息被傳揚出去。他們繼續前往法國，途經法國新殖民地馬達加斯加。

法國政府亦有興趣在暹邏（今泰國），以及東南亞地區拓展殖民地。貝尼奧斯基的福爾摩沙計畫被呈給路易十五的朝廷。但貝尼奧斯基的福爾摩沙計畫未被採納，結果，他反被派去經營馬達加斯加。

他與馬達加斯加法國當局，在殖民政策上意見相左，於是掛冠求去，在一七八二年返回歐洲，據說他轉向維也納的約瑟夫二世

(Joseph II)推銷福爾摩沙計畫。野心勃勃的喬瑟夫二世，一度想建立奧地利殖民帝國，下命占領尼科巴群島。他沒有接受貝尼奧斯基的福爾摩沙殖民計畫。

伯爵在英國找到私人贊助者，願意資助遠征隊，在馬達加斯加建立私人殖民地。貝尼奧斯基在馬達加斯加的戰鬥中被法國部隊擊斃。他的贊助人決定出版伯爵遺留給他的自傳手稿。貝尼奧斯基一行人所造訪的國家當時鮮有人知，外界對於西伯利亞完全不了解，對日本亦是如此，長期閉關自守的日本，只准許荷蘭人在出島(Deshima-island,

Dessiné par Mondela.

Gravé par Le Pagelet.

熱蘭遮城周圍的沙岸地形平坦有礁岩，只有小型的快速帆船能夠接近。此圖選自《貝胡斯地圖集》。

今長崎）進行貿易，至於福爾摩沙，幾乎也是無人知曉。《貝尼奧斯基伯爵回憶錄與遊記》刊行於一七九〇年，貝尼奧斯基的報導廣受歡迎。

有幾齣戲劇描寫伯爵的冒險生涯，其中德國戲劇家考塞卜（August von Kotzebue）的作品，被譯成多種語言，頻頻演出。

一七九九年，有部歌劇以這位匈牙利伯爵的事蹟為描寫題材。貝尼奧斯基的旅行見聞經常出現不合常理、前後矛盾之處，而且顯然過度誇大，令人懷疑其遊記多半出於憑空杜撰。

福爾摩沙東部土著居民，他們不服中國統治，沒有法律、政府和警察，終日藏匿於山林，以漁獵維生，漢人稱他們是「住在樹上的食人族」。

貝尼奧斯基走訪福爾摩沙東北海岸一事，大概經過吹噓膨脹，目的在吸引投資者加入他的計畫。《魯明追隨貝尼奧斯基之冒險回憶錄》，一八二二年由貝尼奧斯基同夥以俄文刊行於聖彼得堡，據書中所言，他們在福

爾摩沙所進行的戰鬥，其實規模甚小。

貝胡斯

隨著移民人潮的增長，結果帶來大量無業遊民，島上當局已無法以行政和軍事手段，有效控制非法的土地開墾。拓墾中央山地的漢人移民，屢屢遭受「未開化的」原住民的獵首突擊。居民憎恨清朝官府，不同移民族群之間紛爭不斷，社會日益緊張、混亂。在漳州與泉州籍人士混居的彰化縣，有兩個村莊因賭債而發生糾紛，兩村的紛爭於一七八二年擴大成為大規模的地區性騷亂。數千人喪命，四百餘座村莊遭焚毀。幾年後，林爽文成立天地會對抗官府。

一七八七年四月底，逆東北季風航行的法國探險家貝胡斯（Jean Francois de Galaup de la Perouse）航近安平，貝胡斯在熱蘭遮古城對面下碇。海軍軍官貝胡斯於停留澳門期間，即聽聞福爾摩沙有人造反，他認為在此動亂中不宜輕易涉險，決定不上岸：「福爾摩沙東部只住土著，他們不服中國統治，這點歐洲人很清楚。然而西部人口極為稠密，因為在祖國受壓迫、騷擾的中國人，不斷地移出中國。

自中國征服該島後，遷往福爾摩沙的總人口數達五十萬人，首都有居民五萬人。福爾摩沙島地處要津，任何國家若能占得該地建

荷蘭人當初建造的「熱蘭遮城」，又稱「奧倫耶城」，即「安平古堡」，是荷蘭人在
台灣最早建立的城堡，作為統治台灣和對外貿易的總樞紐。熱蘭遮城外港泊荷蘭
船隻，內港停泊中國船，城堡的入口在北方，圖為中國船泊於內港。

立堅強防禦，並在澎湖群島布置若干戰艦，即可立身安穩，對怯懦的中國人予取予求。中國人極重視福爾摩沙，派有一萬名韃靼兵駐守。

他們的大砲、堡壘以及駐軍，我認為根本不堪一擊，不過攻占一事非同小可，必須有獲勝的絕對把握。我敢斷言，若有兩艘快速帆船、護衛艦、五、六艘砲艇、四千名兵士，加上適當的大砲和補給，如此的一支遠征軍必定能成功。福爾摩沙海岸平坦，只有小型船隻能接近，因此需要砲艇掩護登陸。

首役應先占領澎湖群島，該地有良港可供艦隊停泊，越過海峽到福爾摩沙只要五、六小時。四、五、六月是適當的時機。與西班牙人聯手，成功的機會大增，因為如果遭遇抵抗，船隻折損，可以從馬尼拉得到必要的補給。

倘若英國人尚未涉入其他戰爭，所有資源已被動用，他們肯定早已征服福爾摩沙，福爾摩沙的重要性對英國人而言，更勝於其他國家，因為他們嗜茶如命，在某種意義上等於是在向中國納貢，在英國諸島，茶如今已成為不可或缺之物。

這些在中國的歐洲人，不久就會屈從於有辱格調的條件，如同在日本的荷蘭人。對法國，甚至對歐洲其他國家而言，是否與中國通商無關緊要，因為其貿易利益不足以補償他們所受的任何屈辱，然而英國卻必須遷就，抑或宣戰，無疑地，在進退兩難之下，他們會選擇後者。」

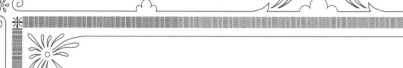

【第参部】

十九世紀前半

十八世紀的暴動事件結束後，清朝政府解除移民限制，允許在台有親眷的大陸居民移民台灣，引起一連串的競爭。一七九三年，英國政府派遣馬戛爾尼（MacCartney）勳爵，率使節團前往清帝國朝廷交涉，欲解決英國東印度公司在廣州通商所遭遇的困難與不平等對待，並擴大與中國的通商特權。

他在日誌中評述：「福爾摩沙與清帝國的連繫脆弱不堪，不日即會自行斷裂，若有外國勢力稍加干預，其連繫立刻被扯斷。」馬戛爾尼勳爵的使節團無法擴展通商範圍，而在一八一六年，阿美士德勳爵（Amherst）率團第二次出使亦無功而返。

競爭

在島上移民社會中，大多數衝突起源自漳州籍與泉州籍移民之相互競爭。一八〇五年，從大陸調來的清朝援軍聯合漳籍移民，攻打泉籍的蔡牽。蔡牽鼓動泉籍移民叛變。他想占據福爾摩沙西南部，坐收財源，但未能如願。島上的東北部被武裝的移民占據，清政府設立了噶瑪蘭廳（Hamalan Prefecture）。

在德國戲劇家考塞卜一八一〇年出版的文集《歷史、花籃、故事》（Clios, flowerbasket, stories）中，描述福爾摩沙居民。一六二八年的干治士報告，顯然仍是福爾摩沙相關資料的主要來源。考塞卜只不過添加上具有現代風味的個人評述：「福爾摩沙人體格高大、強壯，膚色黑褐。依古老習俗，夏季三個月期間，他們行動往來，一絲不掛。

婦女身材矮胖壯碩，每日在門前以溫水沐浴兩次，她們天性溫順忠實，負責耕種，操持所有家事。男人以弓、矛狩獵，用狗追蹤野獸，他們在長矛上繫小鈴鐺，射中獵物時可用以聽聲辨位。

他們與二至三個女人結婚，可以任意離棄她們。他們在二十歲前不能結婚，但可以事先拜訪妻子，但五十歲前不得與妻子同住。兒童在三、四歲前與母親同住，其後男孩和父親同住。依其習俗——世所罕見的風俗，三十六歲前不得生育，婦女如果未滿三十六歲即懷孕，她們必須墮胎（這或許是限制人口成長的最上策）。

他們的房屋很寬敞，用竹子、柳條和黏土搭建而成。他們以鹿皮做衣服，用鋤頭翻土；使用矛、弓箭、劍、盾作武器，敵人的頭骨、骨和頭髮被視為珍貴的裝飾品。最重要的神祇名為Tamagisangal，住在南方，是男人祀奉的對象，婦女祀奉其妻Tecaroepoda，她掌管南方。宗教儀式由婦女執行，神靈現身前，女祭師會痙攣抽搐。隨後她們會清醒過來，說明她們的所見。她們也能預言未來、預測天氣，清理被褻瀆的地方，以巨大聲響和各種器具驅逐邪靈，或舞劍迫使惡魔投海。

由十二位男士所組成的委員會統治該島，他們被稱為Ouatn，年約四十，兩年一任，權力雖然有限，但人們必須服從他們的裁決。他們執行女祭師的命令，處罰踰矩者。東西被竊的人，若得知小偷身分，可以夥同朋友到小偷家中取走他所喜愛的任何物品，或達成協議索取賠償，否則便訴諸武力，輸的一方當然就是理虧者。被辜負的丈夫通常

會到未婚妻家，帶走幾頭豬，事情就算是解決了。

他們的葬禮儀式獨一無二，屍體被放在柴堆上，但是離火源甚遠，所以只會被烤乾，控制適當的柴火連續燃燒九天。再以草蓆包裹屍體，放上三年，然後葬在自己家中。他們相信來世的懲罰和福報。他們的地獄是一個骯髒的池子，惡人落入池中，而好人則一躍而過，進入天堂。有些罪可以在生前抵償；但有些則須在死後。說謊屬於後者。幸好，他們沒有新聞記者。」

一八二○年，蘇澳、雞籠間修築了一座中國堡壘，移民墾殖東北部平原。一八三○年至一八三三年，台灣府移民造反。

普魯士傳教士

繼荷蘭人之後，漢學家法國人克拉普(Klaproth)，是首位以福爾摩沙語作爲著述題材的西方學者，他在一八二二年寫下《福爾摩沙原住民語言》。兩年後，克拉普運用了所能取得的中文記載，將福爾摩沙的種種描述寫入《亞洲回憶錄》，報導中曾提及，福爾摩沙出口了大量茶葉到中國大陸，「作爲藥用」。

普魯士人郭實獵(Karl Gutzlaff)或許是步貝尼奧斯基伯爵之後，第一位進入福爾摩沙的西方人。郭實獵在荷蘭接受新教傳教訓練，他被派往荷屬東印度(今印尼)從事傳教活動。在努力轉化印尼華僑信仰的過程中，他對中國語文的研究產生興趣，進而引發前往中國傳教的念頭。當時，基督教傳教士不被允許在中國活動。

壟斷東方貿易的英國東印度公司，以廣州

普魯士人郭實獵肖像，他是繼貝尼奧斯基伯爵後，第二位進入福爾摩沙的西方人。他在荷屬東印度群島傳教，轉化印尼華僑信仰的過程當中，激發了對中國語文的研究興趣，於是搭上在中國沿海航行的鴉片船，到中國進行傳教活動。這張圖摘自郭實獵所著之《中華帝國史》。

爲總部，從英屬印度進口鴉片，成爲貿易貨品的大宗。幾遭鴉片貨主拒絕後，郭實獵終於登上一艘鴉片船，該船船長是中國人。郭實獵在天津遇見來自荷屬東印度的故知。《一八三一至一八三三年中國沿海航行誌，附暹邏、朝鮮與琉球群島評述》一書，記載郭實獵的第一次航程，他依據中國人的傳聞，寫下有關福爾摩沙的事。

「自從被中國人所占有後，福爾摩沙變得極爲繁榮，中國移民多半來自福建同安，他們前往福爾摩沙殖民，從事貿易；種植稻米、甘蔗和樟樹。福爾摩沙擁有數座寬廣的深水港，但入口處都非常淺。小型中國帆船

![National Gazette newspaper clipping]

一八三二年美國《國家時事報》的報導，將福爾摩沙介紹給讀者。

移民領袖，仍盡其所能，不斷對抗中國政府。在福爾摩沙所舉行的處決次數高居中國各地之冠，然而，其成效卻是全中國最低的。福爾摩沙文風鼎盛，福建人有時會遣子弟來此地求取功名。」

隔年二月，郭實獵在英國東印度公司的「阿美士德勛爵號」（the Lord Amherst）上擔任翻譯員兼外科醫生，一八三二年，「阿美士德勛爵號」從澳門沿中國海岸北上，尋求貿易機會，同時勘察適合通商的港口。「阿美士德勛爵號」走訪了澎湖，還曾停泊在熱蘭遮城外。「登岸的那個早晨令我永難忘懷。我發出數千本小手冊。那些人所問的問題往往十分貼切，他們天生智慧之高令我不禁感到驚訝。然而由於他們的心靈悖離上帝，因此要使他們適切地了解救世主並不容易。」

西方人的貿易利益

郭實獵在日記中寫道，福爾摩沙的貿易活動操縱在福建商人手中，福爾摩沙樟腦外銷歐洲各地。官員壓迫移民，這些移民，「孑然一身，頑抗不屈，匿藏山林。大多數地區雖臣服中國，然而東部仍為原住民所據，頻仍的造反事件，阻礙福爾摩沙的繁榮」。

從廈門出海，駛往島上西部港口進行買賣，或運稻米回廈門，或載蔗糖到中國北方。

福爾摩沙的拓殖活動發展迅速，島上優越的條件有利於殖民者叛變，為此，中國政府採取了限制移民的措施，凡移民遷出皆須得到許可。殖民地拓殖者富有而且不服管束，他們屢生叛亂，難以鎮壓，退避到山區中的

一八三二年七月十日，美國報紙《國家時事報》（The National Gazette）告訴讀者，西方人想要何種貿易利益：「因中國移民與原住民之間的對立，福爾摩沙目前情勢不穩定。未來，倘若中國必須開放比澳門更適合貿易的地點供外國人所用，那麼福爾摩沙將不容遺漏。福爾摩沙的海岸、海灣、港口及河流少為人知，東南部者尤其如此，該區幾乎完全不受中國羈束。因此，倘若能尋得適合殖民的地點，無疑的，原住民必定樂意與外國人合作，擺脫中國的嚴苛統治。

如此巨大的島嶼必然擁有大量資源，其位置鄰近中國，更增加其價值。福爾摩沙的土壤和氣候條件相較於中國大陸，不至於有過大的差異，應該可以大量種植茶樹，如此即能大幅減少我們對中國茶葉的需求，我們外國人也可以藉機報復中國人那種將茶葉居為奇貨、傲慢吹噓的態度。」

一八三四年，英國東印度公司實行貿易專賣權，英國貿易自由化。自由商人開始留意未受中國官員干預的貿易港口。許多英商建議大英帝國應將福爾摩沙納入版圖。一八三七年，英商清甸（Jardine）與麥地臣（Matheson）聽說福爾摩沙發生暴動，欲趁機在島上取得貿易據點，於是建議派遣武裝歐洲船艦前往考察島上市場。

英國商務監督的地位在廣州沒得到應有的承認，其職位等同於中國總督，商務監督認為，想要保護英國利益，除武力外別無選擇，於是召喚英國艦隊前來。一八三八年，中國政府禁止鴉片的吸食和進口，並下令將廣州及附近地區的違禁品加以集中。欽差大臣林則徐囚禁外國人、強迫他們交出所有違禁品，貿易協商破裂。英國商務監督要求數艘英艦駛近珠江（Pearl River），中國將領備戰。一八三九年十一月，鴉片戰爭開打。

「納爾不達號」與「安妮號」

駐防台灣的守備部隊，總數兩萬名的士兵和民兵，配備了步槍、竹槍，欲逐退企圖靠岸的英國人。台灣西海岸築起寬、高各十呎的堤岸強化防禦力。此外還建立懸賞制度，俘獲英國人、英國船者可求賞。一八四一年，樸鼎查擔任英國艦隊指揮官，針對中國北方沿海要塞，發動決定性的攻擊。

同年九月二十七日，「納爾不達號」（the Nerbuddah）載運在舟山群島定海參戰的英軍部隊返回，於雞籠附近失事。船上的英國船員登上僅有的一艘救生艇，十天後在香港附近被一英國縱帆船搭救。二百四十多名英屬印度船員則被留置在失事的「納爾不達號」，島上當局認為他們是敵軍的進攻部隊。結果，數十名船員死於戰鬥，被俘船員被迫行進到台灣府（今台南）。

大約六個月後，鴉片船「安妮號」（the Anne）在淡水附近失事，船上有西方人、中國人、葡萄牙人、馬來人以及英屬印度人共五十七名。雙方交火，二人被殺，船員同樣被囚禁在台灣府。島上官員向道光皇帝呈報軍功，獲得封賞。一八四二年八月二十九日南京條約簽訂，中、英之間的敵意告終。香港割讓英國。廣州、上海、廈門、福州和寧波開放給英國人通商，中國境內准許傳教。

依照南京條約，所有的囚犯皆須釋放。英國雙桅橫帆船二度前往安平，要求交運俘虜遭拒。同年十一月，「安妮號」的九名船員

獲釋，其中有英國人、美國人以及英屬印度人。從獲釋囚犯口中得知，「納爾不達號」的倖存船員在皇帝首肯下，已於六月全數遭斬首，而「安妮號」人員則在八月被斬首。被認定是高階官員的九名倖存者逃過一死，他們原本也要在清帝國首都被處決。

此一消息傳到英國，《倫敦畫報》(Illustrated London News)刊載文章介紹福爾摩沙島，以及此一事件的發生背景。「一八四一年前後，中、英戰事尚在白熱化階段，英船『納爾不達號』和『安妮號』在福爾摩沙失事。除少數的溺斃者外，兩船共二百九十七名船員，其中有十四名歐洲人，皆安全上岸。據樸鼎查勳爵所言：『兩船人員若非被福爾摩沙的中國官員處決，即被虐待、受餓至死。』『安妮號』船員似乎一上岸就被逮捕。

他們『被剝光衣服，冒著刺骨的北風，一絲不掛地行走。二人被凍死，還有其他數人因飢寒交迫不支倒地，他們被裝入籃中運至府城(離出事地點約九十哩)。他們被囚於府城，身上帶著鐐銬』。他們幾乎餓死，在如此待遇下還保住性命的人，多半都在去年八月被斬首，『執行此酷刑的島上當局宣稱，他們是遵照皇帝的命令行事。』樸鼎查勳爵表示，由於島上當局嚴重扭曲事實，皇帝才會下達該命令。

這些受害者只不過是手無寸鐵的船員和隨軍雜役，他們不反抗也不傷人。一說起福爾摩沙當局，我們不禁義憤填膺，對之深惡痛絕。樸鼎查勳爵已經揚言要對中國人開戰，他要求福爾摩沙當局必須處分造成這件大屠殺的人，『將他們降級，沒收其財產，並賠償這些無辜遇害者的家屬。』聲明書中陳述：『我們無法解釋，為何有六名歐洲和美國人，以及三名印度人未被殺害。但根據猜測，他們可能被當成重要人士，計畫送至北京行刑。』受害者大多是印度人。

在此同時，讓我們也檢視一下這件屠殺事件的發生地點。福爾摩沙被說成是中國東岸的糧倉，供應糧食給著名的廈門港。在福爾摩沙進行拓殖的人大多是從廈門移出，由廈門商人提供資金，當福爾摩沙蓬勃發展時，廈門的財富和重要性也跟著水漲船高。福爾摩沙西部確實足以和中國省份分庭抗禮：其地表富於變化，眾多溪流從島上高地穿流而下，沖灌其間。葡萄牙人最先在此建立殖民地，其後是荷蘭人，但兩者皆已被驅逐。

福爾摩沙(拉丁文：美麗的)此一稱號只適用於西部。東部崎嶇多山，被近乎野蠻的種族所占據，他們以狩獵維生，席葉而眠，幾乎不穿著任何衣物，也沒有什麼家具，身上刺青，如同南海野蠻的島民。當地原住民稱福爾摩沙為Tai-ouan。」

同年，《格利先生與德納姆船長於一八四二年在中國被監禁之日記》在倫敦出版。雙桅帆船「安妮號」的兩名船員在紙片上寫下這部日記——其中，格利已被處決，文稿由倖存者暗中攜帶出去。其內容大多敘述「安妮號」如何被掠奪，後來又說到他們被囚禁在熱蘭遮城的糧倉與地窖，在嚴酷的生活條件下，以及中國官員冗長的訊問過程中，差不多有一百人死亡。

官員想從他們口中獲取軍事情報，有時反倒洩露出他們對於西方世界的無知。他們詢問俘虜，一週之內可否從倫敦步行至美國。

由於南京條約的簽訂，中英間緊張情勢稍緩，因此《英國倫敦畫報》專文介紹福爾摩沙，
並隨文附上此插圖，然而海岸地形顯然難以辨認，似乎不是出於繪者親身的觀察體驗。

聽到英國皇后只有一個丈夫，而且英國沒有稻米，他們目瞪口呆。根據目擊者大副魯波(Roope)，「安妮號」另一名倖存者所述，處決囚犯的刑場就設在台灣府外的廣大平原上：「囚犯跪在地上，彼此間隔很近，他們帶著手銬腳鐐，雙手反剪背後，等候行刑，劊子手雙手執刀上前，砍頭時不用砧木。斬首後，屍體全數被投入一個墓穴，首級被放在海濱的牢房裏作爲號令。」

中、英交戰期間的船難事件讓航海人意識到，福爾摩沙化外地區的海岸危機重重，「納爾不達號」與「安妮號」失事的北部海岸，以及瑯礄地區尤其如此，謠傳船員一旦踏上瑯礄海灘，注定難逃原住民的毒手。

雞籠煤礦

一八四五年，貝爾徹(Belcher)爵士率領船艦巡航太平洋，於沙曼沙那(Samasana，今綠島)稍事停留後，繼續沿福爾摩沙東海岸航行。同年，香港英國當局命柯林森(Collinson)上校繪製澎湖群島海圖。柯林森繞行福爾摩沙島，辨識出島上最高山，將其命名爲莫里森(Morrison)山。柯林森的一名助手登陸東部海岸進行勘察，與幾位原住民有過短暫的接觸。抵達蘇澳港後，漢人村民告訴船員，島上的原住民是「住在樹上的食人族」。

蒸汽機世紀開始後，航海毋須再仰賴季風，新的市場被開發出來。英國人想尋找其他的煤礦來源，以節省從英國長途運送煤炭的高額費用。美國政府計畫建立以蒸汽爲動力的遠東航班。一八四七年，英國戈登(Gordon)少校與美國軍官視察雞籠煤礦，寄送樣本回國分析。一八四八年，戈登的報告在英國皇家地理學會的會議中被宣讀，並於學刊中發表，報告中記載雞籠盛產良煤。

外國人對雞籠煤礦的覬覦，引發中國政府的警覺。中國政府禁止外國人購買煤炭，理由是福爾摩沙並不開放通商，並聲稱開採活動會破壞附近墓地的風水。當地中國居民不准私自採礦，雞籠所產的煤炭也不可以賣到廈門。

【第肆部】

十九世紀後半

八五〇年，英國砲艇「拉本特號」(the Larpent)在巡航瑯礄時失蹤。一年後，三名倖存船員被尋獲。他們說他們遭受奴役。這項消息使西方人開始關注其他失事船員在福爾摩沙島上的命運。駐廈門英國領事在島上探詢失蹤船員下落時發現，他們無法依賴島上當局協助，解救可能被俘的外國人。因為外國船隻經常失事的地區為原住民的居住地，不在中國管轄範圍內。

廣州茶商美國人基頓‧奈伊(Gideon Nye與威廉‧奈伊(William Nye)的兄弟湯姆斯(Thomas Nye)，於三年前駕駛快速帆船「凱爾匹號」(the Kelpie)，離開香港前往上海，從此音訊全無。奈伊兄弟相信，湯姆斯已在福爾摩沙海岸失事並遭奴役。他們兩人向駐中國的美國代理公使伯駕(Peter Park-er)求援。儘管伯駕伸出援手，然而美國遠東海軍指揮官卻認為沒有必要仔細搜尋。

太平天國之亂

一八五一年，天地會在南中國造反，建立太平天國，隔年亂事延及台灣。法國作家卡勒里(Callery)與依法(Yvan)合著《中國叛亂史》，書中寫道：「Houng姓與Ki姓兩位叛軍首領歃血為盟，欲將造反活動擴展到福爾摩沙。叛軍前往福爾摩沙某地，他們一到達該地就找到了土著盟友。海南島與福爾摩沙雖然只占中國疆土的一小部分，然而這兩座島嶼卻被視為軍事重地，因為它們分別監控著廣東、福建兩省，一旦占據海南、福爾摩沙兩島，即可阻撓中國帆船北上。

福建亂民若與福爾摩沙亂民合流，韃靼人勢將難以招架。他們兩人的企圖有何結果，目前尚無法得知。我們只知道，他們的首役運氣不錯，但這不足以預測未來的發展。福爾摩沙島上的叛亂份子頭戴紅巾，頭髮盤在腦後，以金屬長針作髮簪。處於半服從狀態的福爾摩沙，向來是造反者的大本營，有時不受中國官員管轄。著名的國姓爺，雖然成功地將福爾摩沙變成獨立的小王國，然而在威力強大的火砲協助下，中國人終究消滅了這位篡立者。

在中國人，尤其在福建人的長久經營下，福爾摩沙土地變成財富的來源，沿岸地區滿布甘蔗園，其規模甚為宏偉。

在福爾摩沙內地，如同在海南島的山嶺，還住著一支頑抗的民族，他們至今仍不服從帝國的命令與官員的統治。中國政府在福爾摩沙維持數量最多的守備部隊，並在這裏訓練出最勇武善戰的士兵。天朝人(中國人)很害怕屍骨流落外鄉，這是眾所皆知的事。有鑒於此，中國政府會將客死福爾摩沙的士兵帶回廈門，免得這些以賣命為業的人有埋骨異鄉的恐懼。我們曾親眼目睹了這些已故英雄的墳墓，他們死於福爾摩沙的甘蔗園保衛戰中。」

神祕的紅人

「為了檢驗現存圖表的正確性，協助後人準備探索未知的海岸，追蹤難以捉摸的海流路線，揭開與世隔絕部落與國家的文明和風俗習慣之間的神祕面紗，為科學進展搜集來自地球人跡罕至地區的資料，美國政府派出『北太平洋調查與探險遠征隊』。」

一八五三年六月二十一日，林哥德(Cad-wallader Ringgold)中校率領著五艘艦隊離開諾佛克港(Norfolk)，分別為單桅帆船「樊尚號」(the Vincennes)、螺槳輪船「約翰漢考克號」(the John Hancock)、雙桅帆船「海豚號」(the Porpoise)、縱帆船「芬尼摩庫伯號」(the J. Fenimore Cooper)和貨船「約翰甘迺迪號」(the John P. Kennedy)。

美國海軍上尉哈伯善(Alexander Wylly Habersham)在他的著作《我最後的巡航》(My last Cruise)中便曾記載，他們沿途造訪馬來半島、琉球群島、中國沿岸、台灣、日本、堪察加半島、西伯利亞和黑龍江出海口，所見所聞皆充滿著令人驚異與雀躍的冒險過程。船隊經過葡萄牙馬德拉島(Madeira)之後，於九月底抵達南非，然後便航向巴達維亞和新加坡，其他三艘船隻則在此與「樊尚號」和「海豚號」分道揚鑣，繼續朝向香港與上海前進。

「當我們努力地向吳淞江上游前進時，突然有謠言開始蔓延，聲稱『海豚號』已失去聯絡，害我們大家都陷入一種莫名的恐懼當中，但究竟消息是如何傳出，或是有誰可以證實這項傳聞，則根本沒有人能予以確定。」數日後，「約翰甘迺迪號」的船員在上海迎接美國領事的造訪，「傳聞似乎已成定局，然而我們對船艦本身和船員的能力仍未失去信心，只是幾個月來的心情可說是相當地忐忑不安。」

一八五五年初，「芬尼摩庫伯號」和「約翰漢考克號」聯袂航向未知島嶼福爾摩沙。

「我們順利地抵達基隆港，並且和『芬尼摩庫伯號』一起駛進港灣，發現這兒是相當適合一、兩艘帆船停泊的地點。我們還發現這兒盛產鴨子、蔬菜與柑橘，其中我覺得柑橘的味道真是人間美味。聽說島內數哩外的地方還有煤礦，但在求證於當地政府時，他們總是如同往常般地閃爍其詞。不過，船長仍決定要採集一些樣本，於是他和一、兩位船員在中國翻譯人員的陪同之下，開始深入內地去探索礦藏地點。

他們很快地便碰到兩名願意擔任嚮導的男子，但這兩人所開出的條件是船長必須帶他們到香港，由於這看來似乎是個簡單的交換買賣，因此船長便點頭同意。這兩人告訴船長，當地法律規定禁止任何人帶外人到煤礦場去，否則將格殺勿論，但當我們到達香港後才知道，原來基隆不過是中國的充軍地，而這兩名男子竟是企圖逃避刑罰的罪犯。

我們沿著島嶼的東海岸航向香港，希望能找到傳說中的海港，但沿途卻毫無所獲，洶湧的波濤間只見高聳的群山矗立遠方。某日我們以為發現到這個地方，因為遠處村莊輕煙裊裊，看起來就像是個海港，但在靠近之後才發覺事實並非如此。然而，我們還是放下小船企圖登陸，卻因為海浪過大而作罷。此外，海邊站滿著赤身露體且群情激昂的土著，據說這些人都是食人族。

這兩名罪犯在看到傳聞中的食人族後嚇得倉皇失措，便跪下來向船長求饒，透過翻譯哭訴這些土著曾吃下許多同胞，如果船長仍執意接近，恐怕土著也會對船員做出同樣的攻擊行動，眼見小船無法破浪前行，於是他們便掉頭返回母船。我們最後在二月十三日抵達香港，卻發現『樊尚號』孤伶伶地停泊

在港口，帶著含淚的雙眼與沉痛的心情，我們望著船身和船桅，然後低聲輕嘆並關上望遠鏡，這下『海豚號』真的已經失蹤。

從『樊尚號』所得到的消息顯示，載有上百名船員的『海豚號』是在靠近澎湖的中國南海水域碰上颱風而失去聯絡，『約翰漢考克號』的任務就是在這些海域尋找它的蹤跡，從台灣的西南和東部沿岸開始尋覓，然後再和船隊於琉球群島的那霸會合，共同往日本繼續原定的旅程。

當我們離開香港時又碰上另一次暴風雨季，來自北方的勁風讓我們折騰不已，如同原先所觀察的結果，我們先開往澎湖群島，然後再往台灣的南端前進。我們希望能找到那艘失去聯繫的船隻，或是任何可以判斷船隻命運的海上漂浮殘骸。我們手中掌握的搜尋資料寥寥無幾，羅傑斯中校在中國海圖表上所標示的黑點是我們唯一的根據，他說：『我們就在那兒和它失去聯絡，請大家過去協尋我們的弟兄，願老天保佑你們順利找到他們！』

我們在三月二十六日到達馬公，並在當地停留兩天，這兒是澎湖最大的部落，居民全都是中國人。我們透過翻譯向當地人探詢，但仍對『海豚號』的下落毫無所悉，於是繼續開拔前往台灣。當我們看到台灣的時候，突然有陣強風向我們吹襲過來，於是趕緊轉舵背風而行，朝南端村落的方向駛近，風勢在接近陸地時似乎逐漸緩和下來，我們真慶幸自己沒有被吹落海面，並且平安地到達目的地。」

哈伯善引述《大美百科全書》中對台灣的些許描繪，與波蘭公爵貝尼奧斯基(Count de Benyowsky)回憶錄裏的話，插入原來的敘述：「這位貴族的描述非常地有趣，但很可惜的是他會說謊，以致讓人無法完全取信於他的說法。他提到：『曾在東部沿岸數個港口停泊過』，但根據『約翰漢考克號』在所有海岸搜尋的結果發現，根本沒有如他所言的港灣，因此他的口述與所見事物實在很難令人信服。

現在讓我回到『約翰漢考克號』，據我的記事本上記載，以下是我們在抵達台灣後幾天的所見所聞：我們當天晚上所看到的只有一望無際的白色沙灘，背後遠方有著綠色的坡地，我們以為群山的黑影之下隱藏著一座村落，許多同伴也都認為那兒真有村落，直到夜幕低垂，許多燈光開始在夜色中發亮之後，我們才真的肯定村落確實存在。不過，第二天清晨，我們終於能夠完全地看清楚，原來映入眼簾的盡是綠坡與稻田，在遼闊的台地上，我們看見了牛群優閒地低頭嚼食著牧草。

山坡上綿延不斷的稻田、咀嚼青草的牛群、村莊周遭的景致和山邊瀑布上閃耀的陽光，交織成這幅美麗動人的畫面。但這一切對常年生活海上並以文明眼光看待土地的人來說，卻成為令人情緒激昂的動人景色，人們由此產生一股衝動，想要在千層浪似的稻田上狂奔，跳入山中的溪流裏洗淨渾身的海水鹹味，或像孩子般地在綠地上翻滾，藉以忘卻海上的枯燥生活。

這樣的景致雖然美得令人流連忘返，卻似乎僅能遠觀欣賞而已，因為當地強風仍吹個不停，根本無法讓我們『跳入山中溪流裏游泳或在綠地上打滾』，於是我們只好以其他

方式自娛，如進行槍枝保養檢查、增加火藥、磨亮獵刀等漫不經心的準備工作。

入夜後風勢逐漸平息，第二天早上，幾名船員和我便登上我們最好的小船，打算大膽地往沙灘前進。這次的出航十分吃力，我們花了四十五分鐘才划出半哩，船底終於在碰到沙石後，大家才再度感受靠岸的興奮。心中不禁懷疑，萬一船有一半進水，讓我們像快要溺水的老鼠時該怎麼辦？

我們在登上這個奇怪且人潮擁擠的海灘時並不會感到恐懼，因為在此之前我們便認出岸上的人群是中國人，不過他們都全副武裝，身上配備的不是火繩槍便是弓箭。嘈雜的人群中有男人、女人和小孩，男性則全都攜帶武器，我們趕緊派出隨員翻譯，可是當地人說的語言既非普通話，也不是廣東或上海方言，害得翻譯人員剛開始覺得很難溝通。但很快地，在部分共通的字眼和害怕大動干戈的手勢輔助之下，我們最後可以在有限度的自由內彼此交換意見。

就我們所知，他們好像和東方的土著鄰居處於交戰狀態。雖然島嶼南北狹長，但土著卻可以輕易地跨越中央山脈阻隔而遊走兩邊，並開始搜括牲畜、捉人囚禁、焚燒落單的村落，然後再藏匿於外人無法追捕的深山之中。因此，我們發現當地人會配備著刀劍、火繩槍或弓箭，嚴格禁止外人進入他們的土地。

每當我們表示要到附近山丘的樹林裏時，他們的警戒心便會變得格外明顯，不但會扣留我們的衣物和跟蹤我們的路徑，還作勢警告我們會被戴著大耳環的壞人割喉，並烹煮後成為他們的盤中飧。我們剛開始也不知所

措，但後來獨自前往尋找鷸鳥的哈特曼在入夜後重新與我們會合，便讓我們大開眼界。他在鄰近的低地閒晃，並坐在石頭上欣賞前方的景色時，突然聽到樹叢中傳來動物警覺異狀所產生的聲響，他趕緊回頭一望，立即便看到三名『戴著大耳環的壞人』。

幸運的是，他是個警覺性高的人，而且身上攜有步槍、獵刀與左輪手槍，在決定拔出手槍的時候，他不經意地從石頭上站起來，趨步朝向離自己最近的高壯俊俏男子貼進，而對方則早已箭在弦上，並且好奇地直盯著他看。

哈特曼說，他因為有相當的成功把握，所以才會將自己送進獅子的嘴巴，然而心中卻有股從未有過的感受，即安祥地待在『約翰漢考克號』甲板上的渴望。他很快地便和這名王子般的土著搭上線，就在其他人接近的同時，他還順便打量一下他們的外貌，並拿出一元墨西哥幣來和他們交換弓箭，此舉很顯然也讓對方大為吃驚。然後他故做輕鬆地循原路回家，直到確認樹叢可以保障他的安全便開始狂奔，在跑過至少一哩之後，他才敢好奇地回頭張望後方是否有人跟蹤。

他形容這些土著的身材魁梧，比例適中，有著古銅色的肌膚，顴骨很高，下顎厚實，黑色的亂髮及肩，衣不蔽體，肩上披著一塊輕薄的棉布，看起來很像北美洲的印第安人。難怪中國人在看到這些莫測高深的民族會顯露畏懼之色，事實上，更讓人驚訝的是他們竟有勇氣與這些土著生活在同樣的島嶼之上。

我認為他應該是第一位與當地所謂食人族接觸的西方文明人士，遠比後來的日本人還

一八五三年美國政府派出「北太平洋調查與探險遠征隊」，由林哥德中校率領五艘船艦由諾佛克港（Norfolk）出發，探險遠征隊一員哈伯善上尉，在他的著作《我最後的巡航》中記載，探險隊與傳聞中的神祕紅人不期而遇時，他看見「戴著大耳環的人」。

早，這些弓箭便成爲遠征隊的收集品之一。

後來，我再次從遙遠的船上觀察岸邊的人群，發現先前哈特曼的敘述立即在我和其他人的眼前獲得驗證，我們看到這群外貌姣好且情緒興奮的男男女女，古銅色的肌膚上只穿著很少的衣物，男人只有頭上綁著布條，女人則穿著輕薄寬鬆的服飾，從喉部包到膝蓋以上。有些男子手上拿著弓箭，有些則以火繩槍作爲武器，女子手中則握著各種物品，很可能是希望以物易物。

當我們的船慢慢遠離的時候，他們的表情非常悲傷，不斷地以高聲的呼叫與激烈的手勢要我們回去進行交易。反觀我們的中國翻譯員，在企圖登陸的小船返回海上後，卻因爲過度恐懼而差一點暈厥過去，他只是不斷顫抖地哭叫著：『他們會吃人啊！他們會吃人啊！』

同日，我們試圖進行最後一次的登陸行動，並小心翼翼地透過望遠鏡來加以觀察。我們看見地上蓋著整齊的小石屋，有著結實累累的果園與田地，據說是那些『尚未被吃掉的中國犯人』所開墾的。我們對這些半裸土著所展現的優閒神情感到驚訝，不禁懷疑他們是如何蓋出如此美麗的石屋，最後推測的結論應該是那些犯人的傑作，畢竟他們在環境所迫下才需從事石匠與園藝工作。

我們發現這個島嶼長爲二〇五哩，寬約爲六十哩，爲東北往西南走向，巍然的山脈順著整個東邊的海岸延伸，上頭住著兩種不同的民族，分別爲中國人與紅人。中國人居住的地區爲島上的西部與北部，而紅人則盤據整個東部與南部，雙方經常處於對立的狀態。中國人住的多半爲丘陵和低地，而紅人則住在險峻的高山上。島上的北部與西部有幾個港口，東部海岸則沒有半個，其他部分則純屬推測，而這些便是我們所知道的福爾

摩沙和神祕的紅人。」

伯理的遠征

年輕的美國野心勃勃，欲與大英帝國爭奪遠東地區的貿易大權。美國派遣伯理准將率領遠征軍向日本叩關，想打破荷蘭人獨占對日貿易的局面。除了想取得貿易協定，美國還想在日本以及中國海找到加煤站。

《一八五二、一八五三及一八五四年，美國聯邦政府命令海軍准將伯理率領海軍中隊遠征日本與中國海之說明行政文件》紀錄此行的指令與報告。該文件於一八五六年出版，霍克斯(Francis Hawks)編纂了同名的單冊摘要。

一八五四年，伯理准將搭乘旗艦「波瓦坦號」(the Powhatan)離開日本駛往香港，行前，他命令「馬其頓號」(the Macedonian)船長亞伯特(Joel Abbot)連同軍需船「補給號」(the Supply)航往雞籠港。

伯理準將訓令亞伯特上校：「你此行造訪該島之目的，在執行海軍部的命令，探詢幾位失蹤者的下落，其親友以爲他們尚羈留於日本或福爾摩沙所屬之島嶼。此外亦須詳細調查福爾摩沙煤礦所在位置，查明從該島進行補給是否可行、取得與裝運是否便利、其煤炭使用於蒸汽機之品質如何、每噸價格等等。（若煤價昂首，購買不要超過一百噸；若價格低廉，則購進三百噸，裝運至『補給號』上）。如果安全無虞，必要時可以前往島上其他的港口。」

亞伯特上校在回覆伯理的報告中寫道：「雞籠約有三千個居民，狹窄的街道兩側房舍毗連，前簷突出連成有一條覆蓋的通道。

交錯的屋頂阻斷空氣流通，使該地氣味難聞。雞籠城兩端以城牆和高塔作防護，有兵士駐守，因爲(太平天國)叛軍隨時可能從廈門攻打過來。」

在香港與艦隊重新會合後，亞伯特上校做出詳細的報告。他曾經詢問：「雞籠裏裏外外的官員以及各色人等，他們一致回答從未聽聞島上有任何船隻失事；然而正當我要離開雞籠時，首要官員卻告訴我，六、七年前有一艘船在離雞籠四、五十哩遠的西部海岸上失事，白人駕小船前往鄰近島嶼，剩下的許多黑人則全數死在船上。

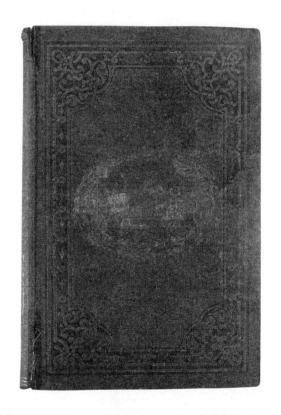

《我最後的巡航》一書出版於一八七八年，為海軍上尉哈伯善的著作。他們沿途造訪馬來半島、琉球群島、中國沿岸、台灣、日本、堪察加半島、西伯利亞和黑龍江出海口，是段充滿令人驚異與雀躍的冒險過程。圖為此書封面。

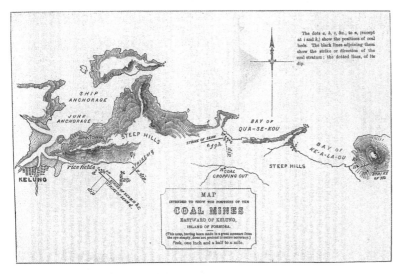

為了打破荷蘭對遠東貿易的獨占，在日本及中國海找到加煤站，美國海軍准將伯理在遠征計畫中，派遣亞伯特上校航往雞籠港，調查福爾摩沙煤礦的所在位置。這幅地圖清楚地描繪出福爾摩沙島雞籠東部煤礦的位置圖，點a、b、c至n（i與k除外）標示煤床位置，連接各點的黑線標示煤層所在或走向，而虛線則表示煤層降沉。雖此圖大半僅以目測方式繪製，不能妄稱精確，但如今看來仍是相當珍貴的參考史料。

亞伯特上校受命所做之煤礦地形勘察，描繪雞籠附近的地形圖，圖為船員們從北方所見的福爾摩沙海岸線。

儘管惡劣的天氣條件讓亞伯特無法親往，但他仍大量記述船員們對雞籠煤礦所做的調查活動，圖為船員們在野柳見到的蕈狀石。

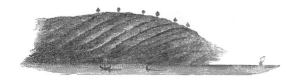

經過努力不懈的調查，瓊斯牧師在福爾摩沙島的雞籠海岸線發現八至十座值得開發的煤礦，品質十分優良。

他說願意用他的中國戰船領我前往該地。他這套說詞分明是要我隨行，協助驅逐聚集在西部某地的叛亂份子。如果我幫他們趕走叛亂份子，回程時，他會給我一大船煤炭作為謝禮。他似乎也想設法延長我在雞籠停留的時間，一旦我的船艦在此，地方上的安全便同時可以得到保障，不會遭受叛軍攻擊。」

亞伯特儘管不相信能在島上找到失蹤同胞，仍決定前往調查，向該地的中國村莊問訊。然而惡劣的天氣條件使他無法成行。

亞伯特上校大量記述了船員們對雞籠煤礦所作的調查活動：「有位官員告訴我們，煤礦來自於福爾摩沙東岸某個島嶼，離雞籠約一百哩。該區不在他的管轄範圍內，裏面住著食人的野蠻人，他的手下必須偷偷竊取他們所採得的煤炭。」隔天，有當地居民上船，表示願意划五個小時的船，帶領他們前往該地。

「為防生變，我們決定留他們在船上過夜，這麼一來那位官員所稱的一百哩距離，變成只有三哩的船程。那位官員說他們無法正式發給我們許可，並幾度暗示如果他協助我們，北京方面會降罪於他。經過努力不懈的調查，瓊斯牧師(Rev. Jones)已經發現八至十座值得開發的煤礦，其品質顯然十分純淨優良。

在中國官員阻撓下，我們不屈不撓地取得十二噸的煤，於今天裝上『補給號』。現在這裏每噸煤索價大約三美元。我們有理由相

信島上其他地方亦盛產煤礦。我們所看見的礦區，如果為美國採礦公司所擁有，必定具有極高的價值。礦區地點恰當，修築纜索鐵路和短鐵道所費無多，因此運送成本會相當低廉。離雞籠三哩的海岸礦區附近有一座小型良港，普瑞伯(Preble)上尉已經粗略勘查過該港，並繪入他的雞籠港海圖中。我們只需花費少許金額修建一條鐵路，即可連接礦區和港口。」

瓊斯牧師寫下他自己的煤礦調查報告：「我們發現這裏的官員和百姓都非常友善，但是他們都畏懼他們的直屬上級，時時擔心受怕，唯恐我們所取得每項資料、所做的每件調查會給他們帶來不測。為此，從高官以下，層層欺瞞，其嚴重程度，即使在中國，也是我前所未見。我們所取得的煤礦資料，幾乎都得經過鍥而不捨的追查，因為居民時時都想蒙蔽事實、誤導我們。除此，他們並不使用其他的方法來阻撓我們。一旦發現無法欺騙我們，他們會讓步，任憑我們前往。

在利誘並承諾不洩密的條件下，我們有時能找到一位願意帶路的當地人。藉此，我們得以查明有關東北部煤礦的各項事實。東北部的煤礦開採方式極為笨拙浪費。十字鎬是唯一的採煤工具。東北部的煤藏相當豐富，所有的煤層幾乎都非常容易取得。我探勘過八座煤礦，深入其中十二條坑道，每次多半都取回煤炭樣本。就供應汽船使用的目的而言，我認為這裏的煤炭燃燒過度猛烈，恐怕不能列為最優質的煤。然而，其成份卻極為純粹，絲毫沒有結塊或紋理。燃燒順暢時幾乎不留灰燼，如果混以他種無煙煤，或許會變得有價值。」

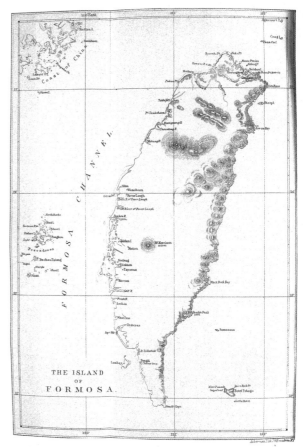

在伯理准將上呈給美國政府的調查報告中，認為福爾摩沙的地理位置，適合作為美國貿易活動的轉運站，此報告同時也因此引起美國民眾對於福爾摩沙的好奇，而美國最早的福爾摩沙地圖，即附於哈克編的《美國海軍中隊至中國海與日本的探險記》一書內。

瓊斯牧師呈給國會的正式報告中，附帶一份在美國的實驗室所做的煤炭分析。分析結果顯示，煤炭樣本在燃燒時會發出濃煙和惡臭。「其燃燒過於猛烈，不適用於汽船，但若混以無煙煤，則能符合用途。據說無煙煤可從廈門對面海岸取得。」

在〈伯理准將評論美國是否應進一步在東方發展商業〉一文中，伯理陳述其觀點，認為美國宜將台灣收入版圖：「福爾摩沙所居之地理位置，適合作為美國貿易活動之儲運站，再者，福爾摩沙盛產煤礦，更增添其優越條件。我認為我們應該採取任何可行措

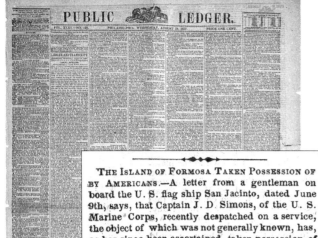

THE ISLAND OF FORMOSA TAKEN POSSESSION OF BY AMERICANS.—A letter from a gentleman on board the U. S. flag ship San Jacinto, dated June 9th, says, that Captain J. D. Simons, of the U. S. Marine Corps, recently despatched on a service, the object of which was not generally known, has, as has since been ascertained, taken possession of the Island of Formosa, and hoisted the American flag in the city of Fungshou. It is to be held as an indemnity for the losses sustained by American citizens during the present Chinese War. This step, the letter adds, has given the English authorities in China huge satisfaction, as every successive step towards further collision with the Chinese does. The Island alluded to is in the China Sea, between 22 and 25 degrees of North latitude. Its length is 248 miles, and wides breadth 100 miles, containing an area of 15,000 square miles, and a population of 2,500,000. The Chinese first assumed sway over it in 1683, when the Dutch were expelled from it. Formosa has few available harbors, owing to the shallowness of their entrances.

一八五七年八月，美國報刊《公共記帳本》第六十八卷一百二十八期第二頁曾以「美國人占領福爾摩沙島」為標題，報導美國海軍在鳳山升起美國國旗的「英勇戰績」。此舉被視為索賠的行動，目的在彌補美國人民於中國戰事期間所蒙受的損失。

施，促進中國、日本，以及其南方之國家，尤其是福爾摩沙，改善政治及國民狀況。

美國應該率先行動。這座壯麗的島嶼，名義上雖云中國一省，事實上卻保持獨立自主的狀態。帝國當局僅僅掌控島上部分孤立區域，而且立身不穩。大部分的地區為獨立的部落民族所占有，這些地區富產礦物、藥物，以及其他更有價值的產物，此次稅收估計約有一百萬元，只是幾乎沒有分文流入帝國國庫。

我可以肯定，中國人願意讓美國在雞籠殖民，因為與更善戰的美國移民合作，他們可以得到保護，防衛港口與附近地區，不受反叛份子與海盜的掠劫。土地以及重要權利，包括開採煤礦權，無疑能以微不足道的價錢購得。

殖民地無須仰賴華府保護，除非偶爾有中國或日本艦隊船隻出現。繁茂的美國社區很快就能建立起來，對於我們在中國海域上的商業活動，能提供極大的便利與有利條件。美國殖民地一旦在福爾摩沙取得穩固的發展，必能在社會與政治上發揮與日俱增的影響力，殖民地範圍也會跟著擴展，這麼一來，美國殖民地的財富與利用價值必然隨之提升。看看我們的海上主要競爭者英國，他們所擁有的設防港口數量正持續地迅速增加，我們應該警醒到我方立即採取措施的必要性。」

非正式的國際貿易

在努力追尋失蹤兄弟湯姆斯的同時，基頓·奈伊與威廉·奈伊還夥同事業合夥人羅比納特（William Robinet），開始私下與福爾摩沙進行貿易。這些商人想將福爾摩沙變成美國的受保護國，他們試圖勸說美國行政當局吞併福爾摩沙，以開發福爾摩沙的商業利益，除此之外，福爾摩沙更可成為煤炭的供應地。

一八五三年，基頓·奈伊寫信給伯理准將，他說美國應該準備好一千萬美元的現款來購買福爾摩沙，基頓自告奮勇：「如果美國政府能保證讓我得到認可與保護，我願意協助推動殖民工作。」

奈伊兄弟應允協助對抗海盜維護治安，因而獲取台灣府道台的非正式許可，得以從事樟腦貿易。出產樟腦的樟樹主要生長在福爾

摩沙的森林地。遠東地區向來重視樟腦的療效，含有麝香氣味的樟腦也被用於香的製造。在西方國家，樟腦也因用作醫藥產品和香皂的原料而變得有價值。一八五四至一八五七年間，在打狗（今高雄）猴山（Apes Hill，今壽山）附近設美國貿易殖民地，稻米、糖、豌豆等豆類也是交易的項目。

駐香港的美國外交代表伯駕（Peter Parker）支持奈伊兄弟的提議，他也認為美國應該占領福爾摩沙，將福爾摩沙變成為美國的殖民地。一八五七年，伯駕得知美國船員可能在福爾摩沙遭謀殺或俘虜，於是命令美國海軍軍官西蒙斯（John Simmons）前往調查，伯駕「訓示旗艦上的人員以尋找美國同胞為首要任務」。

一八五七年八月，美國報刊《公共賬》（the Public Ledger）第六十八卷一百二十八期第二頁曾以「美國人占領福爾摩沙島」為標題寫著：「美國旗艦『聖哈席托號』（San Jacinto）六月九日之信件說明，美國海軍陸戰隊隊長西蒙斯，最近受命進行一項任務，其目的當時少有人知，目前經查明，我們確知西蒙斯隊長已經占領福爾摩沙島，在鳳山城升起美國國旗。此舉被視為索賠的行動，目的在彌補美國人民於目前中國戰事期間所蒙受的損失。信中還提到，在中國的英國當局對於這樣的結果感到極為滿意，任何一項能夠加深與中國之間的衝突的行動，英國當局都樂見其成」。

美國國務卿無意在遠東推行拓展殖民地的政策，他通知外交代表伯駕：「儘管此舉有利於我國在中國海域擴展海軍勢力，然而只有在國會授權下，方可動用美國陸、海軍，

總統將不會因侵略目的而動用軍隊。」

一八五六年，條約港口廈門領事館的第二助理員郇和（Robert Swinhoe），乘中國帆船渡海到福爾摩沙，這顯然是一次私人行程。這位二十歲的博物學家在現今新竹地區停留了二個星期，首度在福爾摩沙有了他在鳥類學上的新發現「福爾摩沙紅山頭」（Formosan Rufous-capped Babbler）。

兩年後，廈門長老教會傳教團的英國牧師杜嘉德（Carstairs Douglas）計畫前往福爾摩沙傳教。同年夏天，郇和成為英艦「堅忍號」（the Inflexible）的船員兼翻譯員，該船奉命尋找湯姆斯・奈伊（Thomas Nye）和其他失蹤船員。

海軍軍官布魯克爾（Brooker）率汽船「堅

十七世紀義大利印行之圖片，一幅西方人手繪的福爾摩沙原住民。由於當時西方人對這些原住民缺乏了解，加上原住民古銅色的膚色，因此西方人在相關報導中，都將福爾摩沙島上的原住民稱為「神祕的紅人」，與北美印第安紅人混淆了。

一八四二年清廷與英國簽訂了中國第一個不平等條約──南京條約，對外開放廣州、廈門、福州、寧波、上海等五個通商口岸。圖為廈門開放後，外國人所描繪的廈門港與附近金門島，刊行於一八五〇年英國的某家報刊上。

忍號」，於三週內繞行福爾摩沙島一周，一有安全地點就登岸。船員在沿岸的城鎮、村莊張貼尋找失事船員懸賞告示。在雞籠時，他們聽說福州當局已經派兵前來阻止煤礦的開採。郇和描述道，福爾摩沙稻米的生產量超過其食用量。他還指出，外國人在福爾摩沙擁有許多通商機會。郇和在報告中並大量記載關於植物與鳥類的發現。

「堅忍號」並未尋獲任何一個外國人。「最後，我們只能期盼，因船舶失事而落入原住民手中的外國人，都能得到善待，一有機會就被轉送到設有領事的港口。然而根據我們對這些野蠻原住民的少量觀察，我們不得不認為，任何一位不幸遭遇船難的人，一旦落入他們手中，必定存活不了太久。」

一八五八年，香港英商怡和洋行（Jar-dine, Matheson & Co.）與丹地洋行（Dent & Co.）的商船開始從事樟腦貿易。美國沒有在福爾摩沙設立代理機構，美國的商業利益被他人接收。福爾摩沙樟腦每擔要價十六元，只比英國殖民地的銷售價格低兩元，然而壟斷樟腦的福爾摩沙當局，卻是以每擔僅六元的代價購得樟腦，行銷市場世界之餘，獲致豐富利潤。

英商嘉定自告奮勇，願替英國拿下福爾摩沙，不過英國政府認為，擁有香港與廈門作為與福爾摩沙通商的據點即已足夠。南京條約後又爆發「亞羅號」（the Arrow）事件，以及第二次鴉片戰爭，中、英之間的爭執愈形激烈，伯駕與奈伊兄弟期待美國併吞福爾摩沙的欲望逐漸消退。

風俗習慣

一八五九年九月二十四日的《倫敦畫報》詳盡地將福爾摩沙介紹給讀者。這篇報導由走訪該地的畫家所撰寫，內容大概是他對高雄及附近地區所作的觀察：「福爾摩沙是中國海外某座島嶼的歐洲名稱，中國人稱之為台灣。根據荷蘭人法倫退因的說法，當地原住民稱之為北港人。福爾摩沙島長二百四十哩、寬六十哩，與中國福建省相隔一道八十哩寬的海峽。一系列山脈將之分為東、西兩部分。一六八二年福爾摩沙臣服於中國。福爾摩沙有廣闊、肥沃的平原，多數平原盛產穀物、稻米以及各種印度水果。島上土著依賴稻米維生，他們同時也以弓箭狩獵。

我們派駐中國的特約畫家最近造訪了這個島，為我們描述島民的風俗習慣：『在這遺世獨立的隱僻角落，郵件仍是未來世界的事物，這正是我遲遲未動筆的原因。我來到福爾摩沙西南海岸上一個美麗的所在。幾乎不下雨是這裏的一大優點，該地處於熱帶區，氣候雖炎熱，但從早上十點鐘至日落，微風不斷吹拂，使這裏的天氣變得非常怡人。這裏沒有寒冷的氣候可言。從我寫作的地點可以望見一連串的山脈，據說平均高度介於八千與一萬呎之間，林木被覆直至山頂，樹種多為樟樹和其他珍貴木材。島上盛產植物與礦產，內部尚未開發。

山脈的另一邊為原住民所據，中國人非常懼怕他們。港口入口處美不勝收，巨岩之間的狹窄水道僅堪兩艘雙桅船通過。村落附近有一座高聳的岩山，坡面上長滿各種棕櫚植物，極富熱帶風情。岩石由珊瑚礁構成，呈美麗的暖灰色，這種岩石非常容易崩裂，去

年颱風期間，大量碎塊落入海中，留下搖搖欲墜的一部分岩塊在撒拉森山頭（Saracene Head，今旗後山）。這地區大體的景觀，尤其是竹林，使我想起馬尼拉。

此地婦女全是小腳的種族，她們衣飾華麗，我從未見過如此鮮艷的深紅、藍、橙和紫色。房舍是單層建築，一般多用稻草覆蓋屋頂。有些屋舍是用竹子和泥巴搭就，有些則用曬乾的磚坯。這裏的城鎮比中國城鎮還乾淨，磚色和歐洲一樣都是紅色，不像在廣州是藍灰色。街道鋪設小磚塊，一側的陰溝是豬群打滾之處。

我到達不久後，村莊的官員隨即上船。我

一八六○年英國駐台領事郇和，是開啟台灣自然史研究的第一人，一八五八年郇和為英艦「堅忍號」的船員兼翻譯員，該船奉命尋找湯姆斯‧奈伊和其他失蹤船員。海軍軍官布魯克爾率領「堅忍號」，於三週內繞行福爾摩沙島一周，然而，卻未尋獲任何一個外國人。圖為遭遇船難者被俘情境的想像描繪。

當時正好在畫岩石，心想何不畫下他的臉，讓他多少高興一下。我於是立刻將他那愉快的神情畫在紙上，依清朝的禮儀，將畫贈送給他。

官員的隨行者發出喝采，他們一勁地嚼著檳榔。他們領我上岸，讓我坐在公衙裏，戴頭巾的隨從遞上茶、檳榔還有銅煙管，我抽了三小口。喝過三燒酒（samsoo，燒酒），完成一套行禮如儀的手續。

我被那位官員帶進一家店鋪，我們坐在桌前食用蘸糖的鳳梨。我們無法交談，因為這裏說廈門話，我們於是使用紙和毛筆來理解彼此的意思。本地人很快就把店鋪給擠滿，我用漫畫手法替他們做素描，令他們感到興味盎然。不久後，那位官員帶我到私宅，要我替他畫肖像，我照辦了，他給我的茶非常好喝。告別我這位值得尊敬的朋友後，我進到村中的理髮店，一大群人看著我理髮。

黑齒、缺牙的原住民不停地向我遞煙斗，這是本地人向陌生人表示禮貌的方式。我當然接受他們的好意，還對他們扮鬼臉，逗得所有的人樂不可支。幾天後，我們前往附近最大的城鎮埤頭（今鳳山）。強烈的陽光直射而下，炎熱的地面烤得我們腳底發燙。

走到轉角處時，傳來一陣古怪的聲響，我有些驚訝，但謎底很快就揭曉：響聲發自牛車的木製車輪。路旁大榕樹下有一座點心攤，聚集一群苦力，他們運送婦女臉上塗抹的白色脂粉。我們歇了歇腳，然後一口氣走到城郊，坐著休息，望著眼前的一畦美麗菜園。苦力在這裏趕上我們，他們想在我臉上抹粉，我拒絕了。被我們終於過橋進城。

有些街道完全被屋頂覆蓋，就像走廊一樣。我們通過一條狹窄的路徑，來到一個村落。陽台涼蔭下坐著一些衣著華麗的女士，穿藍衣的女士遞給我們一把椅子，其風度不輸給巴黎仕女。男士們好奇地打量著我們的帆布鞋和毛氈帽，他們從未見過白人。在前往下一個村莊的途中，我們遇到一群攜帶火

這位特約畫家，描繪第一眼見到福爾摩沙女人的印象：「陽台涼蔭下坐著一些衣著華麗的女士，穿藍衣的女士遞給我們一把椅子，其風度不輸給巴黎仕女。」此地的婦女纏著小腳，衣服顏色相當豔麗，髮髻也盤得相當雅致，頭上還裝飾著假花。

畫家形容當地的街景:「房舍是單層建築,一般多用稻草覆蓋屋頂。有些屋舍是用竹子和泥巴搭就,有些則用曬乾的磚坯。街道鋪設小磚塊,一側的陰溝是豬群打滾之處。」圖為漢人之生活與居住的小屋。

英國《倫敦畫報》派駐的特約畫家,使用紙和毛筆以漫畫手法替路人做素描,令他們感到興味盎然,很快就把店鋪擠滿了。

圖為記者描繪由當地苦力揹人們過河的情狀：「我們來到小河岸邊，由苦力揹我們渡河。
有一位女士等著過河，另一位男士帶著兩籃東西也要過河，他放下籃子，回頭去揹她」。

繩槍的人，火柴在他們手上燃燒著，我猜他
們是獵人。其中兩人帶著巨大的抬槍(Jin-
gall，清軍特有的兵器)。我們來到小河岸
邊，由苦力揹我們渡河。

有一位女士等著過河，另一位男士帶著兩
籃東西也要過河，他放下籃子，回頭去揹
她。我要去府城，儘管我聽那位官員說，府
城禁止白人進入。有一件事很奇怪，福爾摩
沙的國旗竟是荷蘭旗，笨重的中國帆船上插
著荷蘭旗，看起來挺滑稽。』」

一八五九年十一月五日，《倫敦畫報》續
登這位畫家的報導：「福爾摩沙島盛產糖，
我畫下一座糖倉的內部素描。糖倉內，有些
苦力，另有些馬尼拉人、智利人，還有一個
黑人，他們是來自船上的船員。

另有一幅不尋常的景象發生於四月中旬，
地點是在一座院子裏。院內、屋內各有一座
祭壇，祭司們雖依平常舉行儀式，卻出現許
多怪誕的演出，尤其是吹笛的祭司。他的一
隻襪子從襪帶上掉下來，臉上掛著令人忍俊
不住的滑稽表情，我一想起來就覺得好笑。

為首的祭司穿著鑲綠邊的深紅長袍，長袍正
中央有八個幾何圖形，他還留了八字鬍。從
他們戴帽這件事來看，我認為他們應該不是
佛教徒。

我忙著素描，漏看了一半的儀式。但是我
不時看到有位祭司在跳單人舞，同時還發出
淒厲的歌唱聲，朝自己搧扇子，他手上捏著
一朵玫瑰花，看著花朵的模樣，彷彿在傾訴
衷情。接著來了個雜耍演員，用不可思議的
方式翻著觔斗。那位祭司半途丟下工作，跑
過來觀看我的素描，嘴上還不停地誦經，一
面咧著嘴笑。場內香煙瀰漫，對我而言，真
是一種非常熱鬧愉快的祭典形式。」

道明會傳教團的歸來

道明會(Dominican Mission)福建教區選派
西班牙籍神父郭德剛(Fernando Sainz.)和杜
篤拉(Jose Dutraz)前往福爾摩沙開創新
局。一八五九年五月十八日，兩位神父抵達
打狗，有一戶信奉天主教的廈門中國家庭隨
行，他們是李彼得、李瑪莉夫婦(Peter &

英國記者來到內地的一間倉庫，除了看見一些本土的苦力正在包裝存放蔗糖，竟然見到外國船隻的船員──包括馬尼拉人、智利人和黑人，都在這個糖倉工作。

英國記者觀看了一場不尋常的宗教儀式，約莫四月中旬，一行人來到一座庭院，院內、屋內各有一座祭壇，並有許多演出，為首的祭司穿著鑲綠邊的深紅長袍，長袍正中央有八個幾何圖形，他還留了八字鬍，祭司們都戴著帽，場內香煙瀰漫，是一種非常熱鬧愉快的祭典形式。

中國被迫與簽定南京條約，割讓香港給英國後，香港鴉片商在對外開放的港口裏，都擁有重武裝的大型商船，販賣鴉片給當地買主，「艾蒙特號」就是當時著名的運鴉片船之一。

Mary Lee)，以及他們三個兒子。他們租了一間小屋，現今的玫瑰聖母堂（Holy Rosary）即建在當初的小屋附近。

郭德剛神父要他們邀請路過者進屋喝茶，「等到氣氛融洽，再伺機告訴他們關於天主教的事」。天主教傳教團於一八六〇年八月十七日成立。道明會傳教士因受人猜疑，地方行政官員遂下令囚禁他們。一位住在港口廢船上，從事進出口樟腦的愛爾蘭裔美國商人魯尼（Rooney）為這些傳教士說項，才使這些西班牙籍的神父被釋回，並獲准在打狗地區傳教。

鴉片船巡航記

依照南京條約條款，鴉片買賣是由總部設在香港的商人控制。鴉片商在依約對外開放的四座港口裏，都擁有一艘重武裝的大型商船，販賣鴉片給當地買主，船員多半是馬尼拉人，聽令於英國人。快速帆船往來於沿岸間，供應鴉片給商船並帶回付款，主要貨幣是墨西哥幣、銀器或古董。蘇格蘭人林賽·安德森（Lindsay Anderson），筆名亞歷山大·克里斯提（Alexander Christie），三十年後出版了回憶錄，記述他在運鴉片船「艾蒙特號」（the Eamont）上的冒險事蹟。

一八五九年安德森服務於上海，過著「四處冒險犯難的生活」。當時，歐洲人想打開對日貿易的傳聞在上海時有所聞。有人將安德森介紹給縱帆船「艾蒙特號」的船長格利佛（Gulliver），「艾蒙特號」那時正要開始從事鴉片貿易。

「儘管鴉片能讓吸食者如入仙境，但長期過度服用，則成為蝕骨的毒藥。成癮者形銷骨立，有理性的人只要目睹此景，終生都會痛惡這種致命的毒藥。沒人強迫當地人購買鴉片，然而他們卻急於購得，正如我們急於販售。倘若我們停止供應，他國樂於涉險的商人很快就會趁虛而入，或許用更卑劣的手段來販賣鴉片。」

格利佛船長需要人手和幹部。「我聽說了許多關於買賣鴉片的事。有人加以譴責，但是也有人嘲諷，認為良心顧慮是多餘的。我當時年紀輕，渴望在海上生活中追求冒險，於是答應加入，待遇和其他的條件也都令人滿意。」

一百二十箱鴉片在香港裝船，船員多半是各國的「逃犯和清軍逃兵」。幹部對他們說：「這次我們要展開全新的航程，到福爾

摩沙西南端一個名叫打狗的地方，看看是否能在那裏打開市場。老闆相信有些鴉片商已經搶先一步。因為該地的航海圖未被印製出來，所以，我們得在一百哩的海岸線間找出一個港口。如果眞有港口的話，我們一定找得到。」

他們從廈門渡海，當地有位傳教士想改變安德森的心意，卻徒勞無功。「船長希望我們能將事情辦好，因為依據各種流傳的說法，這些福爾摩沙顧客極難應付。據說他們十分蠻勇，是半開化的人，會毫無顧忌地動用他們粗糙的武器。船長命令船員專心練習短彎刀以及左輪手槍，每位船員都配備了一支非常稱手的科爾特左輪手槍。」

起初在察看海岸線時，船員們找不到入口。後來有位幹部認出了地標。「我想我現在已經看到入口。你們有沒有看見那兩座小山丘，差不多就在船舷右邊？這兩座山丘標示出一條小溪的入口。」正不知從何處進入時，當地一艘漁筏上的漁夫指示了入口處。

他們的船碰到暗礁，並發現在打狗港裏，有三艘外國船隻停泊在中式帆船旁。他們與其中兩艘船的船員交上朋友，一艘是想買糖的澳大利亞雙桅橫帆船，另一艘是從香港來的，「買賣襯衫布料、亞麻布、杜松子酒以及其他烈酒」的荷蘭船。第三艘船的船長是愛爾蘭裔美國人魯尼（Rooney），他在一八五五年即已取得在打狗港買賣樟腦的特權。

根據安德森的說法，魯尼用他的大型廢船充當商船：「一家全新的公司供應鴉片給他，他們散布傳聞說他們的船正駛往馬尼拉，如此便輕易占住地盤。」魯尼的手下對「艾蒙特號」的船員懷有敵意。「我們發現了他們的市場，而且前去分一杯羹，他們顯然很不高興。」

附近城鎮的官員很想買到鴉片。過不久，他們的顧客駕著舢舨，滿載禮物前來，殷勤地獻上「該島所產的各種美味水果，畢恭畢敬地請求我們的船長收下。其中有鳳梨、香蕉、番石榴、柑橘、榴槤和波羅蜜，以及更有用處的大量蔬菜，形狀像馬鈴薯和椰子」。在等待內地的買主前來購買剩餘鴉片的期間，船員們將港口的入口繪成海圖，製作出或許是該港第一幅西洋地圖。

後來，颱風扯動了船隻的錨鍊。荷蘭船不

「艾蒙特號」上的船員們，在打狗港海岸一帶尋找登岸的入口。此圖描繪他們發現找到登岸入口處的一幕。

「艾蒙特號」上一位船員安德森，於三十年後的一八九一年出版了《鴉片船巡航記》，書中詳述一八五九年他在船上的種種。圖為打狗（今高雄）周圍城鎮的官員駕著舢舨，滿載島上盛產的蔬果來到鴉片船，希望藉此能購得價錢更便宜、品質更好的鴉片。

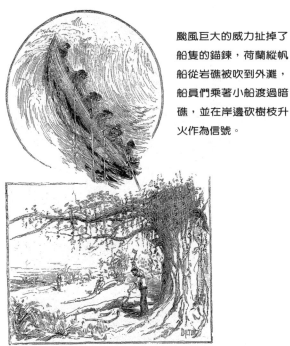

颱風巨大的威力扯掉了船隻的錨鍊，荷蘭縱帆船從岩礁被吹到外灘，船員們乘著小船渡過暗礁，並在岸邊砍樹枝升火作為信號。

WE CROSS THE REEF IN A BOAT.—CUTTING BRANCHES FOR BEACONS.

見了，一艘中式帆船被吹向「艾蒙特號」。船長發現這艘船「火力強大，船員看起來不像良善的商人，反倒像海盜」，於是決定奪下該船。風暴停息後，他派出一組人員，去搜尋那艘從堅硬的石礁上被掃到外灘的荷蘭縱帆船。他們發現岸上的荷蘭船已經被當地村民包圍。「呼救聲隱沒在強風中，然而他們卻無視於船員們無助的呼喊聲，一心忙著搬運船帆和前桅的殘骸，前桅已經漂流到失事船隻北方半哩處。」

當他們的人靠近時，「這些當地人非但沒有撤退，反而表現出敵意，揮舞長矛、大聲吶喊，並開始奔跑。他們有兩、三百人，似乎想要攻擊我們這一小群人，卻萬萬沒想到我們的武器十分精良。一陣射擊之後，他們被驅散。」

擱淺的荷蘭縱帆船於是獲救，搜索隊留下武器和一些人員陪伴船上的船員，以及生病的船長，然後經由陸路，翻越沿岸的山嶺回到「艾蒙特號」，組織了一支更龐大的救難隊。在進入一條狹窄的通道時，他們吃驚地發現，他們的「兩旁排列著武裝的當地人，他們手持長柄戰斧、長矛、大刀以及許多可怕的致命器械，這些當地人看起來儘管凶惡」，但或許沒有察覺這些人現在沒有武裝，竟然讓他們毫髮未傷地通過。

在此同時，魯尼船長「基於人性本能」，已經登上「艾蒙特號」，商討拯救荷蘭船的事宜，兩位船長講和。救難隊發現那些當地人已經返回失事的船邊。一連串的射擊嚇走了他們。兩人失蹤，船上「兩名船員身首異處，身上滿是傷口。船長胸前被矛所刺的傷口不下十四處。」倖存者說他們無力抵抗，

因為留給他們的槍支，先前行經海灘時已經打濕，無法擊發。

格利佛船長和魯尼船長決定要合作，前往潟湖上的主要城鎮，「和治理當地的官員會面，報告他們這些當地人殘殺了我們的人、荷蘭船長以及他的手下。」但地方官員幫不上忙，於是「我們將套索懸在他們頭頂上，告訴他們十分鐘之內，他們會被吊死在船桁上，這是給其他官員的一種警告，免得往後不幸留滯岸上、手無寸鐵的水手，再度遭受掠奪和殺害。」

得知掠奪者的村莊在潟湖的西北角上，他們隨即前往，將所有的村民趕出屋外，放火燒毀了村子。「大家似乎都同意，應該立即對這些惡棍展開報復，好教他們學習當文明人，同時警告他們，此後不可再騷擾不幸留滯岸上的遇難水手。」一位西班牙教士上了船，他一直努力想使當地人改信他的信仰，他碰見逃跑的當地人，並聽說官員已經派信使前往台灣府，請求派兵將西洋野蠻人逐出港口。

兩位船長決定與潟湖南方村莊的首長談判，透過他們的鴉片買主居中調停，由西班牙教士充當翻譯，船長們要求保證遇難的外國船員免遭當地人攻擊。雙方同意，這位官員和中國商人「將與艦隊指揮官一同處理此類事件，在未將事件始末呈稟皇帝之前，不會採取任何行動。在墨西哥幣的勸誘下，他們肯定會站在能創造財富的商人這邊。」

來自台灣府的海軍到達時，戰船以一列縱隊進入潟湖。船隻一一被解除武裝，大砲遭到破壞，變得無用武之地。事情發展至此，一切敵意都消除了，為了未來的貿易，外國

為營救荷蘭船員而組成的救難隊，準備回「艾蒙特號」途中，巧遇兩列武裝的原住民，但幸運地，雙方並未爆發任何衝突。

人與當地人和睦相處。鴉片買賣成為中西貿易的先河。

天津條約

在英商建議下，外交使節美國人里德（Gilbert Reid）和俄國伯爵普提雅寧（Euphimius Putiatine），勸誘中國政府於天津條約的第二次不平等條約中亦開放台灣，供外國人居住、通商及傳教。透過伯理的雞籠煤礦報告，法國和普魯士這兩個深具殖民野心的國家，看出福爾摩沙所擁有的商業與戰略價值。

DISEMBARKING AT WRECKERS VILLAGE.

獲知掠奪荷蘭船原住民村落的所在位置之後，「艾蒙特號」的船長格利佛
率領船員武裝前往，準備在村莊上岸，對這些施暴者展開報復行動。

THE VISIT TO THE CHIEF MANDARIN'S VILLAGE.

雙方衝突一觸即發，最後，格利佛及另一位愛爾蘭裔美國船
長魯尼，決定與南方的村莊首長談判，因此搭船前往。

一八五九年，法國在中南半島取得據點，
拿破崙三世皇帝（Napoleon III）還想在中國
海建立法國據點。拿破崙三世的外交部長建
議以舟山群島，或福爾摩沙爲目標。他認爲
福爾摩沙「十分富庶」，但太過遼闊，「在
占領福爾摩沙之前，我們必須對原住民動
兵，他們並不像中國人那般容易順從。」

與中國政府簽訂的條約證明無效後，英法
聯軍在額爾金勛爵（Lord Elgin）指揮下進軍
北中國。法國人要求開放台灣府和淡水兩
港，普魯士政府也興致勃勃，由奧倫柏格伯
爵（Count Eulenburg）所率領的艦隊準備進軍
遠東，與暹邏、中國和日本簽訂條約。到達
中國海之後，其中的一艘輕型護衛艦「阿科
納號」（the Arcona）曾於一八六〇年八月二
十五日窺探福爾摩沙南端。

據說「阿科納號」的船員曾經討論，是否
替普魯士拿下福爾摩沙島上不屬於中國人的

部分。船上的英國舵手問道：「你們普魯士人為何不占據福爾摩沙？有了這樣一支艦隊，此事輕而易舉。」

普魯士船隊沿福爾摩沙海岸積極追捕海盜。九月，他們從海盜手中救下一艘英國小帆船。十一月十日，「易北河號」（the Elbe）駛近西南海岸，在一座小型的天然港內躲避東北季風。上岸的人員遭牡丹社（Botan）部落原住民以火繩槍攻擊。除數名水手負傷外，上岸的普魯人全數設法逃回船上。普魯士船長沒有再設法登陸，他下令從海上開砲，摧毀岸上的原住民村莊。

一八六○年，天津條約確立，更多中國港口開放給英國、法國和美國作為通商口岸。台灣府首先開放，接著是淡水。

領事

九月，長老教會的杜嘉德（Carstair Douglas）牧師，從廈門渡海到福爾摩沙北部稍事停留後，杜嘉德牧師嘗試在艋舺傳教。美國政府決定將福爾摩沙列入廈門領事館的管轄區內。

郇和成為駐福爾摩沙首府的第一任正式英國代表：「一八六○年十二月，我被指派為台灣府副領事，奉命刻日起程，在台灣府設立領事館。我曾經去過台灣府兩次，深知其港口條件不良，想建設成英國的貿易中心希望沙茫。我們派信使向中國官員宣布我們的到來，在離台灣府約兩哩處，我們遇見一位軍官，他攜帶這位官員的回帖，邀請我們前往會談。城裏的人很興奮，他們擠在街上看我們，對我們品頭論足，有時候也有不好的批評。」

當局提供兩間寺廟，讓郇和選擇其中一間作為臨時住所。郇和發現第一間廟太狹小，於是選擇另一間風神廟作為暫時安身之處。

「這間廟正好位在漁村中央，成千上百的漁民堅持要進入。這些無知的台灣人，連續數小時死盯著我們，如同博物學家在詳細檢視狐猿或其他奇怪的生物，絲毫沒有中止窺視的意思。僵持了三個小時之後，我們終於忍不住，退避到附近一位商人的家中，他很客氣地將廳堂提供給我們使用。

感謝老天！那群烏合之眾無法進來。然而即使有警察管制，他們依舊不肯離開。停留

WE CAPTURE THE LEADING JUNK.

船員們很快就俘虜了帶頭包圍荷蘭船的中國船隻，這些船隻被一一解除武裝，遭到破壞的大砲，此時也無用武之地。

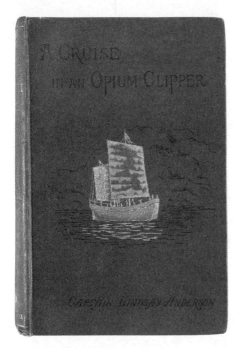

安德森，後以筆名克里斯提，於一八九一年出版《鴉片船巡航記》回憶錄，書中詳述了他在運鴉片船「艾蒙特號」上的冒險事蹟，此圖為書封。

台灣府期間，我們無時無刻不引起民眾的好奇，隨時都會有一大群人聚集在我們可能經過的路上。院牆外有一座小土墩，從那裏可以窺見飯廳，一到了我們的用餐時間，男男女女便開始搶占好位置，爭看外國人吃飯的樣子。」

關於台灣府，首任領事寫道：「這地方的沈悶、平靜尤其給人一種不祥的預感，這座城市昔日所擁有的生活正迅速消逝中。因為城下小河的河水已經變淺，船隻只得在海岸線上另尋出入的港口。」

十七世紀時被荷蘭人用來停泊船隻的安平港，由於河沙淤積，港口深度已經大不如昔。台灣府如今離海岸已有八十公里，郇和認為新興的國際貿易港打狗港更適合設置領事館。

普魯士旗

郇和的同行者之中，還包括了普魯士遠征軍成員馬隆（Dr. Maron）醫生。同年所簽訂的中普條約亦開放台灣府和淡水，作為普魯士的通商口岸，不久之後，也開放給其他的西方國家。

郇和寫道，馬隆醫生原本想步行遊覽福爾摩沙，但是「他受不了眾人注視的目光，於是打消探勘福爾摩沙的念頭，決定返國。留短髭、戴暗色眼鏡的醫生，尤其成為中國人喜愛窺探的對象。他不熟悉『原住民』的習俗，把他們的好奇行為當成敵意的表現，僕人們的耳語，每每令他侷促不安。」

同年，普魯士雙桅橫帆船「颱風號」（the Typhoon）數度沿著福爾摩沙海岸航行。「颱風號」船長米恩克（Meincke）發現，他可以在蘇澳港躲避惡劣的天候。米恩克船長偶爾會在蘇澳灣下碇：「海岸上的居民相當野蠻，我和他們進行過幾次小交易，他們帶給我蛋、雞和魚。一八六一年的某個春夜，我把船停泊在蘇澳灣，隔天早晨，我看見岸上的人正忙著準備小舟，顯然準備登船。我記不得是為了什麼原因，就在他們將小舟推離岸邊時，我升起了普魯士旗。剎時間，他們全部跳下小舟，急忙地將小舟拖回岸邊，爭相逃進森林。」

羅馬文字

在台灣府停留的郇和領事曾參觀普羅民遮古城：「堡內建了一座中國寺廟，人們相信廟中神明能驅除『紅毛人』的邪靈，保護鄉里不受侵害。廟的左邊有一個通往地底的圓洞，直徑大約四呎，據說一度曾與安平港某個類似的洞相通。這兩個洞已經被堵塞住，當初有何用途，如今難以猜測。」

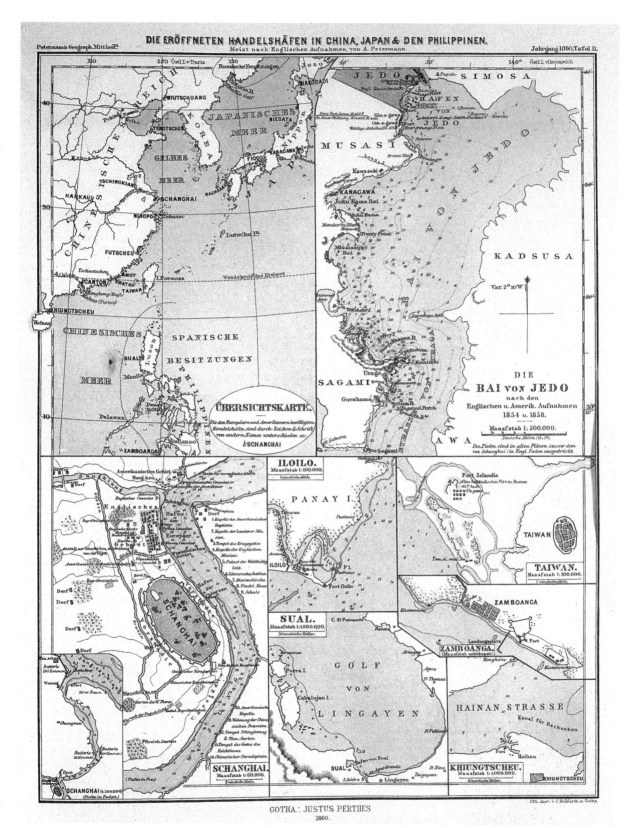

中國船「亞羅號」事件，讓英國和法國在一八五七年聯手向中國發動侵略戰爭，敵不過船堅砲利的清廷，再次被脅迫簽下不平等條約。一八五八年的天津條約，開遼寧之牛莊、山東之登州、台灣之安平、廣東之建州與瓊州與英通商，除牛莊之外，上述諸港加上淡水、江寧二處，則開放對法通商。

圖為打狗「猴山」上的台灣獼猴。一八六○年代，英國領事館即位於「猴山」下，當時擔任領事的郇和，曾對山上的獼猴做過詳細觀察。

Budytes taivanus Swinhoe. Chinesische Schafstelze. Budytes flavus beema Sykes.
1 Männchen. 2 altes Männchen im Somner.
Budytes flavus borealis (Sundevall). Nordische Schafstelze. 3 altes Männchen im Frühling.

英國領事郇和同時也是位著名的博物學家，他曾辨識出近三百多種台灣鳥類，圖中的黃眉黃鶺鴒（Budytes taiuanus Swinhoe）正是其中一種。

郇和某日遇見一個「熟番」的頭目：「他告訴我，他的祖先是紅毛人，是國姓爺時期被留在島上的三千名士兵之一，那些士兵當時早已剃髮效忠中國人。他的村莊新港位於北門外十哩處，其居民多半都是這些士兵的後裔，更北邊有一個大村莊，南邊也有一個，村莊裏住著他們的同胞。」

郇和領事接觸過許多來自這些村莊的村民，其中只有少數人能說他們自己的母語。他們出示文件給郇和看，「文件上成串的羅馬字母完全不依次序，抄寫者顯然是不會運用這種文字。這些文件沒有人看得懂。」

郭德剛神父

在打狗的道明會傳教團終於購得土地。第一批皈依者共五十二名成人接受洗禮。秦瓊恩（Andrew Chinchon）和呂茂格（Miguel Limarquez）神父加入後，郭德剛神父啓程東行，抵達東部山脈的山腳。傀儡番部落的原住民攜武器下山，詢問神父爲何而來。郭德剛神父（Father Sainz.）回答，他來此純粹是善意的拜訪。他們向神父索取進獻頭目的禮物。神父說他只是個窮人，他的禮物微不足道，於是給了他們兩隻空瓶子。

他們不久即回返，用手臂搭成轎子，送他到山上的村莊。郭德剛神父和頭目的兩個兒子會面，還發射左輪槍來娛樂他們。他們對於這把左輪槍極爲滿意，他們提議神父前來和他們同住，齊力將中國人趕出福爾摩沙。郭德剛神父在位於打狗以東二十哩的萬金庄（今萬金村），建立了第一座傳教站。此天主教堂 ，至今仍是島上最古老的天主教堂。

郇和說，漢人移民曾從大陸帶來老虎，想

要消滅原住民，「只不過，這些野蠻人是技術高超的獵人，他們並不會坐以待斃。」

外國船隻屢屢在島上失事，郇和為此感到憂慮，更唯恐船難倖存者會落入原住民手中。郇和極力勸說他的上級，要求他們繪製福爾摩沙港口與海岸的海圖，並在島上設置燈塔：「福爾摩沙海岸所隱伏的危險，值得再三留意。每年都有越來越多的船舶在福爾摩沙海岸失事，政府當局依舊未展開任何勘測行動。除些許的個別紀錄外，我們對於福爾摩沙海岸可說是一無所知。」

除船難事件外，原住民頭目卓杞篤（Toki-tok）領導下的原住民，也是台灣府當局的難題。這些原住民不讓漢人定居在他們的領土內，當局為此懸賞原住民人頭，一顆人頭十美元。

抵達台灣府不滿一年，郇和即決定移址淡水港。在尚未尋得設置領事館的合適地點之前，郇和不得不暫借怡和洋行（Jardine Matheson & Co.）買賣鴉片的廢船，作為辦公場所。

郇和回憶道：「福爾摩沙以出產樟腦而聞名，然而藥店裏竟幾乎買不到樟腦，這真是奇聞一件。貪婪的道台壟斷了樟腦買賣，藥商們得全體向道台請願，方才購得一擔樟腦供作零售。像福爾摩沙這般廣大，而且管理鬆散的殖民地，別妄想官員能維護任何物品的專賣權。公然行賄之下，想走私多少貨品幾乎都可隨心所欲。這種私下交易的活動萬一傳到上級官員耳中，只需花費少量金錢就能教上級官員視而不見。」

郇和領事在寫給英國政府的報告中說道，從淡水裝船運銷中國的茶葉數量相當可觀，他提出建議：「由於這些產茶的丘陵距離港口並不遙遠，積極的投機商人大可親赴產地，自行安排，省去轉運的過程。」

郇和是動、植物學與鳥類學的先鋒人物，在駐留福爾摩沙的前兩年，他對於動、植物的研究非常熱中。一八六二年，郇和攜帶若干野生動物回到家鄉倫敦，向英國皇家地理學會提報豐富的科學發現。郇和寫下大量的博物學著作，在＜福爾摩沙鳥類學＞一文中，他列舉近乎五百種已被辨識的鳥類，其中有十六種是新發現的品種。

郇和建議英國在東部海岸建立殖民地，他贊成將福爾摩沙列入大英帝國的版圖。郇和提議以粉紅鸚嘴（Vinous-throated Parrot-bill）作為未來此地殖民地的象徵物，這種鳥被原住民視為準備攻打鄰近部落的預兆。

梅花鹿和台灣早期開發史息息相關，荷據時期，每年有超過十萬張鹿皮被賣到日本製成盔甲，鹿肉和鹿角則銷往中國。

郇和在島上的活動又持續兩年多後，被派往廈門。

天津條約促成「海關稅務司」（Imperial Maritime Customs Service，IMCS）的設立。該機構是由歐洲人監管，代替中國政府向各條約港口的外商課徵貿易稅。必麒麟

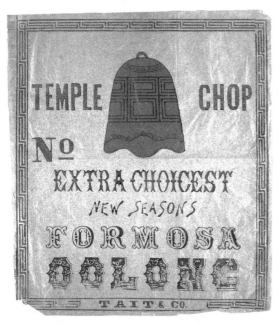

一八六五年，蘇格蘭商人陶德發現，台灣茶葉能在澳門賣得好價錢後，包括德記洋行等外商，紛紛投入日益繁榮的茶葉貿易市場。圖為一八六○年代德記洋行的茶葉廣告。

（William Pickering）在他的回憶錄《福爾摩沙歷險記》（Pioneering in Formosa）中曾提及，海關稅務司同時也是維持中、西勢力相安無事的媒介。

二十二歲時，必麒麟在廈門停留，迅速學會中國方言，其語言能力受到矚目，被網羅到海關稅務司任職。一八六三年，必麒麟被派往福爾摩沙。這位年輕的蘇格蘭人，起初在打狗港擔任海關港口稽查員，負責登船檢查貨物，估算關稅金額。必麒麟利用閒暇時間在打狗地區漫遊，他到過萬金庄，郭德剛神父還將他介紹給附近的原住民頭目，必麒麟並拜訪該部落。

普魯士

西班牙傳教團記載，普魯士（Prussia）欲以五百萬元向清朝政府購買福爾摩沙遭拒，島上人民擔心普魯士會開戰。三年遠征行動的末期，遠東指揮官奧倫柏格（Eulenburg）決定率領艦隊回返普魯士，該艦隊折損一艘船艦、五十名士兵，船員因感染熱帶疾病而疲乏虛弱。

儘管如此，普魯士對於殖民福爾摩沙的興趣仍然未減。一八六四年，輕型護衛艦「瞪羚號」（the Gazelle）奉命前往福爾摩沙東海岸，以及被視為福爾摩沙之鑰的澎湖，找尋合適的港口。一八六五至一八六六年間，奧倫柏格伯爵在《北德意志大眾報》（Die Norddeutsche Allgemeine Zeitung）發表五篇一系列的文章，企圖刺激殖民野心，文中極力主張普魯士採取行動，在福爾摩沙東岸建立商業殖民地。

與此同時，弗里德爾（Ernst Friedel）也有數篇鼓吹普魯士殖民計畫的文章，刊登於《福斯日報》（Vossische Zeitung）。一八六七年，弗里德爾更發表一份鉅細靡遺的研究提案，勾勒普魯士在島上的商業開發計畫，名為「普魯士如何在印度洋及太平洋建立殖民地」。在混亂的國際局勢下，普魯士大眾對於此一計畫的注意力逐漸減退。普魯士領袖俾斯麥無意於殖民地的拓展，他所關切的是如何讓德國半獨立的各城邦，於普魯士領

導下完成統一。

蘇格蘭商人

三十年後，蘇格蘭(Scottish)商人陶德(John Dodd)在《蘇格蘭地理雜誌》(Scottish Geographical Magazine)中，回顧外國人在福爾摩沙開闢商場的情形。

「氣候、生活方式以及諸多不便利，很快地就讓這些紳士們疲憊不堪。我的前輩支撐了大約八個月，我在一八六四年抵達時，除他之外，沒有人提得起勁橫越淡水沙洲。福爾摩沙港口開放外國人通商，已有條約確保；然而，條約卻未必受到尊重，我們得費上很大的工夫，才能讓條約中所規定的權利被承認。

地方官員極力反對海關稅務司的成立，因為這麼一來他們就無法像從前一樣任意壓榨關稅。官員們密切關注外商日益蓬勃的業務，想盡辦法阻撓國際貿易。因此，外商是在不利的條件下推展商務。他們毫不掩飾地表現出對外僑的厭惡，尤其是針對外國商人；我們必須應付由官方所教唆、策畫的攻擊活動以及陰謀詭計，防範未受保護的英國職員受害。

早期主要的外國輸入物品是鴉片、貴重物品，以及來自曼徹斯特(Manchester)與布雷福德(Bradford)的貨品，次要物品如：麻袋、生棉花、磚、鉛、鐵，以及粗製的中國煙草。台灣府和打狗，則輸出白糖和紅糖、芝麻籽、豆類、花生、麻，間或輸出樟腦和水果。」

早期階段，陶德曾數度深入內地旅行，進入到樟樹林區。

「中國城鎮和大多數村莊中的居民都是福建人。早期在和英商進行貿易時，他們有時受當局鼓動，起而抵制外國人，然而我發現，若非受官員或兵士煽動，福建商人一般而言是友善的，而苦力階級也都本性良善、有禮貌，他們比官兵更能容忍外國人。

城裏的居民畏懼官員，因此保持良好的秩序，但是邊地的客家人不太理會官員統治。燒炭工、伐木工和製樟腦的工人在化外之地工作，逃脫官府控制的許多中國人，也在這裏找到庇護。我所描述的這些亡命之徒，與一般的客家人是截然不同的。客家人的人生目標是取得大量土地，開墾、結婚生子、安頓下來。而燒炭工和製樟腦的工人通常是悲慘的一群，他們的境遇比邊地貧窮的野蠻人還不如。

福爾摩沙北部山地的原住民，如非被邊地客家人殺害，便是被迫往後撤退，原住民從未與中國人交融在一起。」

蘇格蘭商人陶德決定從事茶葉買賣：「一八六五年勘察樟樹林區時，我於無意中發現肉桂樹，以及十至十二呎高的野生茶樹。我將不少的肉桂從山上運至海岸，但卻發現，揀選樹皮後裝運回英國的成本過高。茶葉的經營比較成功。經探詢，我發現在雞籠與艋舺，以至艋舺西南地區，有農戶在園中種植少量的茶葉，主要供國內消費。我將能得手的茶葉收購一空，並發現這些茶葉能在澳門賣到好價錢，於是立刻透過我的買辦，借貸資金給農民，讓他們擴大栽培，此外，我還從廈門引進茶樹枝條。

我先在艋舺從事小規模的經營，隨後在大稻埕擴大生產。三、四年間，福爾摩沙茶葉

陶德於一八六八年，在現今苗栗後龍一帶發現石油蘊藏，但因當局阻撓，及工人不願冒險進入原住民區域，無法大規模開採，但他還是設法和當地原住民達成購油協議。圖為陶德坐在油井旁。

已經享譽美國，六○年代結束前，我每年有兩艘貨船開往美國，一艘滿載，另一艘近乎全滿。其他人起而效尤，茶葉出口量逐年增加。廈門與福州商人起初並不樂意淡水成為茶葉港，然而不久之後，他們也開始買賣福爾摩沙茶葉。」

德記洋行（Tait & Co.）以及其他外商紛紛仿傚陶德，投入日益昌盛的茶葉貿易市場。

石油

一八六五年，陶德進入山區旅行，登上福爾摩沙島第二高峰。三年後，布魯克爾（Brooker）指揮官於調查福爾摩沙海岸水文環境時，依照其船名，將島上第二高峰命名為雪爾維亞（Sylvia，雪山主峰，高三八八六公尺，為台灣第二高峰）。蘇格蘭商人陶德用自己的名字，將該山區命名為陶德山脈（Dodd Range）。

他還發現島上所蘊藏的石油：「在西岸港口後方之後壟（Owlan，今後龍）東側陵地上

所發出的火光，常令夜間通過福爾摩沙島的船員感到不解。這裏或島上其他地方所見的火光，其實是地底的瓦斯剛好被陽光點燃的結果。

光天化日之下，我發現我的帆布鞋著了火，於是移離起火點，看見火焰在地面上搖曳。我第一次來到這裏時，有一位當地人往起火點丟下一片乾草，乾草立刻燃燒起來。到了晚上，整片地面都在燃燒，偶爾也會發生森林大火。外國水手和中國人從來不敢冒險入山，他們一度還以為是火山正在活動。

我從後壟出發，向東南方行進三小時後，抵達貓裏（今苗栗地區），接著又繼續沿河岸前進，走到一座大型山谷的入口處，我後來稱之為田油谷。河流流經清理過的土地，為中國人所占有，河流的另一邊則是覆滿林木的山地，我在這裏發現一道泉水，泉水與油混合一同流入河裏。這道泉水距離後壟十五至十八哩遠，在龜吼附近。」

當局的阻撓，加上中國工人不願意過河進

入原住民的領域，陶德無法開發這些泉水，儘管如此，陶德還是設法與油井東邊的部落達成了為時多年的協議，他按季以實物付費，向原住民購買附近所有貯水池的石油採收權。

「依據我所擁有的武器，頭目判斷我的部族比他的更強大，他希望我與他的部族聯姻。由於他的幾名孫女已經收下我的禮物，因此，我可以自由挑選，但是有一個必要的條件，我得剃去鬍鬚。我謊稱這件婚事必須呈報我的族長，作為脫身的方法。要向這些野蠻人解釋我是誰、我來自何處是件十分困難的事，因為在他們的觀念中，世界之大莫過於他們所居住的島嶼，島上居民分為留辮子(中國人)和不留辮子(原住民)兩種。他們認為，我既不留辮子，頭髮又是黑色，而且體型和他們相仿，無疑地，我和他們當屬同一種族，來自某個遙遠的部落。」

必麒麟所造訪的是西南部的平埔部落；而陶德的足跡則遍布福爾摩沙北部，他接觸過不同的原住民部族：「北部野蠻人的頭顱通常小而圓，臉型也不是大而飽滿型的；福爾摩沙各部落之間的差異，確實比其他地方來得顯著。」

根據上述事實，加上歷年來難以勝數的船難事件，我相信福爾摩沙野蠻人的數量，應隨著船難失事者的加入而不斷增加。在原住民相互通婚的結果下，血統純粹的原住民只能在高山深處被發現。

現今盤據高山地區的原住民，其身材短小，皮膚不太黝黑，無疑是馬來波里尼西亞種(Malayo-Polynesian)。這些山地野蠻人擁有火繩槍，不過他們最得心應手的武器，肯定還是番刀(Lalao，泰雅語)，一種長一呎半的中國製短彎刀。刀柄由兩塊木片接合固定，用藤條纏繞，飾以雕刻和金屬片。刀鋒由單面的木鞘保護，另一面是金屬絲網。他們常使用一小撮中國人的辮子，或被獵首者的一束頭髮來裝飾刀鞘。這種刀用於叢林開路、宰殺獵物、劈柴，同時也用來割取敵人首級。

野蠻人婦女在許多方面比男性更耐人尋味。少女、少婦天生具備許多在男性身上付之闕如的良好特質。儘管身處野蠻的環境，而且完全缺乏教育，但仍然行為端正、任勞任怨，是好妻子，但更像是奴隸。遷移時，她們負責搬運所有的家當，有時還包括兒童。我曾見過一群背負五十至八十磅重的婦女，後面跟著一隊不屑背負物品，手裏只拿著槍和弓箭的男人。

居家生活操勞、經常缺乏營養，生病時又得不到適當照料，以上種種因素，導致這些十來歲時如花朵般美麗少女提前衰老，才不滿三十歲即已形容枯槁。儘管命運坎坷，仍舊性情親切，相互扶持，也樂於幫助陌生人。她們極度謙遜，讓人以為她們對這世界一無所知，我從未見其故作姿態。

一般而言，女性屬於中等身材，然而長年辛苦的工作，往往使她們變得矮胖壯碩。她們健足善走，在動亂期間充當信使、偵察者以及間諜，有時也扮演協調者。

我發現婦女更是最好的通行證：旅行者在穿越密林時，經常會遭遇野蠻人的質問，如果是單身一人旅行，同時又提不出令野蠻人滿意的答案，其探險活動可能就會結束在一支無羽箭下。若非有原住民婦女作為我的護

依據《天津條約》，打狗港於一八六三年正式開港。當時港區尚未整建，出入航道非常狹窄，暗礁遍布，船隻出入險象環生。

照，相信我的人頭，早已懸掛在某位青年勇士祖傳的棚屋裏。」

在陶德的協助下，德國學者薛提利博士（Arnold Schetelig）得以在一八六七年夏天，造訪蘇澳附近的原住民部落，首度從事兩個部落語言的科學田野調查。

宣教行醫的傳教士馬雅各

在廈門先行研習過福爾摩沙方言的馬雅各牧師（James Laidlaw Maxwell），攜同妻子與傳教士杜嘉德（Carstairs Douglas），一起渡海到打狗。一八六五年，英國長老教會開始在府城活動。

據必麒麟所言，長老會傳教士起初廣受歡迎，「馬雅各醫生施用奎寧，進行白內障手術，切除結石，種種神奇的治療方式，很快就吸引全島各地無數病患前來就醫。然而他的成功卻激起本地醫生的敵意與反對，他們散布一貫的流言，說外國人殺害中國人，取走腦子和眼睛製成鴉片。本地醫生挑起民眾恐慌的舉動，並未受到官員的攔阻。結果傳教士遭暴民攻擊，聚會場所被破壞，傳教士被迫離開府城。」

英國長老教會傳教士在打狗重整旗鼓。小海港打狗雖僅有兩千居民，但卻是福爾摩沙南部的重要港口。

傳教團的歷史學家莊士頓（Johnston）在《中國與福爾摩沙——英國長老會傳教團的故事》一書中寫道：「傳教士在打狗比較被人接受。杜嘉德先生回廈門後，馬雅各醫生獨自留在打狗繼續工作，每逢星期日向英僑佈道，每天對當地人宣教，以他的醫術吸引人們前來聽講。」

必麒麟負責安平的海關事務。他在新港

（今新市）附近發現一座古平埔村莊，其年代可追溯至荷治時期。「荷蘭傳教士向他們的祖先佈教期間所流傳下來的文件，被他們當成神聖的傳家寶。」必麒麟和村莊頭目結交，頭目告訴必麒麟，他的族人大多都已遷往內地。必麒麟想要拜訪這些原住民部落：「我的朋友馬雅各醫生聽說我計畫遠行，他表示願意一同前往，因為他認為，相較於自負的中國人，福音對於純樸的原住民可能更具影響力。」

他們帶了僕人，以及三名負責運送糧食、藥品的中國苦力，首站抵達新港社（今新市），馬雅各醫生在新港社醫治病患，隨後他們又前往離新港十五哩的崗仔林社。

「崗仔林社人自稱是『番仔』，並引以為豪。老人家還會說祖先的語言，他們懷念好的荷蘭移民，喜愛所有的白人，因為荷蘭人的緣故，他們還將白人認作親戚。那些老婦人的話尤其令人動容：『你們白人是我們的親戚。你們不屬於那些剃了頭的邪惡中國人。然而你們到底是哪種人啊？幾百年前你們離我們遠去，現在我們已經離死亡不遠，沒想到我們這雙昏花的老眼，有幸還能再見到我們的「紅毛親戚」。』這些純樸的人對我們極其親切，馬雅各醫生很高興能替他們醫治瘧疾、熱病和眼疾，藉此給予他們少許回報！」

他們行經客家村城鎮Lam-tsung，以及最後一個平埔村莊芎蕉腳，最後攀登至荖濃和荖濃以南七哩的六龜里。「馬雅各使用所有平埔人都能理解的中文，努力向他們灌輸基督教的一些基本概念。」

同年八月十二日，馬雅各醫生替皈依者施洗，打狗的工人和漁民成為福爾摩沙第一批新教徒。馬雅各向廈門的上司報告：「我發現此地有八個人似乎真的對福音感興趣，其中一些人的心靈看得出確實有改變的跡象。經過審慎的檢視和商議後，我們決定接受四名男性加入教會，這是我們在福爾摩沙傳教首次獲得的成果。」

隔年，李庥牧師(Hugh Ritchie)和妻子投入打狗的傳教活動，馬雅各醫生恢復在台灣府的傳教工作，並建立一間醫館。必麒麟帶領馬雅各前往木柵社(Baksa，今高雄縣內門鄉的木柵地區)，將他介紹給平原上的平埔聚落。「所有人都樂意接納馬雅各醫生，他改變了其中一些人的宗教信仰。」

博物學家的漫遊

一八六六年五月六日，英國博物學家卡林渥(Cuthbert Collingwood)抵達打狗。他在《一位博物學家在中國海岸與水域的雜誌》中寫道：「打狗港很小，入口處非常狹窄，我們不想將船開進去，於是停泊港外。因為最近有颱風，巨浪從東南方襲捲而來。」

卡林渥與住在歐式房舍的外僑接觸，其中包括英國副領事卡羅爾(Carroll)、清帝國海關稅務員、幾位商人，以及長老會教友。這位博物學家研究潟湖，並設法辨識猴山上的猴子。他描述動物的生活，從一般的水牛至各種蒼鷺，還詳細觀察漢人村民的外貌和好奇心。

接著，卡林渥搭乘英國皇家艦艇「巨蛇號」(the Serpent)前往澎湖。「一般而言，我們覺得這裏的人衣著得體，與福爾摩沙隨處可見的邋遢骯髒，形成明顯的對比。」卡林

渥一行中有攝影師薩頓(Sutton)隨行，他或許是第一位在島上活動的攝影師。在拍攝生涯的早期階段，攝影師薩頓得當場動用一整箱的化學藥品，來使玻璃板顯影。船隊離開之前，他拍攝了一些馬公的景象。

「在這種情況下很難教群眾遠離器材，他們的高度好奇心，對拍攝工作造成相當的不便。有個男人在等待照片顯影的過程中，偷偷喝下一瓶冰醋酸，幸好那不是什麼有毒的藥物。此外，有一個魯莽的男人挑戰了硝酸銀溶液，他在自己身上塗抹硝酸銀溶液，可想而知，當我們離開後，他的鬍鬚、眼圈等等在陽光照射下，將會開始變黑。等到溶液發揮全效之後，我們這位冒失的朋友肯定要大吃一驚，一想到這裏，我們不禁感到十分

好玩。」

「巨蛇號」後來在淡水停泊。「大體而言，淡水是一條店鋪不體面的狹窄街道，地上有時鋪設大顆鵝卵石，大大小小的豬以及吠叫的狗在走道上喧鬧不休，在某些地方幾乎容不下兩個行人閃身。」鎮上寺廟尚未完工，卡林渥注意到工匠還在忙著雕刻石柱。

經調查和研究，卡林渥發現，淡水的硫黃泉有七、八處尚處於活躍狀態。「硫黃昇華物顯然純度極高，但是沒有人設法從多產的源頭取得硫黃。儘管中國政府一味頑固、愚昧地禁止硫黃的開採，然而這幾處硫黃泉還是遭人大量盜採，有的暗中進行，有的經由賄賂。如此重要珍貴的資源，大概取之不竭，仍有待歐洲人來開發。」

英國博物學家卡林渥於一八六六年來到淡水後，他發現當地有七、八處硫黃泉，「硫黃昇華物顯然純度極高，……如此珍貴的資源，大概取之不竭，仍有待歐洲人來開發。」

Sandstone Pillars, South Side of Ke-lung Harbour, Formosa.

卡林渥曾在雞籠停留數週時間，在附近漁村兒童協助下收集貝
殼、進行海洋生物研究。圖為雞籠港北邊野柳的沙岩柱。

卡林渥從淡水出發，沿河往內陸探險。他詳細描述自然景觀以及植物的顯著特徵：茨竹（*Bambusa arundinacea*）和通脫木（*Tetrapanax papyrifera*，蓪草），通脫木心材主要輸出到中國大陸作為製紙材料。他經由大稻埕到艋舺，那裏「家家戶戶，門口堆積著垃圾，在填裝穢物的坑窪旁，不時見到衣飾華麗的婦女」。他拜訪了計畫從事樟腦買賣的德國鴉片商美利士（James Milisch），美利士居住在北部僅有的一棟兩層樓房。

卡林渥和攝影師薩頓渡河到水返腳（今汐止）和雞籠。「此地人口稠密，幾乎到處都有人跡。房屋是泥造的，以茅草覆蓋屋頂，有時也使用比較堅實的磚、瓦，但通常是用草和蘆葦編排後，塗以泥巴和水泥，即使較好的房屋也是泥土地板，屋頂山牆呈新月狀，形成鎮上的獨特外觀。在比較破落的村舍裏人畜雜處，我曾見到與污水坑比鄰的起居室。」

這位英國博物學家在雞籠停留數週，研究海上及海岸洞穴裏的海洋生物，並在附近漁村兒童的協助下收集貝殼。

卡林渥察看雞籠東邊的煤礦。「中國當局獨占煤炭的開採，他們不讓外國介入或擁有煤礦，結果他們的煤礦資源並沒有善加開發，同時也默默無聞。礦坑裏沒有設置礦井，也沒有應用任何機械設備，他們完全依靠苦力來挖掘煤炭，挖出的煤炭再由苦力用小籃子運出礦坑，所出產的煤炭數量微乎其微。煤炭以小船運至港口，堆放在港口南邊——這是外國商人唯一所能購買到的煤炭。煤堆沒有遮蓋，任憑日曬雨淋，長期堆置的煤炭容易變質。」

為了繪製更可靠的東北部港口海圖，卡林渥隨同英國副領事前往蘇澳。「巨蛇號」接近時，海灘上聚集了許多人。「被簇擁進入

村莊時，我們聽見了幾聲爆炸聲，我們寧願相信這是在向我們示敬。一群看起來勇猛好戰的人，帶著火繩槍現身在我們面前，他們見到我們沒有武器，於是對空鳴槍，裝裝樣子。他們讓我們看火繩槍，還說他們的槍是廈門製的。」

他們造訪蘇澳港南岸，南方澳的一個平埔族村莊。

「此地居民的相貌比中國人好看，他們的五官更端正勻稱，從表情看起來，顯然比中國人更聰明。他們的體格、外貌在許多方面都很凸出，男女都身強體健。有些人在紡紗織布，有些人用嘴咬開稻穀，無所事事者則觀看我們耍小把戲，他們被逗得樂不可支，想盡辦法要加以模仿。

他們見到我們有左輪槍，很想看我們開槍，於是在門扇上釘樹葉作為標靶，我們開了兩槍後，隨即出現兩、三位持火繩槍的男子。他們顯然是因為聽到槍聲，特意前來保護社區的安全。這件小插曲似乎證明他們隨時處於警戒狀態，也讓傳聞顯得更可信，據說他們很容易遭受到山地野蠻人的突襲，如同中國人一樣，所以他們得時時防備。」

若干男性村民登上「巨蛇號」，卡林渥觀察到：「有一個人經過軍官室的天窗，往下窺探逗留，旁邊的人連忙輕輕將他拉走。這只不過是一個的小舉動，但如果換成是中國人，他們勢必得瞧上半天，直到兩眼發直方才罷休。」

羅妹號

福爾摩沙島地震頻仍，但通常不會釀成巨災，陶德寫道：「一八六七年除外，當時，

淡水城坍毀的房舍中，有十七具中國人屍體被清理出來，而淡水港興建中的一間廟宇也傳倒塌。同時，雞籠發生八呎高的海嘯，比平時高出五呎。」

必麒麟描述福爾摩沙沿岸海域的危險：「每年，在福爾摩沙海峽強烈西南季風吹襲下，不幸失事的船隻會被沖到台灣府北邊的沙岸和淺灘上。幾乎船隻一擱淺，馬上就被數以百計的木筏包圍，歡欣雀躍的打劫者一擁而上，將擱淺船隻當成理所當然的獵物。殘酷的中國漁民鮮少有慈悲心，即使台灣府和打狗沿岸間的守法漁民亦復如此。更北邊住著野蠻而且目無法紀的移民，他們更是將打劫失事船隻當成職業。碰巧在這些村莊附近擱淺的船隻，其命運皆十分悲慘。有一天，大約有二、三十個近乎全裸的歐洲人，被帶到了我們在台灣府的住所，此事令我們感到驚愕。

事情經過似乎是如此：他們的衣物被打劫者剝光，只得用沙子覆蓋身體保暖，度過一夜。隨後他們來到一個小鎮，鎮上長官同情他們全身發抖的慘狀，給了他們一些食物和錢，還發給每人一隻新米袋。他們在袋底剪洞作套頭口，縱然稱不上美觀，好歹也算衣著得體。這位具有人道精神的官員還派了一名嚮導，領他們到我家來。然而，不幸的是，途中他們必須路過沿岸的一個強盜村，村民認為不能讓新米袋這種財物白白溜走，於是剝下他們僅有的遮蔽物，結果，這些歐洲人終究還是得以原始狀態來找我。」

對於許多想前往中國條約通商港口的外國船隻而言，經過福爾摩沙的瑯礄是一段危險的航程。瑯礄多風暴的淺水海域布滿岩礁，

船舶一旦失事，船員肯定會落入某原住民部落之手，瑯璚地區共有十八個原住民部落。

一八六七年三月十二日，美國三桅帆船「羅妹號」（the Rover）在福爾摩沙極南端遭遇強風吹襲。船長杭特（Joseph W. Hunt）、其妻子以及許多的美國船員，在龜仔角的海灘上避難。除兩名中國船員外，其餘全數被龜仔角人殺害，倖免者一個是廚師，另一個是伙食管理員，他們兩人及時躲藏起來，並設法逃到打狗通知英國副領事卡羅爾（Carroll）。

六月十五日的英國《倫敦畫報》報導：

「英國皇家艦艇『柯摩爾號』（the Cormorant）船長布羅德（Broad）與在船上的副領事得知這件暴行後，立刻前往出事地點。他們發現船隻殘骸，遠遠看見一些土著。隔天早上，船長派三艘裝備齊全的小艇靠岸，艇上載有一名熟知蠻語的中國人，還準備了酒、毛毯和布料，作為贖回倖存者的禮物。

人員一上岸立即遭受滑膛槍的交叉射擊，伴隨著一陣陣的箭雨。敵人藏在暗處，我方人員適時撤退。此次任務本著和平的目的，然而在認清福爾摩沙野蠻人的嗜血本性後，布羅德船長令小艇離岸三十碼，防備野蠻人

「羅妹號」事件引來美國報復，美軍雖然擁有精良的武器，卻不敵熟悉地形的原住民，美國陸戰隊上尉麥肯齊在交鋒中當場陣亡。

的攻擊，等待其他小艇人員登船離岸，再開火還擊。從那些野蠻人的哀嚎聲聽來，我方的還擊並非徒勞無功。

每艘小艇都有數處受損，有一顆子彈甚至從船長與卡羅爾先生所乘的小艇座位下掠過，除此之外，幸而並無其他的損失。從野蠻人的回應看來，失事船員顯然安全堪憂，我們只能設法懲罰這些殘忍的謀殺者。因此在人員返回『柯摩爾號』後，我方開始對敵人展開砲擊，大批敵人從藏匿處現身，逃往山上。在密林中追擊敵人，唯恐造成我方人員傷亡，『柯摩爾號』因此返航。」

「羅妹號」失事兩週後，管轄福爾摩沙事務的駐廈門美國領事李仙得(Charles Le Gendre)得知此事件。李仙得曾參加美國內戰(一八六一至一八六五)，服役五年後被任命為領事。參與內戰期間，李仙得身負多處重傷，失去左眼，眼眶裏裝了玻璃眼珠。友人稱他為「將軍」。

李仙得聽聞「羅妹號」事件以及「柯摩爾號」的調查無功而返，他立即敦促福州長官採取行動，並隨同美國戰艦「亞士洛號」(the Ashuelot)前往台灣府。島上當局表面上答應派兵前往瑯礄，實際上卻藉故推諉。儘管瑯礄地區有許多中國移民居住，當局卻宣稱那是一片難以進入的叢林，並不屬於中國領土。李仙得領事自行前往察看瑯礄海灣，但村民不願和他配合。

「羅妹號」事件在英國殖民地香港引發重大關切，領事艾倫(Isaac Allen)贊同當地

一八六七年，一艘美國三桅商船在南台灣水域發生船難，遇難船員漂流至鵝鑾鼻附近海岸，不料遭到當地原住民襲擊，英國軍艦「柯摩爾號」聞訊趕赴現場勘察。此事登於一八六七年六月十五日的《倫敦畫報》。

美僑的觀點，他們敦促美國政府控管福爾摩沙。駐北京的美國公使浦安臣（Anson Burlingame）呼籲新設的中國外交部門注意此事，並要求福爾摩沙官員與海軍少將貝爾（Henry H. Bell）合作。六月，停泊上海的美國東方艦隊指揮官奉命「摧毀島上東南端的野蠻人藏匿地，以及謀害『羅妹號』遇難船員的兇手。」

貝爾少將的報告，以及參與報復行動的美國旗艦「哈特福德號」（the Hartford）及「懷俄明號」（the Wyoming）船上軍官的報告，收錄在《海軍部長報告書》及《美國總統對國會兩院之國情諮文》。

貝爾報告：「我命令『哈特福德號』指揮官貝爾納普（Belknap），讓四十名水兵配備普利芧斯滑膛槍，四十名水兵配備夏普來福槍，而所有的海軍陸戰隊士兵配備五名榴彈兵。並命令『懷俄明號』的少校指揮官卡本特（Carpenter），備妥四十支夏普來福槍、四十發彈藥，以及四天的糧食配給和飲水，準備率領船上的陸戰隊登陸。全體官兵共一百八十一名。本月十二日，我在打狗停留，找到一名翻譯與蘇格蘭人必麒麟，他見過許多土著，並自願效勞。」

根據必麒麟的陳述，貝爾少將向他尋求了建議。

「我建議我們應該在瑯礄西邊的瑯礄灣（Liong-kiao Bay，今車城附近）停泊過夜。我知道此地有一個客家村莊，他們提供武器給那些野蠻人，還彼此通婚，因此知道野蠻人的行事方式和出沒地點。我建議用優勢武力造成他們的精神壓力，並用金錢加以賄賂，這樣或許能勸誘這些腐敗的中國人提供

嚮導帶路。如此，我們可以將一半兵力布置在陸上，從背後攻擊龜仔角人，同時發動另一半兵力從海灘進攻他們的村落。然而少將心存疑慮，他認為這些中國人說不定會將我們的企圖告知野蠻人。」

貝爾少將決定繼續朝瑯礄前進，並命令兩支部隊，合力從海灘向山上仰攻。船艦指揮官貝爾納普率領一支部隊從正面進攻。麥肯齊（Mackenzie）上尉則指揮另一支部隊從側面包抄敵人。

「停泊後不久，我們從望遠鏡中看見野蠻人，他們衣衫襤褸，身上塗著顏料，每組十至十二人，聚集在約兩哩外的山崗上，他們的滑膛槍在陽光下閃閃發亮。我軍進入山崗時，這些熟知路徑的野蠻人大膽加以迎擊，他們在長草堆裏左避右閃，尋找掩護，其策略與勇氣，足以和我們的北美印第安人相提並論。放完槍後，他們就神不知鬼不覺地躲藏起來，我軍朝他們的藏身處衝鋒時，常常遭受伏擊。」

必麒麟是麥肯齊上尉登陸部隊中的一員。他寫道：「我們察覺不到任何居民的蹤跡，部隊前進困難，這地區到處都是濃密的叢林，偶爾有幾處由空曠的草地和岩石區所形成的缺口。從海灘深入未及一哩，那些隱形的敵人就開始朝我們連番射擊，所幸並未造成傷亡。陽光炙熱，上山的路非常崎嶇，兵士精疲力竭。此時四周埋伏的野蠻人又開始朝我們射擊，想要追擊他們只會徒勞無功。目前還沒有傳出傷亡，除了有一名陸戰隊員被射掉他的少校肩章。

後來，上校讓部隊在岩石下稍事休息，我們方才要坐下乘涼，附近的灌木叢裏馬上響

起一連串槍聲，幸好沒有造成傷害。那時，麥肯齊詢問是否有人自願將敵人趕出密林。我們於是衝上山崗，朝冒煙處胡亂射擊，雖然有極大的哀嚎聲傳出，然而，等我們一到達卻沒有發現屍體。我們幾位自願者正想停下來抽口菸，這時槍聲又響起。麥肯齊於盛怒之下高喊：『兄弟們，上吧！振作起來，幹掉這些無賴！』我們死命地向前衝，一連串子彈穿過樹葉朝我們射來。我看見麥肯齊轉身，手撫胸口，用古怪而平靜的聲音說：『有誰下去叫醫生？』」

助理外科醫生佩奇(Charles H. Page)連忙趕到前線，他發現麥肯齊倒臥在地，左手壓在右胸上。「我抓著他的衣領，問他哪裏受了傷，同時迅速將他拖到後方。他只是看著我，他說：『佩奇，佩奇，我要死了！』受傷後三、四分鐘，他就斷氣了。傷口圓滑，直徑大約一吋，深入上腹及右胸中間部分，外部沒有嚴重的出血。」

摧毀了幾間荒置不久的小屋後，陸戰隊員和水兵返回海灘。貝爾納普指揮官記載：「我原本想留在岸上，待夜間時在叢林進行伏擊，但是我發現官兵都已經疲憊不堪，於是決定讓所有的部隊回船。海軍陸戰隊的福尼(Forney)上校、『懷俄明號』的軍官布朗納爾(Brownall)，以及其他十幾位人員都已經中暑，我擔心日落以前還會有人中暑。」

旗艦上的貝爾少將同意貝爾納普的決定。「我們的水兵儘管不適應叢林生活，卻展現出高昂的鬥志，不過他們顯然無法適應那種形態的作戰。鑒於以上的因素，加上許多官兵因中暑已無法再支撐下去，我決定不再派遣他們登陸，何況他們已經盡其所能，燒毀

若干土著房舍，盡力驅逐土著戰士，犧牲性命付出令人悲痛的代價。我考慮過，在這種無法縱火的季節，我們不可能摧毀土著們在密林、草海裏的藏身地點。

根據我的觀察，這些土著並非全然野蠻無知。中國當局應以軍隊作為後盾，讓中國移民占據這座海灣，這是有效防止土著對失事船員施暴的唯一辦法，我們可以透過駐北京公使的影響力，達成此一目標。我們已經盡了人事，我於午後九點啟航，本月十四日返回打狗，埋葬英勇的麥肯齊，他的遺體葬在英國領事館的庭園。打狗並沒有公共墓園，英國副領事卡羅爾先生好意地提供他的庭園作為墓地。領事館以及四艘商船降半旗，在場的所有外國人都來送葬。」

李仙得領事要求中國派兵永久駐守瑯礄，並在最南端海灣設立強化防禦的瞭望台，作為保護失事船員安全的保證。島上當局聲稱，「羅妹號」上的美國船員並非在中國領土上遇害，因此兩國所簽訂的條約不適用於此一案例。李仙得於是呈遞急件給福州當局，信中指出：「中國既然控制該島，則須為島上居民的行為負責。島上原住民之於中國，如同印第安部落之於美國。中國如拒絕承擔責任，倘若有其他國家占據該島，中國將無法提出有效抗議，因為根據中國自己的規定，文明國家有權以其文明取代較劣等的文明。」福州當局於是命令台灣府當局派兵到瑯礄地區。

與卓杞篤訂約

與此同時，英國商人荷恩(Horn)代表「羅妹號」船長之妻杭特(Hunt)夫人的親屬，想

美軍東方艦隊轄下的「哈特福德號」與「懷俄明號」，奉命摧毀島上東南端的野蠻人藏匿地，以及將謀害「羅妹號」遇難船員的兇手繩之以法。圖片出自《美國畫報》。

尋取杭特夫人遺骸運回美國。荷恩的努力沒有成果，他回到府城要求必麒麟協助。龍鑾部落與龜仔角部落之間有丘陵相隔，住在丘陵西邊的龍鑾人，帶領荷恩一行人前往船長夫人的埋葬地。「那些野蠻人聽說杭特先生是位官員，因此要求大筆金額作為找到屍骨的報酬。他們推斷，杭特夫人必定是重要人物，否則軍艦不會開到這裏。」

從下山的龜仔角婦女口中，必麒麟得知，自從美國船艦離開後，「他們的農作物被野豬大肆破壞，有男人慘遭鯊吻，部落中也起爭執，有兩人喪命。狩獵隊攜回一顆大型未爆彈，置於營火旁，砲彈突然爆炸，造成多人傷亡。在舉行過宗教儀式後，龜仔角人詢問災難的起因，發現原來是美國人留下惡靈要毀滅他們。」

漢人移民首領前來和必麒麟商議。他們聽說：「朝廷官員將率領八千名兵士來攻打龜仔角人。他們擔心部隊會造成極大的麻煩，

因為所有的野蠻人都知道他們的企圖，十八個部落已經聯合起來，歸由卓杞篤指揮，他們召集了一千一百名配槍的戰士，另外還加上擅長弓、矛的奴隸阿美人。」

福建和客家裔的漢人移民決定暫拋宿怨，聯手逼迫卓杞篤交出失事船員，將他們轉送到打狗。必麒麟同意居中調解，他在枋寮遇上進攻的六百名清朝士兵。李仙得領事已經到來，他建議開闢山路，打通原住民與世隔絕的領土。李仙得贊成與卓杞篤訂下和平協定，清軍統帥也贊同。「我的士兵全數調自中國北方，他們無法長期忍受這種氣候，已經有人死於熱病。我也深知當地部隊缺乏戰鬥力，何況我也不想傷害住在蠻人領域裏的可憐漢人。」

原住民領袖卓杞篤拒絕與出征的中國官員會面。他說：「這些中國人是女人，他們不配見我。勇士對勇士，女人對女人；我會派我的女兒去和他們談，不過這是沒有用的。

只要被我碰上，我就會殺掉他們。」

　　但卓杞篤同意和西方人會面。李仙得領事詳細詢問他關於「羅妹號」船員被害的始末：「那是龜仔角人幹下的，不是我的部落。」「他們為什麼這樣做？」「為了一個誓言。很多年前，船上來的白人進到他們的部落行搶，還強暴他們的婦女，隨後的戰鬥

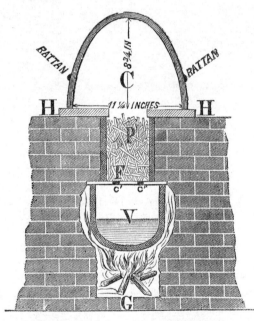

客家人製造樟腦所用的方法。字母符號代表樟腦爐的組成部分：C是冷凝器，P是圓柱形陶罐，裏面放置樟木碎片。H是圓柱形陶罐與是冷凝器的接頭，F是圓柱形陶罐的底部，底部由二小片圓盤物c'與c''所構成，底部有四個小孔，以利蒸氣通過。蒸氣由預先盛水的V部分產生。G是火爐，火力由十吋長的木材提供。

中，幾乎殺光整個部落的人。剩下的一些人向祖先墳墓，以及被殺害的朋友發誓，日後只要有白人落入他們手中，絕不留活口。」「可是你們為什麼殺死杭特夫人？她是女人，又不是男人！」「我們不知道她是女人，她穿男人的衣服，與所有人坐在海灘上吃東西，被接連發射的滑膛槍打死。事後，在剝去屍體上的衣服時，我們才發現那個屍體是女人，我們為此感到難過。」

　　李仙得向這位原住民領袖打探，問他是否有可能收回誓言。卓杞篤答道，經由某些儀式這是可以辦到的，他還說：「我們以前不知道白人心地高尚，現在我們已經知道。他們在那場戰鬥中（指『哈特福德號』與『懷俄明號』船員的戰鬥），展現出我們前所未見的的勇氣。他們衝到我們的槍口下，而那位勇敢的領導者——麥肯齊就好像在找死，我們願意和如此勇敢的民族做朋友。」

　　古老的誓言被取消，雙方開始討論協約內容。對於遭遇船難的外國人，卓杞篤答應提供保護，並保證將他們送交中國當局。李仙得代表美國，承諾按時供應各種物品以作為回報。

　　必麒麟寫道：「漢人移民很高興倖免於難，不必受到自家部隊的蹂躪，他們攜來大量米酒，讓原住民開懷痛飲。結果我們必須等上一、二天，等到他們酒醒，弄得清楚條款的內容為止。」為了勸誘卓杞篤和其他原住民長老簽署條約，必麒麟和李仙得安排了一場小詭計。必麒麟召集各方代表，指著李仙得領事，告誡他們：

　　「兄弟們，我們不能再浪費時間了。這位了不起的人生氣了，當心啊！他可不是普通人，他會做出你們從未見過的事。」

　　接著李仙得開始用嚴肅的口吻說話，還重重地踩腳；隨後取出他的玻璃眼珠，把它放在桌上。「那些野蠻人嚇呆了，條約於是就輕易地簽訂了。此後將軍（李仙得）就被視為神人。在我們停留期間，將軍備受尊崇。卓

杷篤與將軍以手互搭肩膀，兩人同時共飲一碗米酒，誓言友誼永存！」

在李仙得的上級認可下，「羅妹號」事件以及往後的船難事件獲得解決。李仙得與中國官員達成共識，他們將建議北京，將瑯礄地區交由文、武職官員共同治理，並由遠征軍先行在Tossupong（今貓鼻頭附近）建立臨時堡壘，待滿清帝國的上級官員批准後，再做明確規畫。

危機

一八六八年，當時艋舺北邊的低海拔丘陵仍有樟樹生長，陶德在庭園種植樟樹樣本。他發現島上當局「完全不設法防止森林資源的浪費，也未採取任何措施，如在無法耕作的無人地區重新造林。」陶德認為，樟樹的枝、葉也可以提煉樟腦，因此年幼的樟樹也能生產樟腦。

島上當局繼續施行定約前的政府規定，持續壟斷樟腦市場。德商美利士（Milisch）與英商荷恩（Horn），努力在蘇澳附近建立殖民地，用以交易樟腦。他們希望能與當地原住民自由貿易，不受中國官員干涉，但是他們的銳意經營遭受挫折，此結果引發外交上的抗議。英、美領事無法說服道台讓外商從事樟腦貿易。

一八六八年四、五月間，李仙得走訪了幾座生產樟腦的客家村莊。「其中一個村莊位於後壟東邊的山腳下。我看見許多大規模栽種菸草、馬鈴薯、甘蔗等作物的農場，農場裏有不少蒸餾樟腦的爐子正在運轉。這些客家人是自己的主人，他們雖然剃髮留辮，過著中國式的生活，然而，大多數人實際上並不理會中國政府的統治。他們向原住民納貢，取得土地權，並將生產的農作物販賣給鄰近的客家城鎮，再轉運到最近的市場銷售。在彰化以東，中國人尚未涉足的山腳下，暴力事件依舊頻傳。為了征服出產樟樹的低海拔地區，中國人開始籌組遠征軍，準備對付原住民。然而其進展十分緩慢，福爾摩沙大部分的樟腦生產，仍仰賴獨立自主的客家人。」

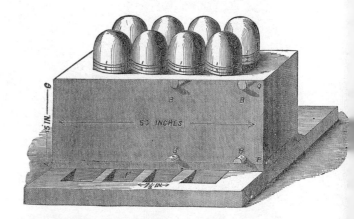

樟腦爐立體圖，地板用磚坯製成，A、C、P、Q四面以三吋的木板做成。為防木板因受熱而膨脹，以六個木製的支撐物B加以強化。樟腦爐設置在竹棚下，竹棚不設窗，但開有一道門，開口位置剛好利於將氣流送入火爐。這樣的一座爐子每天能夠生產四斤樟腦結晶，也就是五又三分之一磅。

在呈給美國政府的報告中，李仙得描述了客家人生產樟腦的方法：「客家人將樟木切成大約四分之一吋厚、三吋長的木片，然後放進陶製容器中，引入蒸氣。蒸氣滲入木材，與木材中所含的樹脂物質結合，將這些樹脂物質分解到一個大型的冷凝器，與冷空氣接觸後，樟腦成為結晶狀態。」

必麒麟辭去他在海關的稅務工作，轉任英國貿易公司怡記洋行（Elles & Co.），受命

FORMOSE. — Taï-wan-fou.

一八六六年打狗和淡水的外商倉庫、貨物遭劫，船隻遇竊、外國籍船工被攻擊、毆打，受雇
於外商的本地員工則受暴力要脅，被脅迫離職。一切外國商務停擺，中國政府特從福州派遣
兩名高級專員到台灣府，調查英國人所抱怨的所有事項。圖為台灣府之遠瞰圖。

涉足樟腦市場。「美國對於樟腦的需求量越來越大，樟腦價格從而飆漲。福爾摩沙本地對於樟腦向來幾乎沒有需求，因此，道台的壟斷並未受到干預。高官顯要將樟腦銷售權外包給當地富豪，從中獲取巨利。」

梧棲港當地的蔡氏家族首領，如數供應樟腦給必麒麟的公司。蔡家的競爭對手，同村的陳氏家族，攻擊了公司在當地的代理商館，劫走準備裝運的樟腦。必麒麟決定到梧棲調查此一事件。道台不依條約行事，拒絕簽發必麒麟的通行證，還以蔡家父輩「年輕時曾涉嫌造反的陳年往事」爲藉口，派遣兩

百名兵士去逮捕蔡氏首領。

英國領事卡羅爾應必麒麟之請，要求英方從廈門調來一艘砲艇「讓道台按理行事」。抵達梧棲的必麒麟一行人，驅散了包圍蔡家的陳氏族人，待滿清帝國部隊出現後，必麒麟手持條約，與爲首官員爭辯，說明他有權從事樟腦貿易。部隊撤離後，英國領事偷偷通知必麒麟，道台已經決定以謀殺罪控告他，領事勸告必麒麟遁逃。必麒麟藏身在淡水的陶德家中避難，隨後前往廈門。

必麒麟聽說，海軍軍官史考特（Scott）將率領英國艦艇「伊卡魯斯號」（the Icarus）

艦上水兵及陸戰隊員，連同新任領事吉必勳
(Gibson)渡海來台，吉必勳領事將與道台討
論樟腦紛爭。必麒麟出席了會議。「會談徒
勞無功。道台盡其所能地侮辱吉必勳領事以
及史考特。道台不講道理，全然蔑視條約，
他堅持除非透過他本人，按照他所開的條
件，否則不准歐洲人購買樟腦。」由於天氣
條件惡劣，「伊卡魯斯號」不能繼續在外海
停留，而且因為船身過於龐大，也無法進入
打狗港，只得返回大陸。拜季風所賜，島上
當局暫時不必擔心英國砲艇的出現。

　仇外的情緒被挑起。莊士頓在他的長老教
會傳教史中寫道：「一八六六年四、五月
間，地方上的文士與行政官員，惡意鼓動群
眾迫害福爾摩沙當地的基督徒。他們一如往
常躲在幕後，挑撥無知的暴民為其代勞。他
們先是散布謠言，說基督徒在水井、食物中
下毒，接著又燒毀設在Koe-Kau-a的羅馬天
主教教堂，並將教士逐出村莊。在Cho-ia
村，有一位本地傳教士被襲擊、分屍，心臟
被兇手取出分食，屍體殘骸則被裝入袋中，
棄沉海底。」

　馬雅各醫生被控謀害中國兒童，還將屍體
埋置床下。人們掘開藏屍地點，果然「發現」
混雜成堆的人骨、狗骨以及猴骨。馬雅各的
傳教工作遭禁，受洗信眾遭受襲擊，鄉間教
堂也被破壞，反傳教士情緒從大陸延燒至福
爾摩沙。外國傳教士與從事鴉片買賣的外國

台灣府一直是台灣島上的首府，但隨著港灣淤積及打狗港開港，一八六○年代末的台灣府
已繁華褪盡。圖為市區中一處名為Taolah的街道，樹木環繞的林蔭大道。

樟腦商被視爲一丘之貉，當時，輸入島內的鴉片，七成以上由樟腦商經手。

打狗和淡水的外商倉庫、貨物遭劫；船隻遇竊、外國籍船工被攻擊、毆打，受雇於外商的本地員工則受暴力要脅，被脅迫離職。一切外國商務停擺，攻擊事件針對外國樟腦商，有一名樟腦商人遇刺。有人提出懸賞要捕捉必麒麟。伏殺英國領事的計畫曝光後，英國領事召集武裝船艦「巴士德號」(*the Bustard*) 與「阿爾及利亞號」(*the Algerine*) 前來協助。駐中國的英國艦隊奉命開往福爾摩沙以恢復島上治安。

中國政府從福州派遣兩名高級專員到台灣府，調查英國人所抱怨的所有事項。他們作出裁定：道台必須爲其行爲道歉，並宣告樟腦貿易合法，傳教士的自由與安全應受保障，道台須承諾賠償外商與僑民的一切損失。然而，道台並不理會朝廷專員的裁決，三天後，吉必勳命令「巴士德號」與「阿爾及利亞號」上的葛頓 (Gurdon) 中尉及二十五名陸戰隊員砲轟安平，奪取堡壘以要脅之。至此，道台才接受所有的要求。

自行採取行動的吉必勳領事雖受到島上外僑讚揚，但卻被英國政府撤職。英國政府下令，日後所有的不滿都必須循外交途徑解決。樟腦壟斷雖正式被廢除，但道台仍繼續暗中抵制外國樟腦商。

李仙得

一八六九年二月，福爾摩沙情勢改善，外國人再度得以在島上行動，不受漢人移民騷擾，也不受當局阻撓。李仙得領事二度拜訪卓杞篤，強化雙方關係。「卓杞篤似乎樂意

見到我，他開口就說，他對於我們的情感依舊，並希望我們對他的情感也沒有改變。」雙方簽訂書面約定，以防止原住民部落與遭遇船難者之間發生爭執。可能的話，船舶失事者必須在上岸前出示紅旗。

在《一八六九年國務卿之美國與外國商務關係年度報告》中，李仙得領事記錄道，原住民比中國官員更加信守承諾。一八六七年所建的臨時堡壘已遭棄置。堡壘中的兩門大砲以及少數守軍，移防至柴城 (Chiasiang，車城)。李仙得抱怨，除雞籠港外所設航標，此外並無任何保障安全入港的措施：「例如在打狗，想要停泊的船隻就缺乏航標。當局沒有花半毛錢進行必要的疏浚工作，也沒有讓港口保持適當深度。去年，一位積極進取的商人在港口放置了兩座航標，一座在沙洲上，另一座在沙洲外，但是當局拒絕接受，又將航標移走。」

受到副領事翟爾斯 (Herbert Allen Giles) 的啟發，李仙得成爲首位致力於調查熱蘭遮城遺址的外國人。他在《回憶福爾摩沙》中寫道：「古荷蘭堡壘中的巨大磚石建築，立刻引起我的興趣。我很快就得知，當地人相信堡壘中藏有寶物，那些寶物是逃出國姓爺 (鄭成功) 毒手者所遺留下的。我急於找到其中真正隱藏的東西，倒不是爲了尋寶，而是想看看兩百多年前的遺跡。

首先，我向中國當局要求進入這座神祕的建築，得到許可後，我說服一位精力充沛的蘇格蘭青年哈迪 (James Hardie)，這位任職於台南德記洋行的商務代表加入我的計畫。我們帶著丁字鎬，一大清早抵達古堡壘，立即開始工作，我們估計午餐前應該能進到裏

面。然而我們太不了解荷蘭的磚石建築。磚牆似乎硬如鑄鐵,卻不像鑄鐵般易碎;我們費力挖掘,工作數小時後,卻只挖出布丁盆大小的洞。

隔天,我們繼續挖掘,這次多帶了幾名苦力,還有德籍港口稽查員德克斯(F. Diercks)。到了第三天下午,苦力們還是無法挖掘出足以讓人穿入的洞口,因為磚牆竟然有八、九呎厚!我們很快就發現那地方充滿沙土;儘管如此,等到苦力探身而入,將一桶桶沙土舀出來,我們還是感到興奮。我們很快就清出一堆沙土,裏面不時夾雜著細碎的粗陶片,陶片上沒有引人注目的圖案特徵。

偶爾也會出現較大的碎片,最後只有五片還差強人意,但也看不出有更高的價值。」

李仙得在呈給政府的報告中寫道,木柵社的平埔族人擁有「以馬來文字寫成的」地契以及其他文件,馬雅各醫生將其中一份文件交給他。李仙得領事幾度走訪台灣,尋求美國人民的利益,他與必麒麟、陶德,數次深入內地。必麒麟於一八七〇年返回英國。李仙得根據自己在旅程中的親身觀察,加上當時可以獲得的資料,編製出一份詳細的台灣地圖。

李仙得、陶德的作家朋友,筆名「必寫稿」(Piseco)的作家,他在美國雜誌《森林與溪

台灣府城居民傳言,在已經傾毀的熱蘭遮城中埋藏有寶藏,引起美國領事李仙得一探究竟的興趣。一行人辛苦挖掘,卻只找到五塊陶器碎片。

流》中，寫下一系列文章，回憶他和李仙得以及陶德所做的一次旅程。陶德當時擔任美國、荷蘭在雞籠和淡水的榮譽領事。

「將軍、陶德領事與我，三人共同度過愜意的一天。徐徐的涼風，驅散福爾摩沙無所不在的暑氣，餐桌上擺著當地所產的鹿肉、鴨肉和野豬肉，鳳梨、荔枝和香蕉，美食與豪華餐具相得益彰。我們悠閒地穿著睡衣、拖鞋，抽著馬尼拉雪茄，啜飲巴斯啤酒，十分心滿意足。我們這會兒是在陶德家的飯廳中，陶德家住淡水城。

淡水是福爾摩沙西北部的一個小村莊，淡水離廈門儘管只有一日行程，然而兩地卻似乎有天壤之別。陶德被視為福爾摩沙事務專家，我們聆聽他的奇談，感到興味盎然。謠傳在那些食人族當中，有一位公主聲稱陶德領事是她的君主，透過這層影響力，遊歷群山的陶德彷若得到護身符，在遇到『山地人』時，仍可安然歸來，不會被吃掉。對於這件傳聞，陶德既不否認，也不證實。我們被他的冒險精神所感染，決定明天就動身尋找一段活生生的經驗。

因為時間有限，我們明天的行程必須在一天之內結束。樟樹林與製樟腦工廠距離太遠，而雞籠煤礦又不夠吸引人，於是我們一致決定參觀硫黃礦。礦區在十一哩外，得先走上八哩的水路，再步行兩哩，橫越山腳的平原。我們迅速沿河而下，觀賞美麗、奇異的河岸景色。平坦的小山窪中長著青綠的稻苗，三百呎來高的丘陵，從頭到腳被闢成一階階台地，無處不耕種。

中國小村落的泥屋、裝飾奇特的廟宇，藏身在隱蔽的角落。巨大的榕樹各處成叢。幾

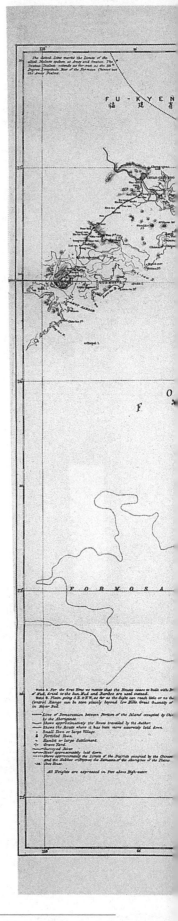

美國專門管轄摩爾摩沙事務的駐廈門領事李仙得，曾在一八六○年代數度走訪台灣。一八六九年，他根據親身經驗及當時的資料，繪製了這幅福爾摩沙地圖，並發表於〈一八七一年美國與外國商業關係年度報告〉。

FORMOSA ISLAND
AND THE PESCADORES
CHINA

Compiled by Gen. Chs. W. Le Gendre, U.S. Consul, Amoy & Formosa

1870.

乎衣不蔽體的漁夫，有的如銅像般佇立在河岸上，有的從舢舨上俐落地拋出漁網。鴨仔走時搖搖擺擺，身軀龐大的水牛頂著巨角，目露凶光、沿河覓食。當我們經過時，牠們用不懷好意的眼神瞪盯著我們。種種奇異的

筆名「必寫稿」的作家，在美國雜誌《森林與溪流》，寫了一系列的遊記，描述他和美國駐廈門領事李仙得及陶德在淡水一帶之旅行。陶德當時擔任美國、荷蘭駐雞籠和淡水的榮譽領事。

景象增添我們的遊興。我們離船登岸，準備越過稻田。放眼所及之處，田地被隆起的田埂分割成一塊塊方格，稻苗才剛剛從水面下探出頭。

錯落的竹叢顯示那裏有比較堅實的地面，我們走向竹林掩映下的小村莊，村民親切地以茶和糕點招待我們，他們的菸斗和米酒令人精神爲之一振。在將軍領路下，我們唱著歌，魚貫而行，舉止表現有如一群出外郊遊的男孩。

小徑上一隻乾瘦的小水牛當道，我們想嚇走牠：牠的確跳開了，但眞受驚嚇的卻是我們三人。小牛哞哞的叫聲引發右側泥塘裏的一陣騷動，一顆巨大的牛頭從中而現，呼哧地噴著鼻息，大母牛突然躍出泥漿，走向小牛，確定牠安全無虞後，轉而開始注意我們。母牛張著嘴嘶叫，用尾巴揮掃身體，佇立了片刻，接著便低下頭，攪動腳下的塵土，堅決地朝我們走來。

我們一面喊叫、一面揮舞雨傘。將軍迅速往旁邊一躍，他的頭盔落入泥漿，人則安全到達對岸。陶德信賴將軍，跟著跳了過去，但是我的腿不夠長，不敢冒險，就僵立在牛角前方，進退維谷。

那頭巨獸幾乎就要向我撲來，我以爲我死定了，然而就在這時救兵出現了。一位六歲大的當地男孩跑到我身邊，手裏拿著棍子，對著老母牛吆喝幾聲，制止了牠，母牛和小牛掉頭往村裏走。我們改變了行進的順序，小男孩加入行列，在一百碼之前開路，替我們掃除路上的一切障礙。抵達村莊時，我們發現這件事情早已傳揚開來，村民們笑著迎接我們的到來。

我們途經幾座村莊，這些村莊無不整齊清潔，村民懇懇好客。我們隨著地勢緩緩上升，離開稻田，進入番薯田、雜糧田。兩條小溪蜿蜒入海，我們越過數座鄉間小橋。這

FORMOSE. — Environs de Tamsui.

「必寫稿」一行人從淡水出發，往現今陽明山一帶前進。這幅描繪當時淡水附近景色的
版畫，是依艾德華‧葛利所拍攝的照片製作的。

兩條溪流明淨如水晶，溪水在巨礫上激濺，其中一條溪的石頭是雪白色，另一條則是黃玉色。

我們在第一條溪裏洗臉，沁涼的溪水令人神清氣爽。在第二條溪洗臉時，我們驚訝地發現水竟是熱的，一嘗之下，透出強烈的硫黃味和酸味。這兩條溪性質迥異，源頭相隔甚遠，但是兩者卻交流在一起，在其中某處，可以將手同時浸在熱水與冷水當中。在此捕捉到的鮭魚，無須從鉤上取下，即能就地烹煮。

我們走入山腳，進入一條迂迴而上的山溝，沿途景色漸漸變換。起初，溝旁的山坡清一色種植稻米，山坡被闢成台地，綿延不絕的龍骨水車，從山下水塘汲水到山上灌溉，水車運轉由水牛或人力踏車提供動力。我們接著行經麻園，當地居民善於種麻，婦女用麻線編織出細緻、堅韌的亞麻布。

隨後，我們又穿越成行的鳳梨田，每棵植株上都結著一顆帶葉的鳳梨。再往前，植物的體型變小了，它們葉片枯焦、發育不良，這裏隨處可見到黃色的土壤。前行不遠處，四周已無生命跡象，我們進入一片由石頭和碎岩石所組成的區域，石面上全都沾著硫黃粉末，山頂上還傳來奇怪的聲響。陣陣蒸氣定時噴發，惡臭的硫化氣污染我們所吸的每一口空氣。

我們費力地前行，在轉入角落時，我們發現了幾處間歇泉。腳底下所踩的地面聽起來是中空的，我們與腳下的蒸氣洞穴，很可能

僅相隔一層薄薄的地殼，洞穴中，大自然正在進行著宏偉的實驗。蛇形的鮮黃色隆脊，顯示出裂縫的開口所在，硫化氫氣即是由此逸出，碰上空氣後沉降成為結晶，數世紀以來不斷地堆積。

一呎高的圓錐形堆積物也是由硫黃所構成，狀如蟻丘，其噴發口呈圓形。這些結晶物極其美麗，也極其脆弱！我們想盡辦法想保有，但這是不可能的，它們像雪的結晶，一碰就解體，只留下一些黃色粉末。我們在裂縫中烘烤雞蛋和我們的手指。

我們還壯著膽子，爬上更大的洞穴，找尋標本。間歇泉也令我們感興趣。其中某些較大的洞穴中，充滿著瀝青狀的黑色液體，液體表面不停地翻攪，冒起的巨泡接連爆裂釋出陣陣氣體。這些巨泡隨即沸騰起來，如突發的龍捲風，挾帶濃稠的泥水柱，此起彼落

射向空中，其高度達數呎。池中液體受到攪動，上下翻騰。礦區附近看不到任何生命體，沒有鳥類或植物可以在那種環境中存活；然而從舊木模和工寮遺跡可以看出，不久之前礦區裏曾經有人活動。

目前，儘管中國政府禁止開採硫黃，然而在附近的某個礦區，開採活動仍在暗中進行。挖掘出的硫黃在洗去雜質後裝入鐵盆，置於狹窄的磚爐上，以附近山丘上的乾草作燃料。受熱的硫黃慢慢融化，過程中必須用力攪拌。融化後的硫黃被倒入木模，塑成平頭的圓錐形狀，待硫黃冷卻變硬再敲除模底。準備出口的硫黃塊每塊重約四十五英磅。硫黃輸出全為走私者所把持，他們用中國帆船將硫黃運往中國大陸。有人曾嘗試在裂縫上放置儲藏設備，搜集逸出的硫黃氣，取得純『硫黃粉』，但是這種生產方式，其

英國長老教會牧師馬雅各，於一八六六年被逐出台灣府城後，將傳教重心改放在南部的原住民。馬雅各提到，原住民普遍認為外國人是真正的朋友，因此樂於接待傳教士。圖為南部原住民的裝束。

過程太緩慢，於是就作罷了！

在礦區稍事停留後，我們連忙下山。我們踏上一條偏徑，前往陶德稱讚的一個地方。那裏有一座四、五呎高的小瀑布，溫熱的水流垂直沖貫而下，落入一座約莫四碼寬、十二碼長、四至五呎深的水池。我們躺在一小塊平坦的草地上享用午餐。美食、睡床和浴室，應有盡有。

晚餐後抽過雪茄，我們接連泡了一小時的熱水澡，卻萬萬沒想到，這種令人愉快的礦泉浴，卻差點要了我們的命。我們泡到手腳無力，幾乎爬不出水池，整整兩個小時，我們只能無助地癱在草地上，待恢復過來已是精疲力盡。我們只顧著在船上休息，已無心觀賞風景，一路睡著回城。雖然接連三天的徹底沐浴，依舊洗不去滲進每個毛孔裏的硫黃色漬。」

馬雅各牧師向平埔族人傳教

仇外危機結束後，馬雅各牧師繼續宣道行醫，他在府城抵押取得一棟房屋，以及房屋周圍的土地。為了在平埔部落推展傳教工作，馬雅各牧師雇了兩名平埔族婦女作幫傭，這原是西部平原上的漢人習俗，這兩位女傭來自台灣府以東的地區。一如必麒麟，蘇格蘭人馬雅各，有時也會穿起蘇格蘭裙，演奏風笛來吸引聽眾。

一八七〇年三月一日，在寫給《居家主日》(The Sunday at Home)這份刊物的信中，馬雅各提到有關木柵社的事：「在我們的兩名山地幫傭所屬的村莊裏，傳教工作目前正在推展中。李麻先生和我偶爾會走訪該地，向人們證道。有時因為拜訪我們的幫傭，連帶使許多村民有機會，跟著我們一起進行早、晚的家庭禮拜。我們這兩位幫傭的入教、盡心禱告以及盡力宣傳，顯然是聖靈運作的結果，目的在提高人們對於福音的興趣。總而言之，目前已經有十二個家庭揚棄偶像，還有不少家庭正醞釀此事，不久之後可能也會跟進。」

二十二日所寫的信中，馬雅各記述：「我們現在已有七座傳教站，兩百餘名受洗過的皈依信眾，參加禮拜的人數超過四百個。零星的山地小聚落分布在整個木柵地區，這和蘇格蘭高地上的情況非常相似。這裏的居民遺世獨立，嚴格奉行族內通婚的習俗，這種血親的結合，令西方人聯想到高地上的古老氏族。他們全然不似中國人那般奸詐，他們普遍認為外國人是真正的朋友，因此樂於接待傳教士。」

馬雅各與李麻牧師走訪木柵社，「現在，我們終於確認無誤，有許多村民真心希望安息日儀式能夠規律地舉行。三個月以來，我每隔兩周探訪他們一次。星期五到達，星期二離開。間隔的時間中，我們留有一名助手。如今，蒙上帝恩典，福音已經進駐這些人的內心，如今，村莊裏有一間寬敞的禮拜堂，還有供我們與助手使用的房間。禮拜堂土地以文(Bun)的名義長期租用。」

草屋教堂竣工後兩個月內，馬雅各牧師眼見參加禮拜的人數不斷成長，從六十名增至兩百名。「在中國大陸難得見到如此有耐心、出於自願聽講的信眾。我知道至少約有五十戶人家，已經毀棄他們的偶像。這五十個家庭意味一大群的人，一旦家長接受了信仰，其家人全數都會跟進，這幾乎沒有例

ELDER BUN.

跟隨馬雅各牧師，從廈門來台傳教的中國助手elder Bun之肖像。據記載，一八六五年五月，馬雅各帶助手陳子路、黃嘉智、吳文水三人抵台，但不知牧師口中的elder Bun為何者。

外。家中的每位成員無不認真熟記讚美詩集，努力背誦之後，再傳授給另一人，因為他們幾乎完全未受教育。

我相信所有這些家庭都已開始培養出按時禱告的習慣。的確，許多禱告的內容僅有短短的三言兩語，但他們卻是真心要接近上帝，我如此希望。有幾位非常年邁的男性和女性長者，他們已經七、八十歲高齡，卻還能翻越一千呎的山嶺，前來參加禮拜。年輕婦女與兒童對於讚美詩集的精熟程度，令人咋舌。他們以一種悅耳的聲調，興高采烈地覆誦詩集，一開口就能背上二、三十首。

沿著山谷行走時，你會看見處處都有手持讚美詩集的男、女兒童，他們或驅趕牲畜、或做著其他工作。當走下山坡時，你會聽見他們以稚嫩的童音，尖聲朗誦出一首首的讚美詩。

我和妻子目前在此地居住，我的太太每天慨然奉獻出六小時，教導婦女閱讀羅馬拼音

文字，她們的學習熱誠令人欣慰。我相信，在這群純樸的人們身上，我們的工作才剛開始。迄今，此地尚未出現流言，沒有外界的阻撓，也沒有政治力干預的隱憂，我們希望傳教工作不會激起政府的敵意。無論如何，只要有機會，我們就必須推展工作，目前我們似乎擁有相當好的機會。

我們越來越接近高層人士，希望不久之後，在上帝的恩賜下，我們能開啓這群野蠻人的心靈。木柵社東、西兩邊、大約十二哩之地有幾個部族，每逢安息日，他們都會到我們這邊做禮拜。此外，木柵社西北方十哩之處，人們迫切需要一座禮拜堂。」

六月二十八日，馬雅各寫道：「每逢安息日，至少都有三百名信眾前來做禮拜。教堂容納不下這些人。除此之外，我們現在已有一百二十人，等著接受洗禮。地方官員激烈反對，盡其所能地加以阻撓，幸好，至今他們仍徒勞無功。不少皈依者已經通過親屬的嚴厲考驗，有些目前正在接受考驗。有一位婦女長期飽受她兄弟的責難，他質問她福音能給她何種物質上的好處？她說：『有耶穌即已足夠！』這樣的回答雖然簡短，卻令人滿意。」

與馬雅各共事的李庥牧師寫道：「停留在木柵社期間，我前往拔馬村(Poahbe)，該村位於禮拜堂西北方十二哩處，村裏住了一群平埔族人，幾個月來，他們一直迫切想擁有一間自己的禮拜堂。現在那地方有一間臨時的竹屋，安息日時一名當地人被派往傳播福音，這是最可行的方式。有兩名當地人前來向我學習拼音文字的知識，反過來，他們兩人則去教導親屬自行閱讀福音。其中一位年

輕人捐贈了一塊土地；從我和他們兩人當晚相處的情形來看，我確信教堂的部分建材也會有人貢獻。」

馬雅各牧師向《居家主日》的讀者發出呼籲，說他想徵求一位傳教助手：「你有沒有兄弟可以派到我們這裏？我們需要健步如飛的壯漢，禁得起山上的工作和長途跋涉。此人必須具備一副好嗓子，因爲原住民他們酷愛歌唱，此外，他還要有一顆能忍耐、能愛人的心。他得走很長的路，一整天的路，大概二十七哩，而且途中約八哩的路程必須打赤腳。這裏四周都是山地，這裏的山並非矮小的丘陵，因此，務必派遣呼吸系統強健的兄弟前來，不可患有氣喘病。」

《居家主日》的編輯，強化馬雅各牧師的呼籲：「幾百年以前，荷蘭人在占據福爾摩沙期間，徹底地推動他們的傳教工作，成千上萬的原住民皈依主耶穌的信仰。由於缺乏以原住民母語編寫的聖經，以及其他諸多因素，這項工作漸漸式微，然而其影響力至今仍可察覺，原住民依舊樂於接受昔日的福音。我們只需要有更多合適的人員加入，不久之後，整個福爾摩沙就會臣服於耶穌基督的腳下。」

同年，荷蘭醫生貝汀哲(Bechtinger)經淡水、艋舺深入北部山區，獨力穿越邊地。他肩扛一頭小豬作禮物，設法進入原住民部落，原住民宰殺小豬款待他，他親眼目睹屍體在火邊烘乾的景象。貝汀哲醫生擔心若停留過久，這些原住民恐怕不放他走，他決定趁他們酒醉，不告而別。「我再次看見他們將屍體翻面，重新點火，以便讓屍體更乾燥。這群奇異的人四處走動著。我往西而

行，當時太陽已西沉。」發現貝汀哲不見蹤影，原住民開始追逐。他從峭壁往河裏一躍而下，險些落入他們手中。

中國海上的蓬萊仙島

公元一八七一年九月，艾德華·葛利(Edward Greey)在美國每週出刊一次的《法蘭克·萊斯里圖解新聞報》(Frank Leslie's Illustrated Newspaper)中，發表一系列的〈台灣——福爾摩沙〉短文，從文中得知他顯然曾在島上住過一段日子，故事則從安平港開始說起：「舊名國寶港，即台灣府的港口，有一開闊的港城，到處都是沙丘，每當西南季風吹襲期間，洶湧的浪濤簡直讓所有的船舶都無法在此停靠。

府城居民相信，在打狗港成立之前，海水

REV. HUGH RITCHIE.

英國長老教會於一八六七年，派遣李庥牧師來台協助馬雅各牧師。李庥是第一位台、客語雙聲傳教的牧師，也是首位關心婦女議題的傳教士。一八七九年，病死於台南，其夫人繼承傳教遺志，並創立南台灣第一所女子學校，即今長榮女中前身。

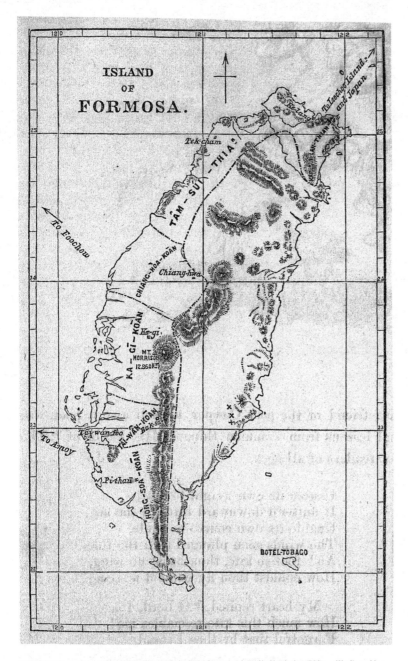

ISLAND OF FORMOSA.

馬雅各於一八七○年寫信給《居家主日》，向該刊物的讀者呼籲，徵求一位自願來台的傳教助手。隔年，在《居家主日》上刊出這份手繪的福爾摩沙地圖。

隻停泊的地方恐怕都將被泥沙填滿。

中國人並未因港灣的規模，而將這個島嶼命名為『台灣』（取『大灣』之意），或將首府取名為『台灣府』，然而從海岸與城市之間可概括得知，這兒曾經是一個雄偉的港口，如今卻成為沙洲潟湖與平原環繞的淺灘。

一踏進安平港，首先映入眼簾的是荷蘭人所蓋的『熱蘭遮城』，鎮守北方入口的通道，上頭還題字寫著：『熱蘭遮城，建於一六三○年』。城堡的上頭種植一片廣大的紅樹林，從數哩外的海上便看得很清楚，成為船隻入港的明顯目標。

經過漁村零星分布於周遭的城堡之後，我們抵達這片廣闊的沖積平原，很明顯地這片土地是最近才形成的，是許多清淺小溪所交匯的結果。西南季風期間，這塊平地便淪為水鄉澤國，左方有

是可以直奔安平港城牆外，可能是因為地震劈開『猴山』（打狗山）所導致，將另一邊海岬的陸地抬起，才會造成海水從台灣府消退，如今距離海邊約五哩遠。隨著時序轉變，在東北及東南季風的作用之下，港灣逐漸淤積了，預計大概在十九世紀末，目前船

一條小河，順著台灣府城牆外蜿蜒而流，距離約為三哩左右。這座城鎮是由作戰禦敵用的矩形高牆所環繞，城牆係以磚塊和泥沙堆砌而成，幅員大約為六哩，在某種程度上有仿造北京城而興建的意圖。

城內主要為各家官邸和佛道寺廟，還有一

座相當雅致的孔廟，其餘則爲一般民宅，四處有著花園和公園般的開放空間，那些修剪整齊的綠樹不但爲這個凌亂的城市編織出美麗的畫面，也帶來煥然一新的感覺。不過，這兒並非是個生機盎然的地方，它在台灣的地位就像是英格蘭的三文治港(Sandwich)一樣，古羅馬時期，三文治港曾經是繁華的商港，如今卻與台灣府的命運相同，因爲港口功能漸失而爲商業所遺忘，淪爲今日風光不再的局面。

城牆高度爲十六到二十呎不等，有四道城門，由主要的觀測塔台發號施令。流經城牆前方的河道除了舢舨之外，已不具航行的功能，而其他城牆外部則爲鄉村郊區，後方所呈現的是斷續的大片竹林和農田，另外還有果園和市集花園。遠方有凸起的山丘，標高從五千到一萬呎，構成橫阻南北海岸通道的部分山脈。在城市與海岸之間的陸地爲零星的平台或台地，很明顯地尚未完全開發，這個地區很可能是台灣府名稱的來源，此地人口約爲七萬，其中三成則居住在城內。

台灣府中最重要的名勝之一爲紀念鄭成功的廟宇，大門入口處刻有『國姓爺，裁縫師之子』，偌大的廳堂上有九頭贔屭，背上則扛著御碑，記載當初退守台灣的官吏姓名。這座廟曾經占地很大，但隨著近年來居民不斷增加，使得廟宇的面積爲之銳減，在東方『物盡其用』的觀念下，現在似乎很少人會對這位有『福爾摩沙華盛頓』之稱的偉大戰士心存敬意。

在離西門不遠的地方矗立的是兩層式的『紅毛樓』，或稱『番仔樓』，建於十七世紀期間，是棟相當堅固的建築，如今這座名爲

『赤崁樓』的古城則已完全廢棄，成爲蝙蝠和蜈蚣聚集的角落，這些動物不但發出令人不安的鳴聲，其所散發的惡臭也無法讓人忍受。城內唯一引人注意的建築爲緊鄰衙門的考棚，裏面有一千張花崗岩座椅，都是從廈門帶過來的，這兒是島上讀書人應試招考秀才的地方。這棟建築附近有一座紅磚砌成的高塔，大約有五十呎高，曾供奉保佑莘莘學子的文昌星君。

靠近東北門城外的是一大片的草地，約有五十畝，主要用來鍛鍊健身與行刑的場地。在一八四二年的戰役裏，有許多外國船員都是在這兒遭到斬首處決，城門附近的角落甚至到現在還放著一堆蒼白的顱骨，有些曾高掛在城牆上的頭顱，後來則被收進木製的籠子中。

南門外是供奉媽祖的天后宮，原本是座精美的建築，如今卻快速傾圮爲殘垣，廟前有條溪流，在早期，載著富家千金的船舶還可以在此航行聚集。岸邊有座名爲『半月樓』的兩層式建築，城內仕紳元老會到這裏來宴客，並聆聽水上美女所吟唱的甜美曲調。可惜的是，往日盛況不再，他們無法再像過去一樣『擠出』這麼多人來，也沒有人會支付宴席與聽曲的費用。

如今這個地方顯得死氣沉沉，成爲失意賭徒或厭世者聚集的所在，數百名不幸的百姓曾在此結束自己的生命，其靈魂似乎將永遠在水邊遊蕩。當我數年前造訪此地時，曾發現水底不斷冒出氣泡來，原以爲這是魚的活動所造成，於是詢問同行的中國翻譯，這裏的人是否會食用池塘中的魚。我指著水面的氣泡向他提出疑問，出乎我意料之外的是，

他不但沒有回答我的問題，神情反倒像是警覺到什麼似的，先示意要我和他一樣用雙手搗住口鼻，然後以相當不符中國民情的反應，快速地離開現場。

我的舉動想必看起來很可笑，但我認為他一定有充分的理由要我這麼做，我以手帕掩鼻呼吸，直到他回來之後才鬆手，而他卻攜帶一大串的鞭炮和祭拜用的香，神情嚴肅地將它們點燃，其間還不忘以手掩住口鼻。看著他舉著鞭炮高掛在水面上的表情真是令我感到驚訝，從爆竹的煙幕和氣味來看，他簡直就像是在美國國慶日當天放鞭炮慶祝似的。當最後的鞭炮燃盡之後，他終於拿掉阻礙呼吸的東西，並深深地大吸一口氣說：『這下可真的擺平了！』

他告訴我，這些氣泡是那些投池自盡的『冤魂』所造成的，只要有人不小心聞到氣味，便將與他們落得同樣的下場。我的朋友大概花掉兩百銅錢（約合美元二十分），這在當地可算是一筆為數頗大的錢，這位朋友為的就是不讓我步上自戕之路，除此之外，他根本沒有其他的動機可言，因為當我要付錢給他的時候，竟然遭到他憤怒地回絕。

在『半月樓』可以遠眺雲霧縈繞的Nan-sha與Ma-ke-tow兩山，台灣人聲稱有兩位神仙假扮常人，會出現在山頭對奕，一位穿著白袍，另一位則身披朱紅色的外衣，為了強調故事的真實性，他們還特別指著高山上的一塊平坦石頭，其形狀就像棋盤一般。

這裏古老的農耕方式讓遊客大為吃驚，特

ISLANDS IN THE CHINESE SEAS.—SCENE IN THE INTERIOR OF FORMOSA—SPECIMEN OF THE CARTS USED AMONG THE ABORIGINES.

艾德華‧葛利旅行福爾摩沙時，初見這種構造簡單、設計原始的板輪車，深感吃驚。當時島上的居民仍以古老的農耕方式維生，而水牛也加入拉車行列。

FORMOSA ISLAND.—"TAM-SUI." OR FRESH-WATER-TOWN, CHANG-HWA DISTRICT, NORTHERN FORMOSA.

此為一百三十多年前的淡水鎮及淡水河出海口景觀。在葛利生動的描繪下，當年的台灣島從南到北，呈現出一幅趣味盎然的景象。

別是中國人與原住民所使用的板輪車，這種交通工具在陸路上相當普遍，但其拙劣的設計簡直是難以想像，車輪是由厚木板敲平後所連接而成，所發出的噪音比鋸木還要來得糟糕。不過，這些車伕似乎樂在其中，他們竟然可以忍受如此刺耳的聲響，卻不願為輪軸添加潤滑油。

車上只有一支轅桿，整個裝備都是最原始的設計，也沒有彈簧支撐，對外國人來說，根本無法忍受車上的震動與顛簸。當地人的身體構造一定有別於我們，否則他們怎麼可以受得了呢？這對我來說仍是個解不開的謎。或許是『習慣成自然』，他們顯然已經可以應付這種『變動移位』的風格了。水牛後來也加入拉車的行列，人們還將牠們運到廈門，賣給外國商船作為盤中飧，但船員卻經常抱怨中國水牛的肉質過於堅韌。在廈門的報紙廣告上或許會看到，台灣會進口五十到一百隻的水牛，但這『古老稻草人』的檢疫問題卻破壞人們對其身強體壯的認知，而台灣人也很少冒著吃壞腸胃的危險，來食用這些水牛的肉。

這兒的氣候也很不尋常，從十一月到次年的五月是綿延不斷的雨季，當東北季風吹過炎熱的海面，便會開始產生水氣，於是烏雲在山頂集結，並在低地凝結下降，因此，雨季期間會為台灣帶來豐沛的雨量，也因為這些雨水，讓平原的土壤更加肥沃，來訪的旅客一定要記得穿上厚重的雨靴，並攜帶一把牢靠的雨傘。

距離鳳山(今田洋村的泥火山)約十五哩的地方有滾燙的溫泉，有些還會噴出帶有異味的熱水或泥漿。令人印象深刻的是，同樣的溫泉，在對岸中國大陸的廈門西方六哩處也曾發現過。

嘉義南方二十哩之處則為一座火山，有水火同源的奇特現象，除此之外，島上並未聽聞有其他活火山存在。『動盪』的嘉義以地震頻繁而出名，據聞有一次地震竟連續搖動達七週之久。

位於北岸的港口分別為淡水與雞籠，其經貿盛況遠勝於南部。淡水隸屬於北部彰化縣

境，地處兩山之間，西南方的雙峰高約一千七百呎，另一邊的淡水山脈則達二千八百呎，並延伸到島上的内地。淡水河在此注入海灣，沿河上溯約十哩處爲艋舺，是台灣北部的重鎮。台灣所生產的煤炭、花生油、硫黄、樟腦和樟木，都是由淡水出口到大陸的福建，近幾年來，當地的茶葉也是從這個港口運送到美國。

這裏還有一些有趣的景點，第一處是由荷蘭人建造的『紅毛城』，目前外租給英國當領事館，並成爲領事本人的官邸，另外還有位於淡水河南岸的『番仔坑』，但除此之外，其他似乎很少有人曾加以著墨。淡水的美國領事館是島上最佳的住宅建築之一，隨著台灣與美國之間貿易的快速成長，我們應該在此派駐一名經貿代表才是。

台灣島上曾留下許多火山的遺跡，尤其是北部更爲明顯，因爲這裏有許多死火山，其陡峻的山坡是種植茶葉的最佳地點。從許多地方可以看到，中國人以高度的耐心與技術，以小籃子運送泥土的方式，將崎嶇不平的火山岩區整治成台地，而這些土壤全都是

FORMOSA ISLAND.—THE AMERICAN CONSULATE AT TAM-SUL—SEE PAGE 439.

天津條約簽訂後，淡水繁榮的貿易，不僅吸引外商前來設立洋行，各國也紛紛在此成立領事館，其中又以圖中的美國領事館，被葛利認為是當時台灣設計最佳的住宅建築之一。

NORTHERN FORMOSA.—TAM-SUI, TEA-GROWING REGION AT THE FOOT OF THE TATUMO VOLCANIC GROUP, EAST OF TAM-SUI.

台灣北部由於有許多死火山，其陡峭的山坡正是種植茶葉的最佳地點，一百多年前，淡水東方的陽明山山腳下，就有如此繁茂的茶園景觀。

靠人們以頭頂著籃子，從平地慢慢送上來的。這兒所生產的茶葉雖非極品，但他們卻開發美國這個龐大的市場，不過這些年來，由於許多外來屯墾者注意到這項農產品，於是開始在淡水東方的大屯山腳下種茶，並由台灣島向外出口。

我們在這些山上還發現許多野生的蓪草，其草心由東向西遞減，外部的薄皮是既平坦又濕潤。這裏也有許多樟樹，但事實上樟樹的蹤跡卻遍布島內的山脈兩側。這些土地主要歸原住民所有，因此中國人必須向部落頭目獻上貢品才能開採，這種高大的月桂樹（樟科）可以拿來作爲建材，其木片和樹葉若與樹膠一起放進鐵鍋中烹煮，經過一鍋一鍋的處理，便成爲市場上所需要的樟腦。

等到收集的數量到達一定的程度，便可以將樟腦運到城裏販賣。若儲存在大型的木桶中，藉著桶底的小洞過濾出樟腦油，是醫生治療風濕性疾病的處方。光是淡水一帶，每年所生產的樟腦油便高達三百噸以上，樟木本身也深具經濟效益。此地的山區盛產林木，各類不同的樹種便多達七十種以上，其中許多都是中國人用來製作櫥櫃的材料。

此地還有一些油田，聞起來很像我們所生產的汽油，但實際上比較接近礦物性松脂油。這種油具備奇特的延展性，對於冷熱的反應也比其他油品來得好，當地人認爲它的用途很廣，絕大部分都是輸出到大陸作藥材。中國醫生對於惡臭的化合物很有信心，拿這種味道像煤油的東西來幫病人治療。最常見的是作爲皮膚病的藥方，此外也可以用來化解，女性因過度悲傷所造成的情緒失

FORMOSA ISLAND.—PREPARING TEA FOR THE AMERICAN MARKET AT TAM-SUI, NORTHERN FORMOSA.

當時由淡水輸出的茶，幾乎全數銷往美國和澳洲。而本地人因習慣使然，多飲用福州進口的茶葉。此圖描繪的是工人揀選茶葉，準備銷往美國市場的情形。

控，很可能是藉由反胃的效應，來達到轉移哀傷的目的。

茶葉的貿易往來仍完全侷限於北部的港口，這兒所輸出的茶葉幾乎都是銷往美國與澳洲。除了當地的窮人之外，這裏的居民多半飲用來自大陸福州府的茶葉，其原因並非中國茶的品質較高，而是『習慣使然』，造成他們反而忽略自己所生產的茶葉。

島上第四座因條款而開放的港口爲雞籠，位於淡水的東北方，曾爲西班牙的屯墾地，後來爲荷蘭人所搶走。雞籠與大陸的銅山、泉州、廈門和福州的經貿往來相當頻繁，其位置剛好在野柳與鼻頭角之間，兩地相距約二十七哩。

此地的景觀與西部全然不同，煤礦工人住在外國人所知道的『煤港』，其所生產的是體積較小的煙煤，並不適合作爲渡輪的燃料。離煤礦區不遠的地方便是出產硫黃的山谷，液體硫黃一池接著一池，附近地帶全都留有硫黃的痕跡。按照中國人的說法，硫黃可以殺死昆蟲，但中國人或許不把跳蚤視爲昆蟲，因爲這裏的跳蚤仍舊像其他地方一樣生龍活虎，把人類和動物折磨得半死。

在這個硫黃遍布的地區，還可以看到許多熱氣從地底下噴出的景象，山谷裏的小溪流水潺潺，卻不斷傳來濃郁的硫黃味，讓人們的嗅覺神經幾乎招架不住。當地人宣稱這裏從未曾聽過霍亂和熱病發生，藉由雞籠的簡

介，我在此為台灣的敘述做總結，在『福爾摩沙』的美名之外，這個島嶼應該還可稱為中國海上物產最為豐富的蓬萊仙島。」

捕捉台灣昔日風貌的英國攝影師

來自英國愛丁堡的攝影師湯姆生（John Thomson）出生於一八三七年，在二十四歲時便來到遠東地區，原先居住在新加坡，並在東南亞各地遊歷，最後於一八六八年移居香港，不但在當地開店營業，也開始記錄他對中國各地人民的觀察。

這份工作並不容易，當時雖然使用的是最新發明的攝影器材，但笨重的相機與沖洗藥品，以及類似帳蓬的密閉暗房仍讓他吃足苦頭。藉由六名挑伕與男僕「阿洪」的協助，湯姆生跑遍整個中國，其間當然也包括與福爾摩沙的短暫邂逅。

就在他回到倫敦之後，剛好在「皇家地理學會」（Royal Geographic Society）的會議上，讀到一八七三年三月十日出版的《南福爾摩沙旅行札記》（Notes of a Journey in Southern Formosa），書中並附上詳細的島內路線圖，這份報導於同年披露於學會的年鑑當中。他著名的《中國及其子民圖文集》（Illustrations of China & Its People）之攝影集中的作品，有幸能以昂貴的新技術翻拍呈現世人之前，其中自然包括他在台灣所獵取的早年風貌。

湯姆生所撰寫的《麻六甲、印度支那與中國間海峽：十年海外旅居歷險記》，敘述他在遠東地區的生活，並對他福爾摩沙之旅有著詳細的紀錄。相關的章節以他兩幀相片所做成的蝕刻銅版畫為主，透過他的親身經驗

加以詮釋，並於荷、德、法等知名歐洲地理期刊廣為登載。

「一八七一年四月，我搭船從廈門出發前往台灣，同行的是在台灣府擔任醫療牧師的馬雅各醫生，並從他那兒得知許多有關當地原始部落的趣聞。船隻於下午五點啟航，次日清晨，我們經過澎湖群島。由於北風強勁，迫使我必須提前用餐，並且像囚犯一樣在船艙中動彈不得，後來有人通知我可上甲板觀賞陸地才終獲解脫，但船身依舊搖晃不定。讓我最吃不消的是這航程的漫長，等我稍微適應船上的顛簸之後，方得空閒好好欣賞這海岸的景致，與消失在雲霧中的山脈。我們最後駛進這一帶唯一的峽窄岩灣打狗港，並於岸邊二哩的地方定錨停泊。

船上有位馬來人告訴我，一八五九年『馬克托號』（the Macto）曾在此遇難，船員在此遭到土著屠殺，後來還有許多漂流到這兒的美國人，也同樣皆命喪於南方原始部落之手。這些原住民是否為食人族仍不足採信，但他們確實曾對落難於此的不幸旅客，予以掠奪與殺害。

此刻海象險峻，登陸小船要靠岸也很危險，於是馬雅各醫生和我決定由一位名叫『鴉片』的中國嚮導帶領，因為我們相信以他對當地的了解，定能安全地將我們引領上岸。這位嚮導經驗豐富，既冷靜又勇敢，但據說他的外號是由走私毒品而來。

面對這片猶如突然冷卻的金屬所形成的火成岩，『鴉片』的神情依舊堅定，我們終於靠岸登陸，並越過蜂窩般的洞穴，其邊緣如打火石般堅硬，也像碎玻璃般尖銳。許多洞穴為泥沙所填滿，洞穴之上長滿灌木與矮小

Entrée du Port de Ta-kao. — Dessin de Th. Weber.

打狗港開港初期，入港處水道狹窄，僅容千噸帆船進入，且需有專人帶領，才能平安地進港。

的棗椰樹，沿岸的沙灘則呈現黝黑的顏色。

當我踏上打狗城，立即爲這熱帶景物所吸引，棕櫚的身影不禁讓我回想起馬來群島上的村莊，但很明顯地，這裏沒有回教徒或馬來人。我們終於抵達傳道站，並受到熱誠的歡迎，居住於此的李庥牧師提醒我們有關這化外之地的規矩。某日，他在內地碰到鳳山縣縣丞剛好要回衙門，身邊帶著一群武裝隨從，然後李牧師的朋友又碰上攜帶槍械火砲的流氓，後頭跟著一名老婦人哭喊著，要他們歸還剛從她家中掠奪來的火繩槍。

當李庥牧師進入官府後首先問道，官員是否有看到這些身懷槍械的搶匪，結果這位中央派來的父母官抓住搶匪中一名有錢的親戚作爲人質，但官府中竟有人暗地裏通風報信，讓盜匪能好整以暇面對圍剿，以致官兵匆匆落荒而逃，所幸洋人船堅砲利所帶來的恐懼，李牧師這位朋友才不致淪爲盜匪手中的俎上肉。

有兩、三家廈門的歐洲行號都在打狗都設

有分號，在這些洋房的後方是標高一千呎以上的『猴山』，我從山上眺望整個打狗港，根據我的觀察，沙洲正逐步侵襲這個港口，可能很快會限制船運的吞吐量，而位於港灣出口的沙洲恐怕也很難予以移除。但只要在順風與潮汐的幫助下，一艘吃水達十二呎的三桅帆船仍可以通過硬石遍布的入口。

福爾摩沙西部近年來已產生的變化之巨大，著實讓我大爲吃驚，過去荷蘭人曾占領南部廣大的河川流域，人稱『紅毛港』的運河如今則幾乎枯竭，只有北邊末端的深水區才足可提供商船往來停靠。

鑒於時局混亂不安，我打消造訪南方原住民部落的計畫，於四月四日偕同馬雅各醫生前往首邑台灣府一探究竟。我們清晨搭上『福爾摩沙號』汽船，八點便抵達郊外的道路，明顯可知這台灣府已無港口功能，我們看見荷蘭人在一六三三年所建造的熱蘭遮古城(安平古堡)，其對口爲普羅民遮城(赤崁樓)，周遭的海水淺到船隻根本無法靠岸。據荷蘭史料記載，熱蘭遮城原爲一座小島，後來鄭成功在一六六一年四月三十一日率軍趕走荷蘭人，並在此駐紮成爲反清復明的基地。如今艦隊所停泊的地方，變成道路橫貫的耕地，其間有運河流經，成爲聯絡台灣府舊港的通路。

我們搭上竹筏準備登陸，這種竹筏是由火燒過的竹子和藤條所拼湊而成，中央放著一

塊木頭撐起巨帆，整個設計毋需用到一枚鐵釘，最奇怪的是，人們竟然將它拿來作為運輸旅客的工具。這類竹筏的內部就像個大澡盆，我原以為它們是當地洗衣婦女所使用的船隻，但事實上，當地人的確有澡盆，也會偶爾到海邊來清洗，但那些澡盆和竹筏可完全是兩回事，因為洶湧的浪潮很可能會將它們沖到海上漂流。我們所搭的竹筏可容納四人，蹲坐在內僅能透過船緣向外窺探，由於坐在裏面真的很不舒服，便跑到竹筏外面來，但風浪不時襲來，我們只好手腳並用地緊抓著船身。

台灣府居民約有七萬人，周圍城牆綿延長達五哩，到處可見農田與庭園，從前荷蘭人所留下的古蹟仍存在，郊區林蔭小徑交錯，路旁野花盛開，竹林分立開出了一條拱形的通道。

透過官員的介紹，讓我有機會拜訪台灣『道台』（即清廷駐台巡撫），我們先送上紅色的拜帖，然後便坐在門衙外的椅子上等候，就像中國其他地方一樣，身旁再度圍繞許多好奇的民眾齊盯著我瞧。一名臉上洋溢著天真與好奇的赤身男童，緊靠著我開了個小玩笑，於是我趨身對他皺個眉頭，誰知他竟然號啕大哭，驚慌地逃離衙門，圍觀群眾不禁面色凝重，紛紛質疑我為何會如此惡意地對待孩童。

很快地，一名官員現身迎接，後面跟著數

打狗港開放為國際貿易港後，英、法、德各國商人相繼前來，但打狗港本地仍為傳統漁村的模樣。

Extrémité nord de Ta-kao. — Dessin de J. Moynet.

隨著國際貿易擴展，及安平港淤塞日益嚴重，外國人對打狗港建設日漸重視，英國曾表明願出
資疏浚打狗港，但遭清廷否決。此圖描繪的是一八七○年左右打狗港北側海域。

Pêcheurs à Ta-kao. — Dessin de Th. Weber.

當時漁民在打狗港海邊撒網捕魚的情形，打狗港雖已開放為國際
貿易港，但當地人仍維持純樸的民風。

名衙役,在他們的護送之下,我進入衙門內廳,穿過公堂的同時,我注意到旁邊有許多刑具,是專門用來嚴刑拷打罪犯或逼問證人證詞的工具。接下來,我又見到一位職位更高的官員,他身著長袍官服,腳上穿著綢緞長靴,經過他的引領,我們穿越一間廳堂與數條長廊,終於快要見到『道台』大人,其排場簡直比過去我晉見恭親王奕訢與李鴻章還來得還大。對我來說,中國人似乎喜歡到處設官位,以彰顯個人身價的重要性,深怕任何事會有損個人的尊嚴。

『道台』的私宅頗為華麗,其庭園綠蔭滿布,花木扶疏,整個內部皆為接待室或涼亭所環繞。我一進入接待室,一名笑容可掬的官員便伸手致意,以流利的英文對我說道:『您早,湯姆生先生,很高興在此認識您,請問您是何時來到這兒的?』後來我認出這個人,原來他曾在香港當過買辦或是銀行官員之類工作,他說他是『道台』的姪子,但我懷疑他是否真的從事過貿易,以及這份官銜是如何獲得。無論如何,就算傳言屬實,他的確能善盡其職。

在用過茶與水果之後,這位朋友便積極想瞭解我此行的真正目的,於是我直接告訴他,我想到內地去探訪這裏的原始部落。他想知道我為何要自找麻煩,甘冒生命危險到荒煙蔓草的落後地方,他向我保證:『你不可能有機會接近他們,若不是會遭到毒箭中傷死亡,便是迷失在森林小徑中,不過,您還是過來參見道台吧!』

這位高官相貌堂堂,雖已屆中年,但據聞治理能力相當傑出。儘管對我造訪原住民的動機仍深感不解,他的態度還是很和善,為

了回報,我幫他畫像,他送給我一盒茶葉和乾荔枝。可惜的是,茶葉在我回香港時便已腐壞,不過乾荔枝的味道倒是挺可口。

台灣府的外圍是著名的刑場地點,我曾試

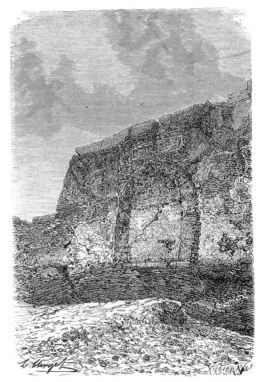

Porte du fort de Zelandia. — Dessin de H. Clerget,

英國攝影家湯姆生於一八七一年來台時,熱蘭遮城周圍的海水深度,已經淺到船隻根本無法靠岸。圖為當時的熱蘭遮城大門。

圖在此拍照,卻發現這兒因為地勢極為平坦,很難取景,只有幾株老樹在遠處當背景。這裏的灌木群也無法化解陰森的死亡氣息,而更恐怖的記憶是,許多歐洲人在一八四二年的清晨被帶到這兒處決,為數約有一百六十人。

此外,我必須提到馬雅各醫生所帶領的醫療小組,並對中國因缺乏西方醫療設施與人

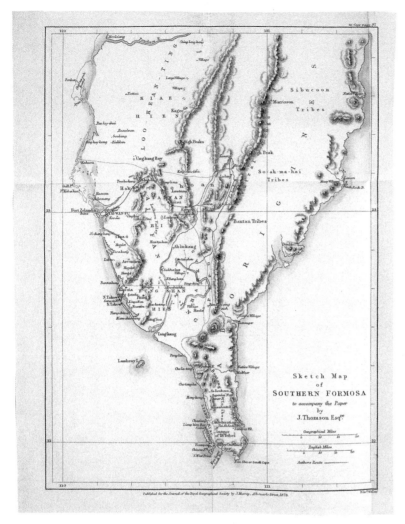

湯姆生足跡遍及東南亞及中國，其中也包括福爾摩沙。圖為湯姆生為台灣南部航線地圖所畫之素描。

多半由於民眾的貧窮、食物的匱乏和無知，於是醫療小組便藉機傳播基督教義，希望能改變當地居民的信仰，並從事許多公益活動，絕不放過任何傳教的機會。

在這種地方生活，工作人員唯一的樂趣便是做好事，終其一生地犧牲奉獻。鑒於病患每天不斷湧進來，需要輪班加以照顧，醫療人員只好犧牲用餐或睡眠的時間應付，更遑論有自己的空閒。

馬雅各醫生和我決定到內地探訪，順便造訪那些在外地拓荒的各醫療站。四月十一日，我們搭上當地車輛越過平原，朝拔馬村（今左鎮）前進，並雇用幾名苦力幫我扛攝影器材，希望此行能捕捉到有趣的畫面。

這片平原被高度地開發，可見農舍散落其間，主要的農產為稻米、番薯、落花生和甘蔗。許多婦女也在田裏工作，其纏足的三寸金蓮就像在福建所看到的婦人一樣，走在田埂裏顯得搖搖欲墜，身上穿著多半為淺藍滾邊的白棉衣。男人則膚色黝黑且肥胖，看起來總是懶洋洋的，似乎意謂著田裏的工作由女人來做即可。小孩的打扮很簡單，只要一塊小布圍繞著脖子就算是衣服了。

過去我們只能遠觀，如今近看這些村落才發現，這裏的味道相當特異，除了大蒜與動

才的情形感到相當難過。在英國生活的我們，實在很難想像這些可憐的病人是如何跋山涉水地到這兒就醫，許多聽聞過洋醫生救命傳聞的人，千里迢迢如朝聖般前來，幾乎相信只要碰到醫生的白袍，便可以治好身上的疾病，消除多年來的病痛，尤其是年邁的婦人。

我曾在醫院親身體驗到那種慘狀，哀號呻吟聲不斷，這種景象真是令我震驚。在這個小型醫療站裏，總是會聽見病人從嘶叫到最後終獲解脫的過程。這兒會疾病叢生的原因

物糞土之外，還夾雜著中國人鍾愛的花香氣味。野花處處可見，呈現熱帶花木的景象，聽著野雀的鳴叫，格外令人神清氣爽，就我所知，這種野雀在中國南北與暹羅都可發現牠們的蹤跡。

我們在入山前先歇腳，等候落隊的小男孩『阿洪』和那些挑伕，不習慣長途跋涉的『阿洪』早已腿痠，他不聽我的勸導，執意穿上草鞋行走，接下來的八哩旅程恐怕將讓他吃不消。這裏氣候炎熱，暑氣難耐，很想脫下身上的外套。上坡的路不但斷斷續續，且沿路崎嶇不平，甚至還有六至八呎深的坑洞。我們緩步前進，越過一個深達兩百呎的坑洞，當我們貼著土牆行走時，泥土竟因強烈日曬而如燙手山芋。

在山腳下，我們看見梯田沿山開墾，每逢雨季來臨，山洪暴發便會將這些田地完全摧毀，因此農民的住處會選在較遠的地方。在此屯墾的客家人早已有所準備，就算天然災害一夕間全數破壞他們的心血，也會樂天地恢復其農耕的工作。他們會遷居到鄰近地區或暴雨沖刷後留下的沃土上，對甚少遷移的人們來說，這份生存意志看來有些令人不解，因為人們會透過農田水利方式來解決這樣的問題。據我觀察得知，這裏的水利工程還頗具規模。很顯然地，滿清政府並未適時派遣地理學者到此地，為變動中的福爾摩沙描繪地圖，因此，誰也無法得知自己究竟身處何地。

我們約在下午四點鐘抵達拔馬村，這兒是『平埔番』原住民首先建立的聚落，他們對之前荷蘭人的統治仍心存感懷，因此對洋人抱以熱情的歡迎。在荷蘭統治時期，他們原居住在先前經過的肥沃平原上，後來中國漢人的移入，才迫使他們往高山遷徙，並團結起來對抗滿清的武力。

族人全都出來迎接久未見面的馬雅各醫生，他們外表看來單純，態度也相當誠摯。這些人學會中國人的農耕與建築技術，其房屋甚至看起來比山下中國人所蓋的還要好，穿著也相當良好，這真是令我大為吃驚，他們的特徵和服裝看起來像是中南半島的寮國人，但所操的語言則顯然是來自馬來族。

拔馬村是英國基督長老教會於各處設立醫療服務的其中一站，這兒有座當地人興建的小教堂，由教會資助他們來加以經營。我造訪這裏的房屋，發現它們既整齊清潔又舒適宜人，其建築模式為，先以竹子作為房屋結

平埔族婦女和小孩。湯姆生曾隨同英國長老教會牧師馬雅各造訪拔馬村的平埔族，他發現，平埔族的特徵和服飾和寮國人相似，但所操語言卻顯然來自馬來族。

Bambusa formosa. — Dessin de A. Faguet.

拔馬村一帶曾經竹林遍布，令湯姆生印象深刻，他還觀察到當地人會以竹
子作為建造房屋的材料，這種房子住起來相當舒適宜人。

構，再覆以板條或竹片，最後抹上附近生產的泥土後，再將外部塗上白灰晾乾即成。

我們於週五早上七點離開，步行前往十二哩外的木柵社。是日天氣晴朗，約莫十點鐘，熱氣逐漸上揚，『阿洪』差點昏厥，由於眾人皆感到腳痛，所以我們只好減速慢行，直到中午十二點才到達木柵山谷。我們在此又碰上熱情歡迎的人群，小孩沿路跟蹌高喊著：『朋干』（Peng-gan，即和平與你同在），許多沾滿泥土的小手則試圖抓緊醫生的雙手。我始終不明白葡萄牙人為何將這裏命名為福爾摩沙，如今看到這個景象才恍然大悟。這座山谷為半月形石灰岩山所環繞，前方的白石在青翠的綠葉襯托下更凸顯，其中以遍布的竹林最令人印象深刻。

在木柵停留一宿之後，我們次日再度起身步行，往二十六哩外的甲仙埔（今甲仙鄉）挺進。此行路途更為艱險，我們不但要攀爬陡峭的山脊，注意兩旁鬆垮的土石，還要沿著山壁往山頂攻堅。我心情緊張地不斷回頭張望，深怕這六名強壯的平埔族挑伕會失足摔下，掉落數百呎的深淵。我們終於安全抵達山頂，得以趁機眺望這群山環抱的美景。

我們接著來到柑仔林（今新市鎮），並在當地民家稍作休息，以清涼的山泉解渴，在繼續往前之際，獲得曾在衙門工作的童先生幫忙，他長相清秀，受過良好的教育，且十分篤信基督教義。在他的引導下，我們在下午一點鐘出發，再度與漫長的酷熱奮戰。越過第一座山後，我們看見一群水牛，一位住在簡陋農舍裏的老人熱切地招呼我們，以竹器盛著泉水供人享用。他似乎對我們的到來感到相當興奮，執意要我們坐下來抽口菸、聊天。

我們繼續往山裏走，酷熱所造成的瘴氣差點便讓我暈厥過去，連馬雅各醫生都坦承從未經歷過如此難耐的旅程。在經過峭壁邊的叢林時，我們發現樹根有一大群蜈蚣，身長約人的手指般大，軀體呈咖啡色，足部則為淡黃色。深怕被這些毒蟲咬傷，我們決定迅速逃離，卻因為疲累而力不從心，所幸這些蜈蚣自己因受干擾而先逃之夭夭。我原先還猜想這些毒蟲會不會來個絕地大反攻，雖然太過多慮，卻也嚇出一身的冷汗。我們下一

FORMOSE. — UN SENTIER DANS LA MONTAGNE
Dessin de Taylor, d'après une photographie de Thomson

湯姆生一行從台灣府城出發，經今左鎮、甲仙，朝山區前進，他描述他們經過的一段林蔭小徑，旁邊有用來灌溉的水道，另一邊則開滿美麗的野花，彷若人間仙境。

Lit de la rivière de La-lung pendant la saison sèche. — Dessin de J. Moynet.

枯水期的荖濃溪。台灣河川多屬於「荒溪型」河流，大雨來臨時，波濤洶
湧，枯水期則乾涸見底，此時寬闊的河道上只見河水涓滴細流。

個休息點爲山脊的另一邊陡坡，據說那兒有
條小河，現場的確有河道，但河水似乎乾涸
許久了。

當大夥兒在用早餐時，麻煩的事再度降
臨。有個挑伕不小心折斷一支樹枝，這種植
物產生的惡臭瀰漫著，於是我們只好趕緊動
身前進，向猶如首日行程中的困難地形挑
戰。我們目前身處中央山脈的山腳下，可以
欣賞前方山谷的宏偉景致，文明與原始各
半，這處山峰層層相疊，最高峰玉山則矗立
其中。

在我們腳下有河流經過，從遠處傳來溪水
湍急的聲音，河川看來不大，河面卻頗爲寬

廣，上頭有簡易的竹橋作爲兩岸來往的憑
藉。在遙遠北方山谷的盡頭爲袍仔寮，其周
遭的山爲原始森林所覆蓋，住著兇猛的野獸
與野蠻民族。聽說這些高山族才剛向山下的
居民勒索過，有時意猶未盡，會組成六、七
十人的部隊，向當地村莊進行掠奪或甚至殺
害民眾。

我們現在必須過河才能到達村莊，雖然這
種竹橋在工程師的眼中具備簡單的優點，卻
是我看過最瘋狂且難以置信的設計。這橋的
結構以一、兩根竹竿爲主幹，僅距水面約十
二呎而已，撐起竹竿的石墩從河邊延伸出
去，由鵝卵石所堆砌而成。對我來説，過橋

簡直就是在玩命，但當地人卻靠著肩挑的行李平衡身體，很輕鬆地從橋上走到對岸。

在別無選擇的情形下，想要完成旅程便只好硬著頭皮去嘗試。曾碰過類似竹橋的醫生看來應付自如，至於我，因為腳上換穿草鞋，便先把鞋子弄濕，變得較為柔軟之後，再像個特技演員張臂前行，小心翼翼地趨步前行克服恐懼，終於平安地到達對岸。

在距離袍仔寮半哩的地方，我們經過一片樹林，地面四處盤根錯結，倒不失為旅人休息或過夜的最佳場所，有些樹根被搭成小廟，成為當地村民膜拜的對象。民眾多半選中老樹作為小廟的所在，其構造通常都很簡單，先以石塊為基，再用四塊石板砌出三

福爾摩沙島上攜帶獵犬和火繩槍的原住民獵人。湯姆生特別提到，他們的槍枝與火藥都是漢人提供的。

Le mont Morisson. — Dessin de J. Moynet.

玉山是荖濃溪的發源地，十九世紀末被西方人稱為「莫里森山」，一八八二年二月的美國《哈潑》(Harpers Bazaar) 雜誌中有這樣一段敘述：「福爾摩沙，或稱台灣，是中國東海岸外的一座島嶼，最寬處約兩百一十哩，境內高山遍布，最高峰是莫里森山，高度一萬兩千八百五十呎。」

Hutte de Pepohoans. — Dessin de F. Bassot.

一百三十多年前，有些平埔族已學會漢人的農耕和建築技術，湯姆生
認為，平埔族所蓋的房子甚至比山下的漢人所蓋的還要好。

邊，最後加上一座屋頂即成。這株老樹的直徑有六呎，其樹蔭足以銜接到隔壁的村莊。

我們沿著舒適的林蔭小徑前進，旁邊有用來灌溉的水道，另一邊則開滿美麗的野花。於是我們再次跨越竹橋，順著步道邁向稻田的邊緣，綠秧整齊排列於水田，其高度剛好反映群山的倒影。

我們進入袍仔寮村後，便直接拜訪一位視障老者的家，大家都稱呼他『新君』，然後許多婦女和小孩也跟著走進來，這些孩童約莫十歲，身上的穿著相當簡陋。一年半前，馬雅各醫生的來訪讓當地居民印象良好，因此這次他們全都出動前來迎接我們。他們仔細地檢查我的行李和衣服，並在我襯衫上留下美麗的手印。

在這裏，無論男女老少都有竹菸管，使用情形相當頻繁，我站在原地不久，便有位婦人拿出她的竹菸管給我，於是我禮貌性地收下，她則對我的香菸感到好奇，抽走一、兩根菸之後，她便消失在人群之中，展示剛獲得的奇貨給其他人品評，人群一口接著一口抽著我的香菸，最後香菸又輪回到我的手上。這些村民多半身強體壯，大大的棕眼散發原始的野性，有一種來自山野粗獷而獨特的氣質，但他們的性情卻溫和且不具攻擊性，不過，還是會有一些不顧尊嚴與禮節的

害群之馬出現。

　　婦女的髮色呈現深棕或全黑，從前額往後梳成髮髻，以紅布與線加以纏繞，穿從左耳上方後再固定於後腦勺，這樣的打扮相當簡單，與她們身上穿的墨綠服裝相映成趣。中國人說這裏的婦女仍未開化，因為她們從不知如何使用胭脂，儘管辛苦的工作和長期的曝曬奪走她們誘人的青春，但歲月並未在外表留下太多的痕跡，她們的頭髮與服飾依舊整齊，並繼續與乖舛的命運搏鬥。

　　接下來，大批男人忙完田裏農事後陸續返家，他們身材壯碩，看起來意志堅定，而且坦率又誠懇。雖然雙手粗糙且衣服簡陋，他們仍散發出男性的本色，有著完美的溫柔、誠摯與單純的人情味，這樣的觀察真讓人有種莫名的感動。

　　我發現各村莊都有其特色，越和中國人接觸頻繁的平埔族，衣著便越顯得更為得體，但人情味也相對地減少許多。『新君』帶我進入他的房間，我躺在臥席上休息片刻，很快便不知不覺地進入夢鄉。

　　等我早上醒來時，突然聞到一股異味飄進房間，原來是當地人將蘿蔔放進瓶罐中醃製，做成蘿蔔乾當早餐的配菜。但事實上當時準備就緒的是晚飯，他們獻出家中的美食，打開罐子宴請賓客，而我卻無法忍受這股強烈的味道，立刻拔腿就跑，躲到外頭繼續享用我的晚餐。至於醫生，他則面不改色地待在屋內吃飯，我則端出一碗熱騰騰的白飯，上頭有兩個水煮的蛋和一塊雞肉。不過，我在旅行之前便曾打定主意，必須盡可能嘗遍當地所生產的食物才行。

　　晚餐後，醫生便開始他的例行看診，人群很快便排成一條長龍，有些人正發高燒，有些則或多或少出現病痛，少數人則有缺碘所造成的身體不適。醫生需要一根羽毛當刷子，於是大家便出動去抓山雞，數分鐘後，便看見許多山雞的腿、翅膀和背部都缺了羽毛，這些雞還被塗上顏料等著風乾。不過，這兒真正缺乏的藥品則是治療瘧疾的奎寧。

　　現在時間為下午三點鐘，我們距離甲仙埔還有六哩遠，沿著河邊前進，我們終於在五點以前趕到這個村莊。我們立即造訪醫生的舊識的『阿段』，可惜他並不在家。但他很快地便駕著牛車出現，親切地迎接我們的到來，並將客房打掃乾淨，讓我們將行李放

平埔族婦女的頭髮往後梳成髮髻，再以紅布纏繞，與身上的墨綠服飾相映成趣，雖然婦女臉上脂粉未施，但頭髮和服飾仍十分整齊。

Gorge dans la montagne (voy. p. 230). — Dessin de Riou

濃蔭蔽天的山中峽谷，原住民最容易藏匿其中。早期原住民有
獵人頭、甚至傳出食人的習慣，因此漢人多視入山為畏途。

Pêcheurs pepohoans. — Dessin de F. Bassot.

荷蘭統治時期，平埔族仍住在肥沃的平原地帶，但隨後漢
人大量遷入，迫使他們避居到高山上。

好，屋後有間浴室，於是我們也趁機洗了個涼澡。

在這群人中，我發現男性並非如想像中一板一眼，一位身高六呎以上的老者拿下我的帽子，把玩之後竟對我報以微笑，我也注意到，儘管他試圖保持禮節，恢復原有的嚴肅神情，但仍掩蓋不住早已牽動的臉部表情。然後我聞到酒香，便馬上明瞭歡迎晚會即將展開，平埔族以番薯蒸釀烈酒，就像平地人以稻米製酒一樣，是族人很重要的飲料。長老在宴席上力勸過度崇拜的愚昧，說明信奉唯一上帝的好處，確實獲得部分聽眾的青睞，但對大多數的人來說，喝酒似乎才是最重要的事。

在介紹我的房間之前，我必須先提到平埔族的住家情況，這裏可說是鼠輩為患，連我們待的房間也躲不過牠們的肆虐。房間約為八呎見方，其中一半為竹床占據，距泥土地板約十八吋高，床上其他唯一可見的物品為兩個木製枕頭，我躺在床上等候開飯，『阿洪』這可憐的傢伙，雖然已感到疲累不堪，卻仍打起勁兒來展露廚藝，特別是在豬油無虞的情況之下。

熱情好客的平埔族為盡賓主之誼，隨即升起營火煮飯，在一旁躺臥休息的我們，馬上嘗到濃煙直撲而來的苦頭，他們則仍顯得老神在在。在閃爍不定的煙火下，我發現土牆早已被完全燻黑，而我頭頂角落那邊，則懸掛著一束綠色的菸草、一至兩把矛、一堆弓箭、一支原始的火繩槍，以及之前我未注意

到的床邊大米缸。

『阿洪』輕聲地提醒我，那些野蠻部落不但善用弓法與毒箭，還會將捉來的中國人烹煮後食用，於是懇求我不要再往山裏前進，因為他們都是躲在暗處攻擊外人，箭無虛發地射中目標的頭顱，讓敵人當場斃命。我只好安慰他，先做好頭部的保護工作。當『阿洪』送上山雞時，我們發現這雞肉十分堅韌，硬得恐怕連人肉都望塵莫及，而在帶來的水壺裏，如今全都裝滿特製的『米酒』。

這些平埔族的住宅為三合院形式，前面有個庭院，主要用來曬農作物和做家事。每晚九點左右，他們便會在此升火聚會，男女老少圍著蹲坐，抽起水菸管來聊天。火勢隨著木材的添加更旺盛，年輕男女此時會空出一塊地來，攜手挽臂圍成半月形，開始吟唱他們的傳統歌曲，並隨著輕快的節奏起舞。

首先是男子獨舞，旁邊的人每唱完一句便高呼：『嗨！』女性則另起旋律，在詞句結束後都會加上一聲：『沙基歐！』(Sakieo)。舞者動作越跳越快，卻仍保持原有的精準，最後演變為尖銳的野性呼喊。舞蹈持續到很晚，由於現場有來自歐洲的外來賓客，女主人便改以茶代酒，否則真不敢想像這場歡宴要如何結束。就算在蘇格蘭高地，我也從未見過如此狂歡的場面，我無法睡得沉，因為鼠輩橫行，讓我必須在半夜醒來好幾次，意外地發現牠們為了抄捷徑，竟爬過我的身體直奔那大米缸。

次日清晨，我們起程前往十一哩外的茘濃，途經許多我從未曾見過的美景。『阿段』派遣年輕健壯的『曾財』擔任嚮導，全副武裝保護我們繼續前進。遠離村莊之後，便點燃火炬加入我們，默默地幫我們開路。在這一趟旅程的前半段，我們先沿著河床行走，後來便進入一道隘口，上頭巨石遍布，蓊鬱的林木於兩旁拱出涼蔭，清澈的水面映出美麗的倒影，石上的青苔環繞整個水池，就像是鑲了一道綠色的邊。我們在此休息片刻，盡情欣賞眼前的山谷景致，並獵取一些精彩的鏡頭。

當我們在溪水中清洗游泳的時候，六名和善的平埔族人向我們走過來，他們此行是出外打漁，其中一名老者用箭精準地刺向溪中的魚，其他的人則在旁邊翻動石頭找螃蟹，將牠們的腳扯斷後，直接生吞入腹。年輕人還會用竹竿拍打水面，企圖嚇壞魚群後，再將牠們全部捉上岸。

當我們抵達茘濃時，約莫下午四點鐘，村莊位於河邊，岸上高出枯竭的河道約有六十呎，但我們猜想，只要雨季來臨，茘濃溪水將淹過整個河床，每回總會在下游西部平原引出新的河道向前推進。從中央山脈的標高來推算，洪水的力量應該相當驚人，其所挾帶的泥沙會在西岸淤積，這或許是為何台灣府會在短短兩百年間沒落，以及打狗港在南方崛起的原因。這兒是河水力量改造地貌的最佳範例，島上許多地方都沒有固定的水道，每當洪水沖刷鬆軟的土壤之後，便會自行形成新的水道向海邊流去。

平埔族人似乎經常扮演著其他原住民與中國人之間的仲介角色，但由於一名牧師曾看過原住民用中國人的頭骨來裝飾他們的房屋，再加上食人族的傳聞不絕於耳，自然會引起他人心中的恐懼。奇怪的是，這些原住民用來獵捕野獸和殺害平地人的槍炮火藥，

Serpents de Formose (voy. p. 231). — Dessin de Riou.

湯姆生一行人遇到的平
埔族嗜吃蛇，所以他將
在途中抓到七呎大黃
蛇，留給他的平埔族朋
友祭五臟廟。

Bords de la rivière de La-lung. — Dessin de F. Sorrieu.

當湯姆生一行人，沿著景致絕
佳的荖濃溪谷前往荖濃村的途
中，他們遇到了一群出外打漁
的平埔族人，還目睹了他們生
吞螃蟹。

德國《青年朋友》雜誌，一八八二年刊出的一幅福爾摩沙原住民之版畫，這幅畫即根據湯姆生所拍攝的照片繪製。

獵寮。湯姆生一行在獵寮，遇到一位獵人，他向獵人展示先前從高山部落獲得的樟腦原料、毛皮、野豬牙、樹藤與其他器具，這些東西是湯姆生用玉珠、紅布、刀和火藥交換得來的。

竟然都是由中國人所供應。

高山部落與平埔族間的通婚情形相當普遍，婚禮非常簡單，岳父大人只要將女兒的手交給未來的女婿即可，接下來便是以飲酒狂歡的慶祝來收尾。據先前荷蘭人的說法，男方必須獻上聘禮，女方答應收下後便可視爲合法的丈夫，看來美國所流行的『自由戀愛』，恐怕是剽竊自這些福爾摩沙的原始部落習俗呢！

次日，在樂觀風趣的嚮導『古那』(Goona)帶領下，我們走在通往乾枯河床的小徑上，途中突然碰到一條長達七呎的黃蛇，我趕緊用手中的竹桿敲打牠的脖子，黃蛇迅速逃離現場，就在我們抵達山腳時，竟又在石縫中與牠相遇。透過同伴的協助，我把石頭翻開，與我們的敵人再度對決，牠不斷吐信發出攻擊的聲響，眼中流露出銳利的神情，但還是讓我將牠束手就擒。我原本是想要將牠帶下山來，但這條蛇的體型實在過於龐大，於是我留給喜歡吃蛇的平埔族人祭

祭五臟廟。

約莫下午兩點，我們再度往六龜里出發，距離還有十二哩左右。途中我們打算橫越一條不知名的小溪，水流雖然強勁，卻格外地清澈乾淨，就像剛下的雪花似的。最後，我們終於看到遠方的六龜里，幾戶人家散落在叢林當中，由於天色漸暗，只能大略看到旁邊的樹籬、檳榔樹、芒果樹與龍眼樹，待夜幕低垂，眾人只好摸黑前行到村莊的外圍。我們聽到音樂、笑聲與跳舞聲，卻未見任何人的蹤影，直到我們下榻醫生舊識『金祥』的家中才稍覺安心。

相對於之前的待遇，我們在此受到的接待頗爲冷淡，由於風濕與鴉片毒癮的關係，『金祥』仰臥在房裏，旁邊還有位奴婢幫他搖扇。他那身高六呎的兒子站在房門口，來自另一山地部落溫和的媳婦則待在一旁，房外還掛滿山鹿和野豬頭骨的戰利品。好不容易等到老人抽完鴉片，他才點頭同意讓我們在此住上一宿。

這裏房內的擺設極爲簡陋，一名酒醉的婦人拿著裝滿燒酒的茶壺前來，打算販售給我們，但顯然她自己早已先偷嘗過。後來主人終於清醒，這才認出我那醫生朋友，於是拿出雞蛋和醃菜來招待，且堅持不收費用，我們只好強迫他必須收下。他還展示先前從高山部落那邊獲得的樟腦原料、毛皮、野豬牙、樹藤與其他器具，代價則爲他帶過去的玉珠、紅布、刀和火藥。

經過四個小時的休息，我們再度於黎明前動身，繼續我們的歸途。經過一個晚上的檢查，我的照片沖洗過程大致令人滿意，唯一的缺點是這兒的水質呈現鹼性，幸好我有帶

中國醋來，可以使藥水變爲酸性。在回程攀登上第一座山峰時，我架好攝影機準備獵取美景，這時身體卻突然感到相當疲憊，希望能就地躺下休息，但我們的時間所剩不多，入夜前必須再趕二、三十哩，更何況還要不

遠眺六龜里的景致。湯姆生一行人抵達六龜里時，幾戶人家散落在叢林當中，由於當時天色漸暗，只能大略看到旁邊的樹籬、檳榔樹、芒果樹與龍眼樹。

荖濃村平埔族部落。湯姆生提到，平埔族人熱情好客且有禮，沿路他的器材總是不設防地敞開著，卻從未在部落裏丟過任何物品。

平埔族人的生活習慣仍然相當原始，甚至沒有發展出演奏樂
器，但從他們身上卻可感受到一種純真的魅力。

時地停下來拍照。

此時，馬雅各醫生身體微恙，他曾答應要在明天回到木柵社的教堂看診，於是我們只好繼續趕路。我們來到山腳下的溪流邊，在拍完兩張照片並稍作休息後，還是忍不住把雙腳泡在冰涼的溪水裏。小魚在溪中的碎石間游走，水面則飄浮著奇怪的昆蟲，一隻蟾蜍蹲在闊葉上注視著我們的行動，似乎要我們為突然的叨擾向牠致歉。

我們來到村莊的一戶民家前方，有位老婦正在兜售水果，這兒的平埔族人穿著較為得體，看到我們一群人狼吞虎嚥的模樣，不禁發出驚異的聲音與表情，好像我們是低等動物似的。圍觀的人總是無法滿足好奇心，醫生照例和村民談話，並為生病的人開處方。

接下來的行程裏，我們貪玩地在水中游泳嬉戲，雖然有點莽撞，但卻是提神的最佳方式。數小時後，醫生的身體感到非常不適，必須躺在樹蔭下休息才行，更糟糕的是，方圓之內竟找不到任何水源。

在他的要求下，我幫他注射奎寧與鐵質藥劑，在一個小時之後，我們決定恢復既定的旅程。

回到木柵社山頂時，我們停留在一處民宅，還品嘗原味的蜂蜜。在下坡的路段，我不小心滑了一跤，幸好趕緊抓著路旁石頭的邊緣才保住小命，但雙手卻在這次意外中嚴重受傷。回到木柵社後，我們終於可以好好休息，恢復元氣，雖然醫生仍發高燒而感到不適，在此至少也能獲得充分的靜養，以繼續第二天的醫療服務。

據我所知，除了幾首父傳子的簡單曲調，平埔族人並沒有音樂或演奏的樂器，他們仍停留在相當原始的生活習性，並未發展出藝術，只保持最原始的形式。但這個部落卻有個令人難以招架的魅力，那就是他們純真的信念與誠意，在我這次的旅行裏，我的器材箱總是不設防地敞開著，卻從來也未曾丟過任何物品。

平埔族年輕女孩和成年婦女一樣，都會在頭上裹著一條頭巾，圖中為一般年輕女孩的裝扮。

我現在必須結束福爾摩沙之旅，此行不但風景壯觀秀麗，當地居民的人情味更令人難忘。我後來從陸地返回打狗港，原以為可以造訪位於南方的野蠻部落，卻因為中國人與原住民間的戰事方酣，在安全難以確保情況之下，只好作罷！」

琉球人船難

李仙得領事與卓杞篤達成協議後，瑯礄的原住民不再攻擊遇船難的西方船員，然而原住民卻發現將船員遣還中國當局是一件麻煩的工作，他們於是要求報酬。除此，瑯礄十八社的十八個部落並非全然接受卓杞篤的領導。牡丹部落退出聯盟，他們只承認自己頭目的權威。此時，卓杞篤要求李仙得前往福爾摩沙與他會面。

一八七一年十二月，一艘來自琉球的大型商船，在牡丹部落所統轄的海岸上失事。五十四名琉球人被殺害，十二人設法逃生。五天後，又有另一艘琉球船隻失事，此次，船員受到妥善的對待。在琉球的日本官員，接受倖存者的請願，要求將琉球併入日本帝國，當時琉球尚是中國的藩屬。

兩個月後，李仙得抵達瑯礄，得知被殺害

加拿大籍的馬偕醫生，於一八七一在打狗上岸，隔年前往淡水展開傳教行醫工作。馬偕牧師在淡水創立「牛津學堂」和「淡水女學堂」，而他行醫的「滬尾偕醫館」，則為現今馬偕醫院的前身。一九○一年，因喉癌病逝於淡水。

的琉球人是因被誤認為中國人。在與李仙得所議定的協約中，原住民認為中國人並不在豁免之列。台灣府當局原先不願在枋寮南方駐兵，但與李仙得會談後，他們同意修築一條道路從府城直通瑯礄。瑯礄是日後設置燈塔的預定地。

黑鬚番

德馬太(Matthew Dickson)醫生加入英國長老教會設在台灣府的傳教站，獻身於教會醫院中的醫療工作，引進疫苗接種。甘為霖(William Campbel)牧師管理內地的傳教團，並在中、西部偏遠地區開設新的傳教站。馬偕(George Leslie Mackay)隨後抵達打狗，他是加拿大長老教會的醫療傳教士。

馬偕在自傳《福爾摩沙遙寄》(From Far Formosa)中回憶道：「我心中雖無計畫，但卻有一條看不見的繩索牽引我到這座美麗的島嶼。隔天早上，我在一間英國倉庫中，向一群船長、軍官和工程師傳布福音。那是一八七一年的最後幾天，我在福爾摩沙第一次佈道。」

馬偕與李麻牧師住在一起，開始研究當地語言。他聽說了北部的情形，「在城市、平原和山地村落裏有眾多人口，他們的靈魂沒人來關心。那裏沒有傳教團，我感覺受到了召喚，要去從事這項工作。」英國長老教會同意畫分傳教區，他們負責西部平原，而北部區域則歸馬偕，由他組織加拿大傳教團。一八七二年三月，馬偕進入淡水河口。「我向南、北兩面眺望，隨後又朝內陸方向，遙望蓊鬱的丘陵，感到心滿意足。我得到一種平靜、清晰的預示，讓我確信這裏將是我的

家，有某個聲音告訴我：就是這裏了！」

陶德收留馬偕數日後，馬偕隨後自己租了一間小屋，這小屋原本是中國武官當作馬廄用的。在紅毛城的英國領事，借給馬偕一張椅子和床。不久，馬偕就成爲淡水居民口中的「偕牧師」(Kai Bok-su)。

一八七〇年代早期，英國戰艦「侏儒號」(the Dwarf) 船長巴克斯(Bonham Bax) 屢次造訪福爾摩沙。在《東方之海》(The Eastern Seas, 1875) 中，巴克斯船長多次描述他走訪南部英國長老教會，以及西班牙天主教會傳教團的經過，他還敘說了他和馬偕一起深入內地的一次歷遊。此次遊歷也被馬偕記載在自傳中。他們從淡水出發，三天後翻越新竹東部的山嶺，那裏是原住民領域的邊界地區。他們看見一群配帶槍枝、長矛和弓箭的原住民朝他們走來。半路上他們面面相覷，「一陣比手畫腳之後，我們得以繼續通行，他們則緊隨在後。」

巴克斯和馬偕先被帶往一座大山谷，那裏有數百名野蠻人蹲坐在地上。馬偕看見有幾位原住民感染了瘧疾，於是拿出奎寧。「頭目們始終靜靜地盯著我們，我們躺下時，他們就蹲坐在火堆旁。由於天氣太冷，我們徹夜難眠，如同值班的哨兵。爲了在陌生人身上尋找可疑之處，那些野蠻人的眼睛不眠不休地監視我們。」

躊躇多時之後，這群原住民的首領同意帶他們進去村落。首領和他的手下常在路上駐足，傾聽長尾縫葉鶯(Common Tailorbird)的鳴叫聲。後來這群外國人得知，原來原住民在獵首途中，總會以這種鳥作爲諮詢對象。如果牠發出某種叫聲、在某個方向飛翔，獵人們就會繼續前進，反之則否。

穿越森林途中，他們抵達一處空地。首領告訴巴克斯和馬偕，小屋裏住著中國人，如果他們繞路從空曠處進攻，他們就可以從叢林中發動攻擊。馬偕憤怒地回答首領，說他們是懷著和平目的而來，而且要求訪客替主人打戰既不友善也不光彩。緊張的局面持續片刻後，這位原住民首領的態度和緩下來，他們又繼續前進。

「翻越層層山嶺之後，我們見到了他們的村莊，數百名男女和兒童盯著我們看，半挨餓的狗拚命吠叫。此外，還有駭人的吵鬧聲，原來村人正在舉行宴會，慶祝他們從邊地帶回中國人的人頭。我們受邀入座，有幾個野蠻人走到我們面前，宣稱我是他們的朋友，而他們就是在山谷中接受我的奎寧的那些人。

我們對他們的小屋建築感到興趣，於是拿出筆記本和鉛筆做素描。那些野蠻人先是瞪著我們，等到明白我們在做什麼後，他們便開始氣憤地交頭接耳。年輕人們衝進小屋，取出長矛。他們氣壞了，每一雙眼睛都閃著怒火。我們順應情勢，悄悄收起本子和筆。待群憤漸漸平息後，我們設法解釋。但是他們不滿意我們的解釋。

我們因無知而嚴重地冒犯了他們，他們有種迷信，認爲圖畫會將事物的精華抽走。他們相信，我們無害的素描，不但會奪走房子的精華，還會被用來傷害他們。我們向他們保證，回去後絕對不會把這件事說出來。當晚我們再度進入山谷，火堆點燃時，大約有五百名野蠻人從叢林中聚攏過來。我們贈送他們一些禮物，然後透過翻譯，告訴他們關

為拓展新教區，英國長老教會牧師甘為霖，於一八七三年兩度造訪「水番」，他聽說這些水番住在附近一座大湖日月潭岸邊。他為這個美麗、平靜的湖命名，最合適的名字莫過於「干治士」，這位於十七世紀來到福爾摩沙的傳教先驅。

於偉大的天父以及耶穌的事。」

拔牙

一八七三年，馬偕和他的幾名學生離開了竹塹（今新竹），當局派了十二名士兵跟監。

「他們之中有一個士兵正因蛀牙而疼痛不堪，我當時因為沒有鉗子可用，替他做過檢查後，我找到一塊堅硬的木頭，弄成想要的形狀，用它將蛀牙拔起。這當然是原始的牙科手術，牙齒也終究被拔除了。這位可憐的士兵喜極而泣，對我再三稱謝！

因嚴重的瘧疾，或因嚼檳榔、抽菸，以及其他不潔的習慣所造成的牙痛，不停地折磨著數以千萬計的中國人與原住民。本地人拔牙的方法粗陋而且殘忍。他們認為蛀牙裏面有黑頭蟲在嚙咬，他們有時用堅固的線繩拔牙，有時用剪刀的刀鋒撬出牙齒，行腳醫生則使用鉗子或小火鉗。難怪人們都害怕拔牙，因為這種野蠻的治療方式，往往造成下顎斷裂、出血過量、暈眩，甚至死亡。」

馬偕決定指導當地鐵匠，打造出他的第一套牙科器具。除了醫治常見的瘧疾之外，拔牙成了馬偕宣教行醫的主要工作。

「在鄉間巡迴時，我們照例會在空地上設攤，通常是在寺廟石階上。唱了一、兩首聖詩後，再開始替病患拔牙，接著再宣講福音的道理。拔牙時患者通常是站立著，被拔起的牙齒直接放在病患手中，留下牙齒會讓中國人對我們生疑。」

日月潭

五月，拜訪過馬偕後，傳教士甘為霖經由陸路，前往英國長老教會設於埔社（今埔里），這個位置最北的傳教站。為了開拓新

教區，甘爲霖動身造訪「水番」（Water Savages）。他聽說這些水番，住在附近一座大湖日月潭（Sun Moon Lake）岸邊。「身爲首位目睹這座湖的歐洲人，我極想爲這個美麗、平靜的湖命名，然而最合適的名字莫過於『干治士』（Candidius），這位荷蘭籍的傳教先驅，於十七世紀前期來到福爾摩沙，至今他仍有諸多值得我們效法之處，因此應該受人懷念和敬重。」

同年，甘爲霖牧師再度走訪日月潭，他可能還曾將福爾摩沙南部的最高峰，命名爲「亨伯魯克山」（Hambroek，今北大武山）。此次的同行者還有英國領事，以及美國博物學兼人類學家史迪爾（Joseph Steere）。史迪爾在美國地理學會的期刊（一八七四）報告中，描述埔社東部原住民所居住的天然環境，以及他們紋身和獵首的傳統。

「他們用中國人的頭髮來裝飾獵首用的長矛和大刀，並攜帶紅色袋子來盛裝擄獲的頭顱。他們每年定時下山到邊地獵人頭，埋伏守候進入森林採集藤和竹筍的中國人。他們非常重視人類的頭顱，男子地位之高低，取決於所獵得首級之數量。取回頭顱後，他們會切去頭顱基部，取出腦子，然後再徹底使之乾燥，牙齒通常會被敲下來作項鍊。我們在一座小平台上，看見了二十四顆這種頭顱，它們顯然是某位男子的財產。」

日本的遠征

一八七二年，琉球王國正式併入日本帝國，日本外務卿將此一改變通知美國公使德朗（DeLong）。德朗提及琉球船民遇害的事件，外務卿告訴德朗，日本政府考慮採取措施，懲罰牡丹部落的原住民，德朗建議外務卿去徵詢李仙得領事的意見。李仙得已經結束廈門領事的職務，他當時正好待在日本。李仙得被日本政府聘用，一八七三年的頭幾個月，他指導日本官員，祕密地爲瑯礄的制裁行動作準備，除此之外，如果外交手段無法解決問題，日本還想伺機在福爾摩沙南部和東部開拓殖民地。

中國政府視琉球爲屬地，視福爾摩沙島上

THE JAPANESE EXPEDITION TO FORMOSA — GENERAL SAIGO AND THE NATIVE CHIEFS, AFTER THE LATTER HAD TENDERED THEIR SUBMISSION

一八七四年，日本藉琉球船民遇害，出兵南方岬。在石門戰役後，原住民領域卓杞篤、伊沙在日軍軍營，與日軍指揮官西鄉將軍會面，伊沙答應他的十六個部落，將全力配合日方要求。

接受軍事操練的原住民。牡丹社原住民在石門和日軍發生小規模戰鬥，日軍雖然獲勝，但也付出了六人陣亡的代價，牡丹社人則有十六人戰死，其中包括頭目的兒子。

的原住民領土是中國帝國的一部分,然而日本政府則宣稱琉球屬於日本帝國,並認為原住民的領土不在中國控制之中。日本政府還聲明,由於日本與琉球臣民在島上遭受暴行,日本政府有權要求賠償。一八七四年一月,外交協商沒有進展,日本政府批准了遠征琅㟈的制裁行動。為了協助領軍的西鄉(Saigo)將軍,日本政府還聘雇了一位美國軍官和工程師,並租用一艘美國船艦來運送士兵。遠征行動曝光後,英國與美國提出外交抗議,他們反對外國人員和船隻參與日本的遠征。

為了淡化國際間的關注,西鄉和李仙得退居幕後,歸由巴克斯船長指揮的英國艦艇「侏儒號」則尾隨在一艘日本軍艦之後出航。五月八日,兩百名日本士兵和工人登陸社寮附近的瑯㟈灣,此一地點在島上當局所聲明的管轄範圍外,離牡丹部落的領土有一段距離。

《美國紐約先鋒報》(New York Herald)特派員豪斯(Edward House)目擊此事件,他在《日本遠征福爾摩沙》(The Japanese Expedition to Formosa)中寫道:「軍方嚴令以和平方式解決難題,萬不得已時方可訴諸武力。其用意在與願意合作的部落結盟。」

美、英二國船隻及其領事前來觀察日本戰事的進展。起初,日軍在海灘上紮營,地點位於四重溪與保力溪之間的小平原。中國移民的代表團則提供了一切的協助,他們還被雇用來挖掘戰壕。「山地部隊武裝的人數通常不多,他們就盤踞在平原上方,其敵意昭然若揭。」

卓杞篤已於前一年亡故,由同名的長子繼位。繼位的卓杞篤與另一位有影響力的頭目

參訪日軍司令部的原住民。石門戰役前,日軍就已和卓杞篤、伊沙等原住民頭目會談過,得知牡丹社和高士佛社被瑯㟈其他部落視為敵人,因此決定將這兩個部落鎖定為打擊目標。

伊沙，以及其他幾位部落部領袖，與日本軍官在某處內地原住民部落進行會談，他們得知，在西鄉將軍和李仙得抵達後，遠征的目的將有所說明。日本人知道，牡丹社人與附近的高士佛社人(Kusukuts)被瑯礄上的其他部落視為敵人。伊沙受邀參觀日本軍營，但是他沒有答應，然而當伊沙被問到，在美國李仙得領事抵達時，他是否願意前往，他卻欣然表示同意。「對於這兒的原住民，李仙得這個名字似乎有種特殊的魅力」。

石門

日軍營地短距離南移至地勢較高的高地。有一組偵察兵在新營地附近，遭受牡丹社人的攻擊。為贏得讚譽，逞勇的日本士兵私自離營獵尋人頭，引發數件暴力衝突。「少數幾人缺乏責任感，魯莽行事，無疑催化了戰事的發生。然而這些原住民隨即抓住機會，回應日軍的輕率舉動，明白顯示他們決意一戰，無論日軍如何小心謹慎，戰事終究不可避免。」

五月二十二日，日軍報復牡丹部落的行動，升高成為一場小規模戰鬥，發生地點在石門(Stone Gate)。石門靠近牡丹社領土，是一道險峻、狹窄的河流關隘。戰鬥結果是日軍得勝，日軍六人陣亡。牡丹社人則有十六人死於戰場，其中包括頭目的兒子。西鄉將軍率援軍登陸，日軍人數增至一千三百名。李仙得留在日本，協助日本政府應付西方世界的外交壓力。

交戰期間，兩艘中國戰艦航抵瑯礄，鄭重向日方聲明中國政府對島上原住民領土的統治權。中方要求西鄉將軍懲治原住民之後撤軍。西鄉將軍拒絕中方助戰，中國戰艦駛離。石門之役結束之後，原住民領袖伊沙參觀了日本軍營。為求豁免，伊沙願意要求他統治下的十六個部落，全力配合日方的要求，他承諾調停沿岸部落，使登岸的船員不受騷擾。

西鄉將軍決定將牡丹社人與高士佛社人逐出居住地，以軍隊力量完全控制瑯礄地區。六月一日，日軍兵分三路縱隊，深入牡丹與高士佛部落(Takung1u附近)。特派員豪斯隨軍前往，在某座中國移民所居住的小村莊中，他們發現到遇害琉球船員的墳墓，距離琉球人被沖上岸的海灘距二十多哩遠。根據當地人的說法，這些被誤認成中國人的琉球人，曾被帶到最近的中國村莊換取贖金。

「村裏的中國人不認得這些遭遇船難的人，拒絕付贖金，後來，中國村民被要求支付一百元贖金，否則琉球船員就要當場被殺死，但中國村民回答說他們不在乎。根據某個說法，這些中國村民還樂意幫忙殺人。甚至還有人說，這些村民確實全程參與殺人的過程。」

日軍進入設置了路障的牡丹社和高士佛社村莊時，遭受原住民的攻擊，有數名人員傷亡。牡丹社和高士佛社的居民被逐出村莊，村莊被毀。願意合作的琅礄原住民部落，則同意讓日軍在佳樂水以南數哩的東部海岸建立營地。

戰爭的威脅

中國政府任命沈葆楨為專員，負責處理福爾摩沙事務。法國人日意格(Giquel)和塞恭札克(Segonzac)被召喚前來協助沈葆楨，他

打狗為英國人在台灣府的僑居地，中國當局唯恐日軍會在卑南和蘇澳登陸，於是修築新路連接打狗與卑南，取代原有的山徑，打狗因而成為重要的據點。

們兩人分別是福州海軍基地兵工廠、碼頭的督造者與工程師。六月二十一日，沈葆楨與道台由法國顧問陪同，與西鄉將軍在日軍主營展開協商。中方聲明他們對原住民領域的管轄權，並保證未來將在瑯𤩩駐紮足夠兵力以維持秩序。

西鄉將軍同意按兵不動，靜待中、日兩國外交代表的協商結果。中國當局認為，日本的軍事行動目的，是在為全面入侵福爾摩沙作準備。

甘為霖記道：「西部海岸上建立了許多水泥的堡壘，從淡水至埤頭的各重要地點都增設要塞。」日意格協助中國政府強化島上防務，以防日本揮軍北上。為保護台灣府免於遭受來自海上的攻擊，在法國工程師貝托（Berthault）的督導下，在安平南方約一哩處，開始興建一座大型堡壘。據報導，貝托的設計倣效巴黎外圍的防禦工事。為了取得建築材料，將熱蘭遮城一大部分拆毀。

當局唯恐日軍會在卑南（今台東）和蘇澳登陸，於是修築新路連接打狗與卑南，取代原有的山徑。長老教會想在嘉義取得傳教據點，他們的努力因戰爭危機而受到影響，甘為霖寫道：「我們的助手原本能順利地舉行戶外集會，大量推銷福音書、小手冊和宣傳單。然而不久之後，人們即因開戰的傳聞而心生恐慌，他們指控教會人員為敵軍搜集情報，協助敵軍推翻福爾摩沙的中國統治當局，好讓福爾摩沙再度淪入外國人之手。」

清帝國軍隊駛抵澎湖港。身在廈門的豪斯寫道：「每週都有大批逃難者乘船來到中國大陸。」這位美籍派特員此時已經離開瑯𤩩的日軍營地，「在中方代表出使該地之後，這裏已無任何重要的事情發生。」

西鄉將軍在大本營附近開始實施小規模的農墾計畫，但該計畫旋即被放棄，因為漢人移民「向日軍要求遠超過土地總值的租金」。五百名日本士兵感染上熱病，為時數月的外交談判至此依舊沒有結果。在英國公使威妥瑪（Thomas Wade）的調停下，緊張的情勢趨於緩和。中、日雙方的問題得到解決，中國政府同意對遇害琉球船員的家屬有所彌補，並賠償日本政府在琅𤩩建築的房舍、道路，以及為其他種種改善措施所支出的費用。

一八七四年十二月二日刊登於《費城詢問

報》（Philadelphia Inquirer）的〈福爾摩沙問題——後期的解決辦法〉一文中寫道：「從橫濱（Yokohama）出發的汽船『溫哥華號』（the Vancouver），已於十一月十九日抵達，並帶來以下的消息：中國已同意日本的每一項要求。他們承認日本出兵的正當性，並支付了一部分的賠償金五百兩，餘額將在月底付清。他們同意日後將管束福爾摩沙的野蠻人，日本將從島上撤軍，日方對於此一結果極為滿意。雖然外界進一步努力，想勸說中國接受外交調停，解決與日本的紛爭，但是，北京政府反對此類提議。福爾摩沙現在有一萬兩千名中國士兵，駐地距離日軍營地約六十哩。」

傳教士甘為霖在寫給上司的一封信中提到：「停戰的消息傳來，島上居民如釋重負。如此巨大的恩德，泰半得力於我們英國駐北京的威妥瑪公使，因此我們隨即跟著沾光。有影響力的中國人，變得十分敬重我們，紛紛詢問有關英國的各種問題。我們的傳教士也大受歡迎。利用此一良機，我派了兩名年輕人赴嘉義考察，研究如何著手取得傳教據點。在他們離開十天以後，第一份報告放在我的眼前，結果令人十分振奮。各地的人們

對我們都極為友善，在傳教工作上處處給予便利。」

清帝國政府解除了禁止移民福爾摩沙的規定，還准許移民進入原住民領域。新的擴張政策主要針對南部和東海岸地區。從福建和廣東招募來的數千名移民，被安排到花蓮太魯閣近郊居住，其他的移民則被重新安置在卑南附近，以及南部新設的恆春縣。

在英國公使威妥瑪調停下，中日雙方就牡丹社事件達成協議。一八七四年十二月二日《費城詢問報》於頭版刊載：「中國已經同意日本的每一項要求，他們承認日本出兵的正當性，並支付了一部分的賠償金，……日方對於此一結果顯得極為滿意。」

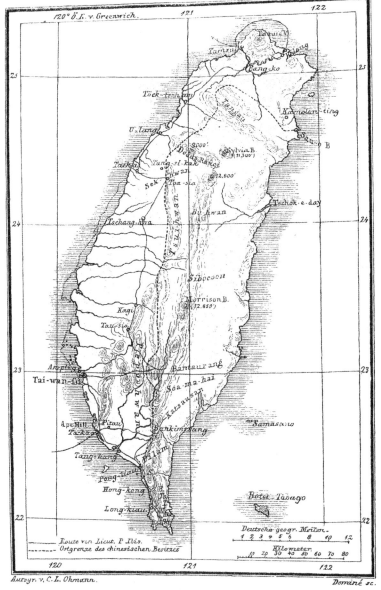

德國人保羅・艾必斯於牡丹社事件後來台,並深入內地探訪原住民部落。圖為艾必斯遊歷的路線圖,以及其所探訪部落的所在位置。

艾必斯

　　日軍撤離後,中國當局在楓港駐紮了五百名兵員。日本遠征軍的前線基地,如今成為中國轄區的前哨站。幾名中國軍官深入南部探勘道路,遭到原住民伏擊。當局派遣數百名士兵前往懲治,發現涉嫌的原住民部落裏只有老人和兒童。中國士兵殺死這些老人和兒童,毀壞村莊而去。他們在回程中受到攻擊,僅有五十人生還回到楓港。當局從福州徵調增援部隊,德國人保羅・艾必斯(Paul Ibis)於當時抵達台灣府。艾必斯辭去船上的工作,他想探訪福爾摩沙內地的原住民部落。

　　艾必斯經打狗行抵東港,東港有五千個居民。「大多數的房舍都是用竹子搭建而成,夜間十分涼爽。因為河水年年氾濫,房舍往往毀於水患。鑒於此一風險,鎮上的中國人不造磚房,而是搭建造價低廉的竹屋。」

　　艾必斯所雇用的兩名中國腳夫,並不知道艾必斯計畫要進入原住民區域。在往南的途中,他們漸漸察覺出艾必斯的目的。艾必斯在瑯嶠首次遇見了原住民,他們下山以花生和鹿皮交換火藥。「看見原住民時,我的快樂程度與同行兩名中國腳夫的恐懼程度成反比。我立刻趨前,遞給了他們菸草、檳榔和米酒,這些東西除去了他們的羞怯,他們同意讓我替他們素描。」

　　艾必斯在楓港招待Saprek人,設法打動他們,直到他們答應帶他進部落,以兄弟的身分將他介紹給頭目為止。「我只需舉辦一場與白人大人物身分相稱的宴席,用大量的米酒和檳榔,即可使他們人人稱心滿意。這樣

的事情並不難安排，因為整個部落僅有一百五十人。我的新旅伴大約十二個，皆盡其所能地揹著酒，這些酒分別裝在葫蘆、酒囊，以及與人齊高的竹筒裏。」

他們翻山越嶺，進入原住民的獵區。「我們在村落入口停下腳步，離我們三十步以外的地上插了一根竹竿，我得到指示，這就是我的射擊標靶。我於是朝竹竿開槍，並且正中目標，於是我在歡呼下被領進村莊。我很能理解這種射擊考驗的目的，因為Saprek人是狩獵的部族，他們只與同為神射手的人平起平坐。假如我槍法不準，我不但會遭受嘲笑，更別指望能見到頭目，Saprek人是最優秀的獵人和戰士了。」

頭目莊嚴地端坐在艾必斯的面前，靜默許久之後，頭目的眼神由嚴峻轉為陰沈。艾必斯感到越來越不自在，後來，有人暗示他應該獻上禮物。「一塊黃綢布加上一串玻璃珠，掃除了頭目臉上的陰霾。他站起身，用左手搭在我右肩上，示意要我照著做。旁邊的人遞給我一碗米酒，我和頭目兩人輪流喝著碗裏的酒，直到喝乾為止。有人向我解釋，我現在已成了頭目的『兄弟』，會客儀式才算完畢。」

隨後他們開始長時間地開懷暢飲，艾必斯受邀住在頭目家中。他詳細記錄村民的衣物和首飾，記錄他們的語彙，並且畫素描。隔天，他回到楓港。

艾必斯繼續南行，路上意外碰到了好幾個Ouajan人。若非艾必斯有左輪槍，腳夫們早就丟下行李逃跑。「從那些野蠻人火繩槍的火繩上，我點燃了香菸後，往他們每個人嘴裏塞上一根，才結束這次驚心動魄的場面，

最後我替他們其中一位畫了張素描。」

兩千名中國士兵在柴城（今車城）紮營，計畫中的總人數是四千人。有三座軍事堡壘已幾近完工，山丘上的第四座正在打地基。

「以高昂代價移交給中國政府的日本軍營，現在已經蕩然無存。日軍撤離後，隔天營區就被連根燒毀，根據某位官員的解釋，這是因為中國士兵住不慣日軍營舍。我倒認為，這些擠成一堆的中式泥屋，遠比不上我在楓港所見的日式草屋。這些被圍在厚泥牆內的營房，被稱為中國軍營或堡壘，但充其量只不過是滋生熱病、天花和其他流行病的場所，中國士兵懶散的生活方式，讓情況雪上加霜。他們待在窒悶的營房裏，成天躺著抽鴉片菸或打牌。」

村民多半不曾見過西方人。「我被當成日本人，受到熱烈的招待。因為目前有大量的日元小錢幣在福爾摩沙南部流通，日本人在

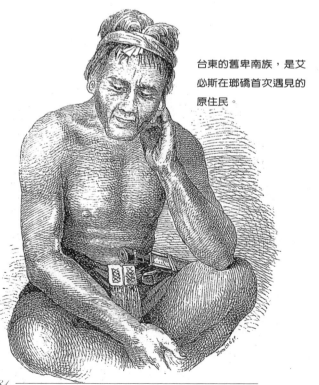

台東的舊卑南族，是艾必斯在瑯嶠首次遇見的原住民。

艾必斯一行人揹著大量的酒，拜訪人口僅一百五十人的Saprek部落。Saprek是個狩獵部族，
為了能與村中的神射手平起平坐，艾必斯在進入村莊前還必須通過射擊考驗。

Saprek部落的老人。　　　　　　Ouajan部落的村民。　　　　　　Sabaree部落的獵人。

鄉下人心中留下了良好的印象。」

中國當局正式設宴邀請艾必斯，並宣布他們要回訪艾必斯，想藉此阻礙艾必斯深入內地的計畫。但艾必斯避開官方的監視，沒有告知腳夫，獨自踏上日本人所建的道路，往東而行。他偶爾會遇到幾位Sabaree部落的獵人，他們把艾必斯當成日本人，並願意帶艾必斯前往他們的住處。

「到了村子裏，當他們得知我既非日本人，也不是遇上船難的船員，而是獨力前來的西方人時，感到十分驚訝。要向他們說明我究竟是什麼人，比起向中國人說明更加困難，中國人老是把我當成傳教士、醫生或英國領事。」

頭目接見了艾必斯，沒有舉行任何儀式。頭目正在擦他的火繩槍，準備要獵鹿，鄰近部落也參與其中。他詢問艾必斯為何而來，並邀請他參加隔天的狩獵活動。

艾必斯順道拜訪了住在附近村莊的卓杞篤，艾必斯發現醉醺醺的卓杞篤正與妻子共舞後，就自行返回了。翌日，艾必斯趕在狩獵活動前出發，步行到東海岸。「人們搖搖頭，警告我要當心龜仔角部落，因為我必須經過他們的領土。」

艾必斯的突然出現，在接下來的Bakurut部落引起騷動。「女人、兒童哭嚎走避，男人提起武器衝出屋外。剎時間，我被一大群骯髒、滿臉狐疑的傢伙給包圍，他們拚命比手畫腳，想知道我的船在何處失事。我唯一能做的事就是指向東方，結果我得到許多名嚮導，數量比我所想要的還多。」

他們領著艾必斯，靜靜地穿越鄰近的敵對部落——龜仔角人領域內的叢林，艾必斯在

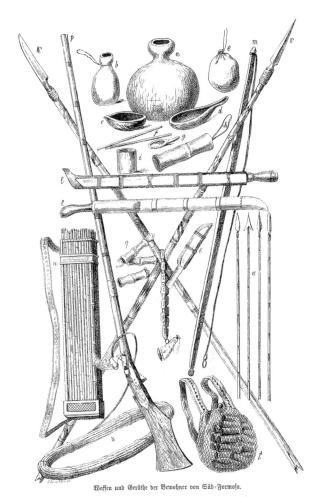

福爾摩沙南部居民的武器和用具，此圖中描繪清楚而細膩，是非常難得的圖像資料。

海灘上發現一間龜仔角人用來監看海上失事船隻的茅屋，他們就是在這片海灘上捉到琉球人。「在內陸地區，可以看見那些取自失事船舶的木板，被用來鋪設在小溪上，也被用來覆蓋在墳墓上。」Bakurut人發現原來艾必斯並非失事船員，艾必斯用菸草平息了他們的怒氣。艾必斯返回參加獵鹿活動，然後前往柴城。

他想探訪牡丹社部落，但沒有成功。數次渡河之後，穿著濕衣的艾必斯露天而眠，結果得到重感冒。高士佛社人在路旁發現發燒顫抖的艾必斯。幾經考慮之後，他們決定將艾必斯帶回石門，也就是高士佛與牡丹部落

Katsausan部落少女。艾必斯曾由枋寮步行至萬金庄,拜訪萬金庄的道明會傳教士,及一個位在山地的Katsausan部落。

平埔族少年和婦女。艾必斯也曾走訪過六龜到嘉義一帶的平埔族村莊,他發現當地的平埔族已漢化相當深。

的入口處。艾比斯回到柴城養病,恢復了健康。艾必斯見到南部所有九個部落的原住民,描述了他們的風俗習慣、房屋建築、謀生方式,以及與西岸(主要在柴城)中國村民以物易物的活動情形。

「我發現人們所告訴我的那些可怕的故事,事實上嚴重地被誇大,原住民實際上既好客又誠實。我必須說,比起許多自詡文明

程度較高的人,原住民留給我更好的印象。原住民絲毫不會辜負我對他們的信賴。我在所有地方遇到的原住民,無不懇勤好客,對我禮敬有加,讓人無從抱怨。

只不過一開始並不容易取得他們的信任,進入他們的部落。想想他們的處境、想想他們以及他們的先祖與中國人打交道時的慘痛經驗,就知道這是理所當然的,也難怪他們對每個陌生人都有疑心。我們不能因為他們在海灘上打劫,就認為他們是邪惡、墮落的人,層出不窮的船難事件自然容易養成他們打劫的習慣。」

艾必斯經枋寮步行至萬金庄,拜訪萬金庄的道明會傳教士,以及高山上一個叫做Kat-sausan的部落。

艾必斯從Katsausan部落返回打狗之後,再度出發遊歷,途經台灣府,進入山區,到達六龜里(今六龜),遇見幾位Bantaurang人。他們下山做年度的採購,這是他們與平埔族人年僅一次的接觸。

在介於六龜里與嘉義的平埔村莊中,只有頭社(今頭社村)的平埔族人還保留了原住民的傳統宗教,他在頭社發現一座公廨。

「其中一座公廨裏面有動物頭骨、鹿角,以及對稱固定在祭壇上的兩支舊長矛。長矛上掛著彩色石頭。祭壇前放置供品。所有的平埔族人每月兩次,供上一些米飯、米酒、檳榔等,諸如此類的東西。進入公廨之後,平埔族人必須取下頭飾,朝祭壇噴一口米酒、鞠躬、擊掌兩次,然後在祭壇前獻上供品。在進行重要的活動或結婚、生子之前,以及碰上生活中的各種重要場合時,他們都會前往公廨獻祭,但公廨中沒有巫師。」

艾必斯在頭社發現一座公廨,裏面有動物頭骨、鹿角,祭台上對稱固定著兩支舊長矛,矛上掛著彩色石頭。在進行重要活動或結婚生子前,頭社的平埔族人都會前往獻祭。

「尚未被中國人完全同化的另一件事是舞蹈,在滿月時,他們會圍成一圈,盡情歌舞。」在嘉義與嘉義以北的「官道」上,艾必斯無法招雇到願意帶他入山的嚮導。當局盡其所能地阻止他單獨行動。他的身旁隨時都有士兵陪同。艾必斯在大甲本地的長老教會傳教站受到款待,村莊的官吏也宴請他,這時,他才得以伺機走訪一個Sekhwan人的部落。

在嘉義以北的「官道」上,艾必斯找不到願意帶他入山的嚮導,當局也極盡可能地防止他單獨行動,但他還是伺機走訪了一個Sekhwan人的部落。圖為該部落的女子。

由南到北之旅

英商科納(Arthur Corner)進入內地旅行。科納在安平上岸,他發現了古荷蘭堡壘,「這些堡壘只不過是一堆廢墟,構成稜堡與其他建築的巨大磚石堆,疊置在堡壘地基四周,基址上只有一棵大樹,以及幾間中國式的房舍,在單調的海岸線上,形成船隻靠近時極有用的地標。在法國工程師貝托先生督造下,中國人費勁地從混凝土巨塊上敲取磚塊作建材,在約莫一哩外建築一座現代防禦工事。據說他們想將大樹砍倒,但人們卻希

Deutsch	Sabari, Bakurut etc.	Saprék	Pilám	Katsausán	Bantaurang	Sek-hwan	Tagala
Acht	wáru	háru	wóro	áru	bálu	kasúp-i-turú	ualo
Neun	siua	siwa	iwa	siwa	bagátu	kasúp-i-supat	siám
Zehn	purúi	polúk	púlu	pólok	pulukú	asit, isit	polo
Mann	kaljai	ukaljái	atáu	tschau-tscháu	aulái	sáu	laláki
Weib	wawájan	bawajan	babájan	babájan	wai-wai	mamajús	babai
Kind	kakidian	kakidian	amalúk	kaká	kumú	rakehál	batang
Vater		amadséng	ama	amák	amaké	aba	ama
Mutter			ina	ina	inákē	iná	ina
Kopf	wungúi	kjalupáng	ingró	orú	alipogó	punú	úlo
Augen	matá	matsá	matá	matá	matá	daurik	matá
Nase	nusjú	nudjus	tingrán	tsingrá	nunuó, nuó	mudsing	iīúng
Ohren	taringa	tsalinga	tangirá	tsalinga	salinga	sangila	talinga
Zähne	walis	alió	wáli	alis, alió	ališ	liping	epin
Haar	wukusj	kuwalj		owalj	ió	büküss	buhuk, wolo
Schnurrbart	nis-nis	nisch-nisch	nisch-nisch	nissi-nissi	wasini, mutu-mutú	muduaj	
Hand	kaján	nimá	rimá	limá	alimá, arimá	rimá	kamai
Finger	tarurúik	tsadsudsákan	timúsch	garugaú	ramtsó	takamúit	dalirik
Fuß	ukrú	kulá		kurá	lapalé	dedapál	pa, lahatampá
Haus	tapaú	tabá	rúmak	tapaú	tapaú, tanganó	humák	bahai
Holz / Baum	kirang	kassiju	kauék	kamaja	kassiju	kahéui	kahui
Bambus	aúr	kabájan	"	"	bale-balé	batakan	kawajan
Banane			bulíbul	"	búlé-búlé	balibúl	saling
Areca	sawiki	sawiki	sawiki	sawiki	sawiki	sawiki	
Berauschende Getränke	wáwa	wáwa	báwa	báwa	wáwa	inusat	alak (Sndw.-Ins.: awa)
Tabak	támako	támaku	tasnako	tamaku	tamako	tamako	
Reis	kassát	wat, patái	rumái		padai	massúk	higass
Süße Kartoffel	wurát	wurasi	abuak	bulati	wurati	dadass	sotoi
Hirsch		mahúum	abjáu			issú	ussá
Schwein	katsang	wabúi	"	babúi	wutúng	barudsák	pabúi
Hund	wattuk	wattuk	"	batú	taurú	badsúk	assu
Katze		miau	"	niáu	niáu	balán	pussá
Huhn	djurikuku	júrikukku	"	"	kúka	patáu	
Fisch	likau	lekau	"	dajáu	"	aláu	usdá, lukká
Hammel	karaján	kaluluban	rangit	karurúwan	"	kanás	langit
Sonne, Tag	tingár	kadáu	kadáu	atáu	tsüngná	lisách	aráu
Mond			abulang		ilatt	ilass	bulang
Sterne					tareó	bintúi	bituin
Feuer	sapúi	sapui	apní	sapui	apui	apúi	apúi
Wasser	nanúm	adúm		dsaljúm	lalúm	daljúm	tubig (?)
Stein	wakru	azíljái		aputo,tscheljai	aputó	batú	bató
Weg	raráng	tjaráng	lslán	lalán		darán	daán
Essen	kaïnán	kamaú	amakán	kanú	kanú	takané	makain
Gut	langúak	langúak		langúang	máriang	makatarú	marikit
Schlecht		lakujá			matakula	saddéak	massamá

30*

艾必斯將他所接觸過的原住民語言，整理成一份原住民方言字母表。

望能保留這棵樹。

新堡壘有四座稜堡，磚造的護牆，泥製的內牆，建築構造簡單、平凡無奇。然而不穩定的泥土建材，似乎曾給建造者帶來一些麻煩。這座新堡壘是否能經久耐用，一如荷蘭人所建的舊堡壘，此事令人懷疑。從安平出發，沿溪岸向內陸步行半小時即可抵達台灣府城，途中會經過一座中國軍營，以及數個近郊住宅區，住宅區中有數家外國商館。府城城牆修復狀態良好，城內顯然還有大量空地，空地上有綿延起伏的草地和大樹，景觀美如公園。

城牆內另有一座磚造的荷蘭堡壘，現已破舊不堪。整座建築都是堅實的磚結構，堡壘建築有某些地方被榕樹根撐裂，裂縫裏有貓頭鷹和蝙蝠棲息。堡壘緊鄰主要街道，有些房舍就建在牆的上方。我爬上頂部，城內景色盡收眼底。

我爲我的行程略事準備，包括雇用兩名轎夫將我送到山腳下，這段路程估計須往北走上四天，此外我還雇了兩名腳夫當嚮導。準備就緒後，我在十五日清晨啓程。因爲我打算輕裝簡行，所攜物品相當有限：毛毯、若干罐頭食品——以備在吃膩中國食物時用來換換口味，另有指南針、氣壓計和素描簿等。我想用步行的方式完成大部分的行程，只有在一開始時要穿越平坦地區時才乘轎。我預計需要兩個星期，才會進入轎子無法派上用場的地區。

鄉間土地上處處種滿作物，我看見人們在收割豌豆桿，下一季要收成的番薯，正在採收過豌豆的犁溝間生長，我還看見恣意生長的茴香叢。一整天下來，我們還不時地經過甘蔗園。」

科納經嘉義北上，途中經過幾座位於「官道」旁的小集鎮。

「這些地方多半大同小異，通常有一條長長的街道，店鋪開設在街道一旁的騎樓下，魚、肉、農產品暴露在外，街道十分髒亂。抵達斗六時，我不得不投宿在一家中國客棧，當地的旅店眞是骯髒透頂，即使眞要將我的坐騎牽進客房，我都得考慮再三。在這一類地方，都能買得到食物。人們會給你一種他們稱之爲『粥』的東西，這是用米、鹽、小蝦和鴨蛋所煮成的湯。你還可以買到雞肉和家禽的蛋，有時還買得到山羊。不過他們的烹飪技術不佳，雖能讓人飽餐一頓，

在日軍登陸南方岬（今鵝鑾鼻）後，為防止日軍揮軍北上，清廷在法國工程師貝托
（Berthault）督導下，在安平南方約一哩處興建一座大型堡壘，為了快速取得建材，
於是將舊熱蘭遮城拆毀。圖為年久失修、但尚未拆毀前的熱蘭遮城。

一百三十多年前的台灣府
城（今台南），只有居民七
萬多人，到處可見農田和
庭園，郊區林蔭小徑交
錯。從安平出發，沿溪岸
向內陸步行半小時即可抵
達台灣府城，府城城牆修
復狀態良好，城內顯然還
有大量空地，空地上有綿
延起伏的草地和大樹，景
觀美如公園。

但口味無法令人滿足。」

科納離開官道，轉向東北方前進。

「我們越過一座座山地，部分林木已被砍伐的山地，從一些中國伐木工身旁經過時，發現他們隨身帶著火繩槍伐木，因為他們得防備野蠻人的侵擾。進入森林後，我們碰上了一群極為友善的原住民。我不知道他們是否屬於懷有敵意的部落，嚮導建議我不要走在隊伍前頭，以免受流彈的波及。

蜿蜒的小徑穿入森林後，四周開始出現一些非常美麗的景色，壯觀的棕櫚樹、野生香蕉，以及攀沿而上的蕨類植物，生長繁茂。有些蕨類植物沿樹而上，醒目的葉片覆蓋著約六十呎高的樹幹。

在登上某座埡口時，我發現我們已經上升到兩千零八十二呎的高度。越過一片種茶的小平原之後，我們抵達龍湖（今日月潭）旁的小村莊水社。我在湖岸邊散步，畫了幾張素描，靜謐的景色引人入勝，水貍在水中四處

使用「菸吹」抽煙的平埔族婦女。「菸吹」是平埔族人吸菸的器具，菸桿近吸口處漸收，另一端塞菸草處則較粗大。

游動。我估計這座湖位於海拔兩千三百六十六呎，這地方保證會令愛好打獵者、藝術家、博物學家，或地理學家流連忘返。」

科納從日月潭降走至埔社。「埔社裏住的幾乎全是基督徒，教堂是村中最重要的建築物。河流流經埔社東邊的平原，再往下注入大平原，高、低兩個平原都被用作耕地，較高的平原上有兩座基督教徒的村莊，每一座村莊裏都有一間大教堂。這幾個地方的人似乎都很高興見到外國人，所有的村民都爭相與你握手，對你說：『平安！』

我們穿越分隔埔社與西部平原的山地，途經濃密的森林，上升到海拔兩千一百七十七呎，這裏的藤、蕨類植物和蘭花生長十分茂盛。我取得兩種蘭花樣本，帶回廈門，努力讓它們開花，希望能培育新的植物品種。我在森林裏殺死一條翠綠色的蛇。出了森林後，我們在一片寬闊的平原上紮營，平原上有砂岩峭壁，岩石層理分明。

我們隨後抵達草鞋墩（今草屯），進入一家看起來不理想的中國客棧，我想另尋合適的住所，但是我不會講半句中國話，這讓事情變得有些困難。客棧裏的客人正躺著抽鴉片，店家推薦給我的客房是一間露天的閣樓。在菸草店裏，我遇見一位貌似正派的男子，他邀我到他家去，我被領到店鋪上方類似的閣樓。同樣的，店裏的人也聚精會神地抽著鴉片，因此，在離開客棧後，我的處境並未因而改善。」

前往大甲途中，科納行經茶園和罌粟田。「爬出山谷之後，我開始翻越丘陵地，丘陵地上的林木已經被砍伐，地上散布著樟樹殘株和燒焦的灌木。」他在客家村買到一大張

休息中的苦力們。一百多年前的雞籠煤礦，完全依賴三千多名苦力，以最原始的方式進行開
採。這些苦力年紀從十二歲到五十歲都有，有些因職業關係，身體已相當程度變形。

豹皮，「這裏有若干這類美麗的動物」，然後回到「官道」上，乘轎走完餘程。「在大稻埕看見外僑所居住的白色建築和綠廊，令我感到快慰。我很快就尋到舊識，覓得住處，找到交談對象，打開憋了十三天之久的話匣子。大稻埕在福爾摩沙北部，收購茶葉的商行在此聚集。同一河岸上的艋舺是中國商城，位於上游一、二哩處。」

前往鵝鑾鼻

一八七五年六月中旬，畢司禮（Michael Beazeley）陪同駐打狗的專員布朗（Brown）與海關稽查員哈斯汀（Hastings），經陸路前往瑯礄（今鵝鑾鼻），協助選定設置燈塔的地點，並替海關稅務司從當地原住民手上取得所需的土地。台灣府道台派周姓書記官，以及一名士兵隨行，並有三十名腳夫抬轎與攜帶行李。

畢司禮一行人於十八日離開了打狗，他們在日落時分抵達東港。畢司禮寫道：「東港是一座繁榮的城鎮，居民六、七千人，其屋舍主要是由樹枝或竹子搭建而成，屋頂上覆蓋芧草。瓦頂的磚房寥寥無幾。東港的海上貿易活動十分發達，岸邊停泊了二十八艘中國帆船。我留意到有幾家規模頗大的陶器店、鐵器店，以及布匹店。這裏還有一些擺滿了鳳梨的店舖，這些鳳梨大量銷往香港、廈門各地。」

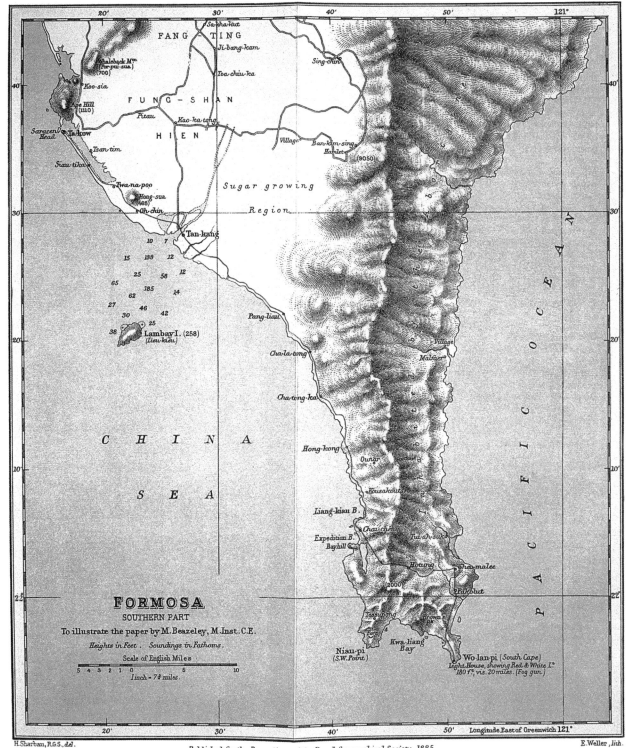

FANG — TING

Whaleback M.ⁿ (Pu-pu-sua) (700)
Koo-sia
Ape Hill (1110)
Saracen Head
Ta-kow
Tsan-tim
Siau-tika
Sa-cha-ka
Ji-bang-kam
Toa-chiu-ka
Sing-chen

FUNG-SHAN
HIEN
Pitau
Kao-ka-tong
Village
Ban-kim-sing Hamlet
(9050)

Iwa-na-poo
Hong-sua (466)
Oh-chin
Tan-kang

Sugar growing
Region

10   7
15   139   12
25   58   12
65   185   14
27   62   46   42
30   25
38   25   Lambay I. (258) (Lieu-kieu)

C H I N A
S E A

Pang-liau
Cha-la-tong
Cha-tong-ka
Hong-kong
Village
Malsae
Ounar
Kousakouts
Liang-kiau B.
Chai-chhu
Expedition B. Bayhill
Hoiung (2000)
Turah-suck
Niau-pi (S.W.Point)
Tassupong
Fort
Kwa-liang Bay
Shu-malee
Pavobut
Bruma-pt
Wo-lan-pi (South Cape)
Light House, showing Red & White L.º 180 f.ᵗ, vis. 20 miles. (Fog gun.)

P A C I F I C   O C E A N

FORMOSA
SOUTHERN PART
To illustrate the paper by M. Beazeley, M. Inst. C. E.
Heights in Feet. Soundings in Fathoms.
Scale of English Miles
5 4 3 2 1 0   5   10
1 inch = 7¼ miles.

H. Sharbau, R.G.S., del.

Published for the Proceedings of the Royal Geographical Society, 1885.

E. Weller, lith.

瑯礄（今恆春）海域接連發生船難，各國於是向清廷施壓，要求在當地設立燈塔。一八七五年，
清廷由海關總稅務司赫德，指派英國籍的畢司禮專程來台協助選定設置燈塔的位置。圖為畢司
禮向英國皇家地理學會做報告時所使用的說明地圖。

他們行經枋寮，介於山嶺與海岸間的平原，在枋寮收縮變窄。「在抵達莿桐腳（今枋山）之前，我們必須下轎步行，越過直接沉降至海的山嶺支脈。我們注意到，為了保持道路通暢，防止野蠻人藏身，山上的樹叢都已被砍伐清除。我們經過三座有壕溝保護的營地，軍營中旗幟飄揚，原來我們已經進入野蠻人的領域，抵達中國人與當地原住民交戰之處。再往前有一條寬敞的道路，這條路穿過叢林，上通山嶺。

半路有一座軍營，山頂上也有一座。更遠的山上還有一座大型軍營區。自從日本撤軍後，中國人與此地的野蠻人已經進行了半年的戰鬥，有幾個部落不久前已經投降。就在我們抵達的當天，有一百個野蠻人接受剃髮，接受文明禮教。幸好當局能即時結束戰事，因為霍亂、傷寒正在部隊中肆虐，已有將近一千名士兵病故。前天有一名將軍因病身亡，如果中國士兵被迫繼續在雨季作戰，那麼他們有可能會全軍覆沒。」

六月二十日，一行人抵達柴城。

「柴城是軍事重地，設有城牆和大門。當時的柴城是福爾摩沙南部最邊遠的基地，其名意指『木牆』，我們得知，此地的防禦柵欄原本以蘇鐵樹幹做成。柴城四周稻田環繞，不遠處有兩座大軍營，營外掘有壕溝，每個營區駐紮五百名官兵。城內到處都有來自北方的軍官，在我們路過時，他們會低聲嘀咕，說我們是『番鬼』。布朗先生向我保證，這話聽起雖然令人不舒服，但只不過是他們表達想法的一種措辭，並非有意的侮蔑。過了柴城後，餘程的道路崎嶇不堪，我們決定盡量輕裝簡行，只攜帶五天行程內不

可或缺的衣服和食物。」

他們一行人轉往恆春。「恆春位置偏遠，是該區首府的預定地。我們在村長家的小茅屋中休息，村長久居化外之地，看起來幾乎不像是中國人。村裏的人懇懇有禮，許多兒童擠到門口來看我們。布朗先生畫了些船和動物，逗他們高興，我則把手錶湊在他們的耳朵上，讓他們聽聽手錶的滴答聲，這讓他們樂不可支。休息了三小時之後，我們繼續上路，沿山路朝正東而行，這條山路是日本人在攻打南部野蠻人時修築的。

此時我們身處於福爾摩沙極南之處的半島中段，登上山頂後，我們首度見到了太平洋。我們在山頂駐足片刻，飽覽美景，眼前有一座山谷，從群山的間隙中，我們可以望見壯麗的海洋。在我們左方是崇山峻嶺，右方是嶙峋的山嶺，為了向我們的領隊布朗先生示敬，我將其中某座尖削突出的山峰命名為布朗峰（Brown's Peak，今大尖石山）。

佳樂水是最邊遠的中國移民聚落，我們發現這裏的居民部分是中國人，部分是野蠻人。其中有幾些野蠻人還帶著弓箭和長刀，這裏的野蠻人比中國人膚色更黝黑、體格更健壯，他們只在腰際圍上一小塊藍布，近乎裸體。」

他們雇用了一名年長的嚮導。這名老嚮導安排他們與龜仔角人領袖卓杞篤會面，地點設在佳樂水南邊的Poka1ut部落附近。

「卓杞篤的長相絕對稱不上俊美，然而我卻十分欣賞他那優雅、莊嚴的步姿。他只在腰間圍上一片藍布，肩掛一個繡花袋，髮後插一根小樹枝，並隨身攜帶弓箭和長刀。長談之後，卓杞篤反對我們通過他的領土，因

為他害怕我們帶來天花。」

卓杞篤似乎一度願意讓他們其中的幾個人通行，但是在嚼過幾口檳榔後，他好像失去了勇氣，最後還是決定，他們全得繞路而行，經由海岸前往琅𤩟，卓杞篤還說，他會在琅𤩟或人們所稱的鵝鑾鼻與他們會合。

他們發現嚮導帶錯方向。「我們發現，沙

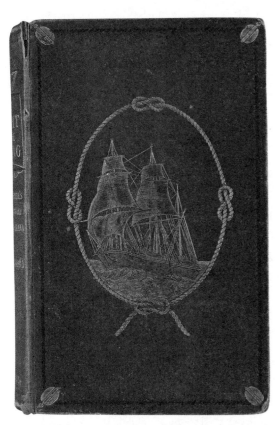

《拉普溫號航行記》一書的封面。作者提默斯在書中記載了他在一八七六年間，數度造訪福爾摩沙的行程。

灘附近的通道被岩石阻斷，於是折返回到山上，穿過叢林來到草地上。嚮導不願再帶路，但在書記官的威脅下，他們不得不聽話，勉強踏上一條通往正南方的小徑。我走在隊伍前頭，緊跟著老嚮導的腳步，監視他

的行動，因為我擔心他會逃走。當我發現我們兩人已經超前其他人時，我叫老嚮導停下腳步，好讓後面的人跟上來。正要坐下時，後面傳來吵嚷聲，我看見苦力們挑著擔子飛奔而來，我猜他們大概因偷懶而挨了書記官的打。

哈斯汀走上前，他說後頭有一大群人不讓我們再往前走。我往回走，發現布朗先生和周書記官面前有一群野蠻人。屈指一算，共有二十五名男子，他們個個體格健美，其中不少人配帶著火繩槍，手中還拿著點火筒，其餘的人則帶著弓箭，但每人腰上都掛著一把令人膽寒的長刀。這些火繩槍的狀況極佳，我從未見過武器如此保養得當。槍管、槍機閃亮如白銀，木製的槍托又白又硬，類似冬青木。

三名頭目蹲坐在附近，示意手下將我們全部包圍起來。他們不准我們再往前走，我們必須立刻掉頭。周書記官氣勢洶洶地對他們發表長篇演說，他說這項任務非完成不可，他是奉了上天和主人的命令來到這裏，他執意繼續前進。如果他們要殺他，那也沒關係，反正他決定要盡到他的責任。我不知道他的這一番話，是否被老嚮導全數加以翻譯，不過那些野蠻人還是低聲交談了片刻，最後，那位頭目終於霍然起身，猛不防地揮手，我以為我們馬上就要遭受襲擊，然而，那個手勢卻是表示我們可以繼續前進。」

這一群人路途中又被攔截了兩次。「那些野蠻人想知道，我們要在琅𤩟建造什麼東西，我畫出燈塔給他們看。他們其中有一個人想看布朗先生的左輪槍。布朗先生認為，展示左輪槍的火力，可以產生有利的效果，

於是朝著附近的堤岸，熟練地射完所有的子彈，而他們顯然也認爲我們這群人不可小覷。」

第二批龜仔角人出現時，腳夫們十分恐慌想要逃跑，這些龜仔角人顯然是被派來攔截畢司禮一行人。

「事態看來相當嚴重，我們開始進行討論，考慮是否要立刻往回走，派人告知卓杞篤，弄清楚他要不要護送我們到瑯嶠。如果他不願意，我們將回頭帶領大批士兵，強行進入瑯嶠，但最後我們還是決定不能無功而返。周書記官於是以嚴厲的口吻警告僕役和嚮導，告訴他們如果逃跑，必將遭受最可怕的處罰。此時漸黑的天色，強化了他這番話的效用，因爲他們一定不敢冒黑、沿著偏僻的海灘往回走。」

畢司禮一行人於隔日抵達瑯嶠。「這地方美到極點，細緻的草地有如妥善照料的草坪。一排排濃密的樹林環繞著緩緩傾斜的草地，坡地上有一條帶狀的叢林，叢林外便是瑯嶠的低漥地。高聳的蘇鐵從叢林裏探出頭，樣子彷如棕櫚樹。這裏野生的黑檀木長成巨樹，森林中還有許多美麗的硬木樹。此地的猴子數量極多，也可以聽見鷓鴣在低矮的林叢中叫喚。

但是嚮導卻不停催促我們趕快離開，因此，在測量過建燈塔所需的土地之後，我們便動身踏上回程。事後我們才知道，原來野蠻人一直隱身在樹林中，密切地監視著我

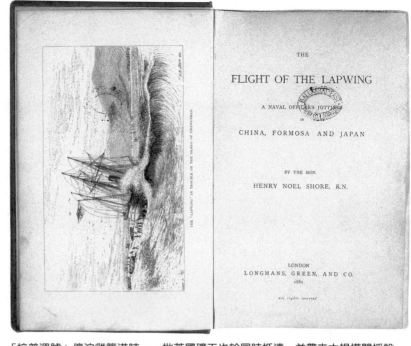

THE
FLIGHT OF THE LAPWING

A NAVAL OFFICER'S JOTTINGS
IN

CHINA, FORMOSA AND JAPAN

BY THE HON.
HENRY NOEL SHORE, R.N.

LONDON
LONGMANS, GREEN, AND CO.
1881

All rights reserved

「拉普溫號」停泊雞籠港時，一批英國礦工也於同時抵達，並帶來大規模開採設備。圖爲繪有「拉普溫號」的《拉普溫號航行記》標題頁。

們，他們必定還向嚮導示意，要我們離開。我們再度爬上峭壁，在我們休息之際，卓杞篤帶著八名野蠻人現身。我們質問他爲何失信，他編出一套蹩腳的藉口。在卓杞篤陪同下，我們沿著太平洋岸愉快地步行，昨夜的雨水讓沙灘地變得硬實。我們很高興地發現，卓杞篤手下的武器生了鏽，這表示他們必定在叢林裏度過難受的一夜。

返回Pokalut後，布朗先生與卓杞篤以及眾位頭目商談土地的價錢，他們起初要價三百元，後來同意以一百元的代價，將半島南端的一片土地賣給我們。約二十名以卓杞篤爲首的頭目，在村莊廣場上開會討論契約條件。他們同意出售土地，並於燈塔建造時提供我們保護與協助。

翌日，周書記草擬了雙方的土地協議，由我的小兒子膌正本抄寫下三份。卓杞篤與五位大頭目，用食指沾墨水，在文件底部蓋上指印。我們將一百元交付卓杞篤和另一個頭

目後，布朗先生拿出他為此行所準備的珠子和紅布，分發給村子裏的男男女女。直到下午四點，我們才抵達柴城。

軍營的官兵沒料到我們會生還，因為他們聽說我們已經被野蠻人殺害。傳聞未能成真，有些軍官看來似乎相當失望。」

北部

在《拉普溫號航行記》(The flight of the Lapwing)中，提默斯(Henry Teignmouth)記載了他在一八七六年間造訪福爾摩沙的數趟行程。

提默斯在雞籠查看煤礦時道述：「我們一路攀行，抵達一座村莊，這村莊位於『煤港』(Coal Harbour)灣頭，成堆的煤堆置在海濱。我們看見一列列半裸的苦力，肩挑著兩擔搖搖晃晃的籃子，如蟻群般蜿蜒地走上山坡。走到煤堆前時，他們就卸下擔子稱重量，倒出煤炭，然後周而復始，重新再走上一趟。礦區裏沒有任何排水設備，下雨時往往淹水，的確，每件工作都是以最原始的方式進行。苦力的年紀不一，從十二歲至五十歲都有，有些人因為職業的關係，身體已經相當程度地變形，聽說礦區大約雇用了三千名苦力。」

「拉普溫號」(the Lapwing)在港口停泊時，第一批英國礦工從紐卡爾斯(Newcastle)抵達此地。政府貼出告示，警告民眾不可騷擾他們，還替他們建造房舍，這些房舍足可媲美此地駐守官員的衙門。英國礦工認為，他們可以找到品質優良的煤炭，還認為表層煤炭的品質不輸給英國煤炭。他們安裝了大規模的機械設備，希望能使煤炭成為此地重要出口物資。此地出產的煤炭一度供福州兵工廠使用。

「根據目前的報告，中國當局正忙著在島上各地以洋人的方法訓練軍隊，然而從各種描述看來，這些由移民所組成的部隊似乎不會有高昂的士氣。由很多的證據顯示，這批從島上招募的士兵曾公然透露，儘管穿上軍服，但是他們並不想上戰場。滿清官員的統治是不可能激發出愛國心的。

福爾摩沙現歸福建巡撫管理，在他主政下，開發煤礦的準備工作已著手進行。計畫如獲成功，將大幅提高煤炭的重要性。過去幾年來，當局致力在原住民所占據的東海岸上開拓殖民地，他們派軍隊駐守蘇澳港，並沿著海岸修築了一段道路。當局還發出布告，承諾將土地分配給移民，但是這些土地尚為原住民所擁有，當局的承諾看來已經不能兌現，而且軍隊也已經撤離了。

丁巡撫(丁日昌)推動開明政策，利用西方科學設備開發島上資源，贏得外國人的敬重。他的名字將永垂不朽，成為中國官員效法的典範。他接通台灣府與打狗港間的電報線，並考慮修築鐵路連接兩地。然而，他最重視的計畫，是在島上建築貫穿南北的鐵路。英國工程顧問評估了費用，負責吳淞鐵路(上海附近)的工程師粗略勘測過土地。然而丁巡撫無法掌控情勢，這項計畫失敗了。這位開明籌畫者的去職是中國的損失，然而對於他那些腐敗、懶惰的下屬而言，卻是莫大的歡喜。

滿清官員通常保守、懶惰而且腐敗，他們希望一切照舊，改革弊端是他們最不想見到的事，因為這必然會讓他們垮台，所以他們

一幅詳細描繪台灣高山原住民居住環境的圖，此圖刊登於一八七七年《天主教傳教團》，
如今成了十分珍貴的百年史料。

將基督教視為可能惹來麻煩的一股力量，因此對基督教沒有好感。他們小心翼翼，雖然沒有公開反對基督教，但卻暗地鼓勵民眾敵視傳教人員。在暴動事件中，也很少給予違法者應有的處分，或加以糾正。他們幾乎全無愛國心，只要能中飽私囊，根本不關心國家利益或人民福祉。」

提默斯數度拜訪馬偕。華雅各 (Fraser) 醫師於不久前加入，參與馬偕的工作。「那時雞籠和淡水附近有九間禮拜堂，七個本地傳教士或助手，以及六位受訓學生。讓人們主動出錢建造禮拜堂，以考驗其誠意，這是馬偕的原則，若工作進行順利，必要時再略加捐助，以肯定人們的努力。」

提默斯陪伴馬偕前往新店。「途中最令我

驚訝的，莫過於馬偕對於民眾的強烈影響力。他們真心地和馬偕握手，動作舉止正如我們家鄉裏純樸的鄉下人。握手的習慣是由馬偕引進來的，人們對這樣的習慣頗有好感，他們覺得，比起一貫冷漠地打躬作揖、說些空洞的客套話，握手是更好的作法。為了避開擁擠、吵鬧的街道，我們繞過艋舺，艋舺即將被建設成府城。」

艋舺是北部首要城鎮，艋舺附近的村莊設有教堂，但是在艋舺並沒有教堂。馬偕回想他在日誌中的記載：「艋舺居民，無論老幼，每日為金錢汲汲營營。他們是迷信而且講究實利的拜金者。每當行經艋舺街道時，我們都會受到誹謗、嘲弄和傷害。數以百計的兒童跑在我們前頭，對著我們叫鬧、嘲

由於台灣高山原住民的體型與居住型態等諸多特徵，與菲律賓原住民伊格洛人相似，因此百年前初到台灣的傳教士，將當時來自各族的原住民混為一談。若依地緣來看，此文獻所言的伊格洛人，應該是指台灣原住民中的排灣族。

笑，有些則跟在我們身後，用橙皮、泥巴及腐臭的蛋，朝著我們丟擲。說到仇視外國人、驕傲、浮誇、無知、自負、迷信、傲慢、喜愛感官享受、陽奉陰違，艋舺人首屈一指。」

在某次走訪雞籠的行程中，提默斯和馬偕行經一座城鎮，是以文人聞名的。

「人們常說此地的文人比乞丐還多。馬偕常常遇見這些赴考回來、滿懷雄心壯志的讀書人。一碰到這種場合，這些讀書人就會擺出一副趾高氣昂的模樣，趁機羞辱外國人。他們也想羞辱馬偕，卻沒料到馬偕是個屬害的對手，因為馬偕與大多數的外國人不同，他不僅精通中文，在古典經籍上的造詣，甚至更勝過這些讀書人。他們在馬偕面前搬弄他們的聖人孔子的經典，結果很快就敗下

陣，得到了教訓，知道他們的學問還不到家。在自己同胞面前出醜令他們十分難堪，他們碰了一鼻子灰走開，這些知名人士的銳氣徹底受挫，馬偕以相當和善的態度對待他們，這使他們更難以承受的。」

馬偕娶了當地的婦女張聰明。為馬偕作傳的吉斯(Marian Keith)，描述馬偕夫婦的婚禮與不久後在鄉間的蜜月旅行，英國領事特別為他們在荷蘭古堡的教堂中舉行婚禮。「他們走訪所有的禮拜堂，張聰明女士參加群眾的聚會，因為人們想見見嫁給偕博士的人。正式聚會結束後，一等男人們走開，女人們常常聚攏在馬偕夫人身旁，聽她講述耶穌的故事。」

這位加拿大籍傳教士在淡水設立了一所教育男女學童的西式學校，這所神學院名為

「牛津學堂」(Oxford College)，另外，他還開了一家醫館。

原住民不易信教

《天主教傳教團》一書概括地介紹了福爾摩沙。其中，島上原住民被歸類為平埔族人或伊格洛人(Igorottes)，一如西屬菲律賓的原住民。

「平埔人與伊格洛人似乎都是出自馬來血統，因為兩者的語言似乎都與馬來語有關聯，而且外貌上也有共通之處，他們都擁有黝黑的膚色、黑髮、厚唇、闊嘴，以及略扁的鼻子。這些特徵在山地原住民身上比較不顯著，山地原住民的人數已經銳減，目前不及全島三百萬人口的十二分之一。因為持續與中國移民戰鬥中，他們被迫離開世居的土地，將村落遷往靠近山區的內陸。

這些殘忍野蠻的山地人令人畏懼，為了獵首，他們不惜使用暴力和詭計。他們會藏身於安全之處，監視著不小心接近森林的人，在草叢中潛行跟蹤受害者，用長矛或片刻不離身的大刀加以殺害。他們切下受害者的頭顱，丟棄屍體，歡天喜地帶走頭顱，保存在他們的小屋中。

獵到一定數量人頭的伊格洛人，才有權製作菸斗，這是一種榮耀的象徵，他們並用木頭雕出人首狀、飾以銅片的菸斗。只有在某些時候，這些野蠻的伊格洛人才會比較收斂，他們下山到平原，用煤、木材和菸草，交換所需的鹽、棉布、刀和火藥。伊格洛婦女的服飾相當雅致，她們穿戴短護腿和過膝的長袍，不論男女都喜歡使用森林中的花朵裝飾頭髮。

平埔族人缺乏感情，智能不高，因此，他們多半生活在悲慘、貧窮之中。由於能力不足或者太愚鈍，他們無法向他們的中國鄰居學習，以渠道將河水引到田地中，獲致兩倍的豐厚收成，一年之中，他們只在兩季時播種一次，有時還會欠收。」

天主教道明會向平埔族人傳教。「郭德剛(Rev. Ferrando Sainz.)神父是該教區的中心人物，專心致志於傳教事業，承受不可言喻的勞苦，後來因身體虛弱不得不返回馬尼拉。目前，福爾摩沙傳教團有四個傳教站，分別位於府城台灣府、最繁忙的打狗港、Senka、萬金庄。」

原住民信徒約有七百人，萬金庄是最重要的傳教站，由楊眞崇神父(Andres Chinchon)

《天主教傳教團》中名為「已受文明薰陶的伊格洛婦女」，其實指的是平埔族婦女。

負責。一八七六年五月，楊神父寫信給菲律賓地區的神父，描述傳教工作的進展：「我所居住的萬金庄，位於福爾摩沙東南的某座山腳下，大批的伊格洛人避居在山上。我擁有一間相當寬敞的布道堂，以及一座以『無玷聖母』（Immaculate Virgin）爲主保的教堂，聖壇上裝飾著一座尊美麗的『無玷聖母』像。萬金庄基督徒數量之多冠於全島，占該地人口的三分之一。

萬金庄以南，十分鐘路程外，有一個平埔村莊，那裏也有一些基督教家庭。離萬金庄一小時路程，另有一個村莊，那裏近來有不少家庭也接受信仰。我在那地方擁有一間十分不錯的小屋，還有一座不小的教堂，這間教堂以西班牙大使徒聖費瑞利斯（Vincenz Ferrerius）爲教堂主保。萬金庄以西兩小時路程外、中國人和平埔族人混居的村莊裏，

一八七六年，天主教道明會在台有四個傳教站，原住民信徒約七百人。圖爲萬金庄信教的原住民婦女。

另有一個基督徒的社區，在那裏我也有一間小屋，教堂主保是聖約瑟（Saint Joseph），以上就是我的教區範圍。

在此地旅行並不困難，因爲路程不會非常遙遠，而且島上路況也不太差。廣闊的稻田、甘蔗園，以及竹林中若隱若現的村莊，令人賞心悦目，儘管如此，傳教之旅並非總是輕鬆愉快。雨季期間，道路往往變得無法通行，屆時稻田被淹沒，部分的道路也會淹水，有時連山裏的溪流也會淹出岸外。暴風雨來襲時，甚至根本無法離開小屋，這時候，我們多半只得步行涉水，很少能找到蘆葦筏。

原住民非常貧窮，部分原因是他們不夠機敏、謹慎，而中國人太狡猾，所以他們擁有最貧窮的村莊、最貧脊的田地。如果沒有基督教，這些村莊注定要滅亡，如同其他許多已經消失的村落。

如先前所説，我住在山腳下，山區是伊格洛人的避難地。在一八七四年與日本人交戰之前，這些伊格洛人不斷地和他們的鄰居交戰，中國人是他們的主要敵人。當日本意欲進犯福爾摩沙時，中國政府從西半部平原修築道路，橫越山區到達東部，此外，更在東部海岸建造重要的軍事基地，爲此還將一些中國移民遷往這個原先無人居住的地方。

中國官員發現遭受日本人的威脅，於是想和伊格洛人和平共存。他們禁止中國移民對伊格洛人施暴，爲此還定下死刑的罰則。爲了防止血腥的報復，政府官員承諾，若有人被伊格洛人殺害，其家庭可得到超過十二盎斯的白銀作爲補償。在這些措施之下，伊格洛人感覺自身安全受到保障，他們下山的次

萬金庄是天主教早期來台傳教的重要據點，該地介於高山與平地間，住在山上的原住民與山腳的平埔族人，乃至平地海岸的漢人，都以萬金庄為出入孔道。圖為當年萬金庄的平埔族住家。

數變得更頻繁，甚至還踏進教堂。然而，我們不太樂見他們的來訪，因為他們只會一味地索求Bakuka和酒，如果得不到，他們是不會滿意的，要使這些可憐的原住民信教十分困難。」

燈塔

一八八〇年代早期，安平港和打狗港興建了燈塔，中國當局還考慮以英國製的挖泥機來清除沙洲。海關總稅務司長官赫德（Robert Hart）下令在瑯礄建造燈塔。

美國《哈潑》（Harpers Bazaar）雜誌，在一八八二年二月十一日的一篇報導中，概述了燈塔興建的背景和準備工作：「福爾摩沙或稱台灣，是中國東海岸外的一座島嶼，最寬處約兩百一十哩，境內高山遍布，最高峰是莫里森山（Mount Morrison，今玉山），高度一萬兩千八百五十呎，中國人長期據有此地西部和北部海岸上的平原和港口。

東部海岸居住著野蠻且好戰的原住民部落，他們完全不服中國的統治，中國人一有機會就襲擊原住民聚落。原住民偏好收集人頭，不幸遭遇船難者，幾乎無生還的希望。有鑒於失事船員不斷地遭逢野蠻的暴行和殺害，李仙得與南部諸社的大頭目卓杞篤締結條約，卓杞篤依照約定，盡力使在他統治地區遭遇船難、或造訪該區的外國人免受騷擾。作者於去年二月走訪瑯礄，在林間散步時遇到了這位頭目，他看起來是個年長野蠻人的良好典型，談起外國人時態度友善。

島上南端談論已久的燈塔，似乎終於決定要興建。一八八一年十一月，廈門的海關專

美國《哈潑》雜誌一八八二年二月號上的十一幅素描：1南岬。2在港口中。3沿岸
的守衛。4居家的福爾摩沙人。5工作中的藝術家。6燈塔。7原始的農耕。8莫里森
山（今玉山）。9紮營。10珊瑚礁岸。11福爾摩沙的森林。

員以及燈塔總工程師，搭乘快速帆船『林枋號』（the Ling-feng）渡海而來，開始在瑯礄興建燈塔。燈塔是鐵製的，供外國與中國管理人員居住的房舍，則用大量的磚石建造，十分禁得起圍攻。

緊鄰水面的海岸上擁有一片密林，在高聳的硬木林與濃密的露兜樹叢中，間或點綴著優美的棕櫚樹葉。頭頂上的樹林間，大隻、小隻的猿猴聒噪不休。整個南部海岸線都是由珊瑚石灰岩所構成，粗糙的岩塊起伏有致，輪廓分明。

目前臨時的六級燈塔，建在岬角的珊瑚岩頂上。『林枋號』停泊在海灣內，除了保護基地外，也防止原住民生事，不過，原住民目前態度消極，看來是不會惹事生非。對沿海貿易運輸業而言，這座燈塔被說成是南部或廈門地區內十座燈塔之外，所增設的最重要燈塔。」

畢司禮在對皇家地理學會的演講中，回顧他早年走訪瑯礄的經過：「多年來人事已非，中國政府的統治已擴及福爾摩沙南部恆春已建了一座圍了城牆的大城。當初，那裏只有茅草屋和一座柵欄，在我們費盡千辛萬苦才抵達的瑯礄上，一座良好的一級燈塔已經完成。夜間燈塔友善的光芒，指引船員繞行過先前令人百般畏懼的危險暗礁。而今失事的船員不再有被殺害的危險，在中國文明的恩澤所及之處，野蠻人失去了支配力，那些野蠻人儘管別具一格，但充其量終究只是殘忍、奸詐之徒。」

福爾摩沙驚異之旅

「一八八二年六月的某日清晨，我凝視著

福爾摩沙島南端，遺憾的是我們只有幾天的時間來探索福爾摩沙。天剛破曉，我們初識的島嶼展現她動人的風情。清晨的微風在平靜的海面上吹出粼粼的波紋，我們的目光順著連漪望向正前方一片寬廣的海灣。海灣後方矗起層層疊疊的鬱鬱山巒，與輝煌的日出互映著，使這段海岸的惡名昭彰被如此的美景掩飾了。」英國博物學家吉爾馬（Francis Henry Hill Guillemard）在他的著作《馬凱查號巡航至勘察加半島與新幾內亞，以及對福爾摩沙、琉球與馬來諸島的評述》的首頁上如此寫道。

起初吉爾馬意欲踏勘堡壘，於是將他的縱帆船駛向岸邊。這座堡壘充當遭遇船難海員的避難所，是早十五年前，李仙得將軍與南部原住民部落領袖卓杞篤談判後，所得的具體成果，後來吉爾馬認出了堡壘上升起的中國旗。

「然而我們無意上岸，於是在瑯礄附近轉向，駛往沙馬沙那島（Samasana，今綠島）。我們乘著黑潮，每日以三、四十哩的速度流經福爾摩沙東岸的海流，快速行經海岸，大約正午時分在綠島西北方的一個海灣下錨。

綠島是不滿兩哩長的小島，主要由珊瑚石灰岩所組成，奇形怪狀的岩峰在西端形成，高聳的石拱穿梭其間。我們很快就與當地居民取得連繫，從部分居民黝黑的膚色和其他特徵上看來，應是福建人後裔與福爾摩沙原住民或琉球人的混血種。他們用外觀粗陋的舢舨運來一些蔬菜，以交換菸草和手帕，並比手畫腳地示意，如果有需要的話可以運來更多。

我們經由一條從珊瑚礁岩上切割出來的小

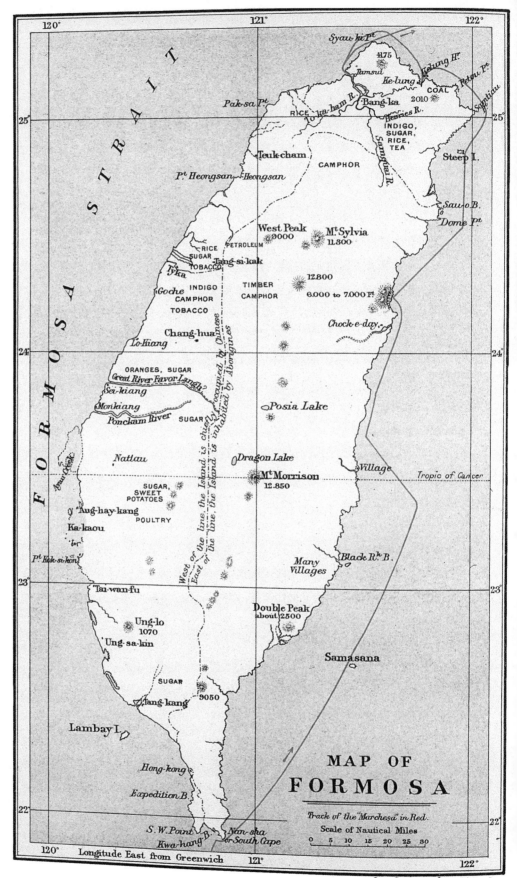

一八八二年六月，英國博物學家吉爾馬搭乘「馬凱查號」來到福爾摩沙南端，再沿東海岸北上雞籠和淡水。圖為當時「馬凱查號」航線圖。

MAP OF
FORMOSA

Track of the "Marchesa" in Red.
Scale of Nautical Miles

Stanford's, Geog.ˡ Estab.ᵗ London

運河划船上岸，這樣的水道確保船隻在任何潮汐狀態下都能下水，結果全村的人都來盯著我們看，村民在外表上有許多方面都不像中國人，他們不綁辮子而是在腦後披著糾結的頭髮。

村裏的泥造小屋，以遍及全島的露兜樹葉覆蓋屋頂。村民身旁的木椿上拴了些福爾摩沙特有的梅花鹿，幾乎每隻鹿都殘缺一隻前腳，極可能是誤中陷井被捕獲的結果。這些鹿被帶到島上當寵物，牠們極度溫馴，可惜居民不願割愛。不過在其他方面居民們則熱切地討好我們，不但邀我們到他們的小屋休憩，還贈予蔬菜和蛋。然而，因為我們對於島上動物的興趣更勝於物產，於是打算前往東南方探勘，希望沿途能採集到一些鳥類和昆蟲作標本。

不幸的是，簇擁隨行的人群讓我們的希望落了空，我們空手抵達目的地。島上的耕地似乎被高度地開發，主要的作物是稻米、玉米和蕃薯，然而在美麗的山谷中，大量的野地上仍披覆著濃密的灌木叢，可惜我們沒有時間探勘。從東南的海岬上有一塊珊瑚礁向海上延伸了二、三哩長，大量的海水迸濺在珊瑚礁上，早晨時，東南的強風已經轉變為颶風。

回程時，我們臨時被委任為綠島的督學。我們發現學童們集聚在一間尋常的泥舍中，由一位面目慈祥的老先生負責管理，他是我們在島上首次見到的漢人，對於我們的造訪，他顯得很高興。學童們正在習字，由於我們對這種文字一無所知，所以無法取得非常有趣的資訊。在如此荒涼、鮮少能與中國聯繫的所在，竟然有這麼一所機構，證明島上居民確實品格優秀。

風持續從東南方向吹來，儘管風勢比期望的還強了些。我們決定航向福爾摩沙去探勘海岸，看看能否找到尚可停泊的地點。夜間我們減速朝北行駛，破曉時在左舷方向，隱約可看見包裹在重重雲霧中朦朧的群山，我們改變航程緩緩靠近群山，太陽漸漸升起，映紅了最高的峰頂。峰頂下仍垂掛著一層暗沈沈的雲霧，尚未現身的太陽已在灰暗的天空上灑落斑駁的粉紅色線條。

「真是太壯觀了！」英國博物學家吉爾馬由海上眺望東海岸平地拔起五千呎高的懸崖峭壁時，不禁發出這樣的讚歎！

雲霧越升越高，山峰和峽谷在雲霧中若隱若現。玫瑰色的天際線越拉越長，雲幕越來越薄也越來越明亮。白晝已然戰勝黑夜，天色終於大亮，世上已知最高的海上懸崖，在我們眼前揭開了面紗，眞是太壯觀了。

葡萄牙人當年必定是從北方或南方看見福爾摩沙島。倘若他們第一眼所望見的是西部低平的海岸，就不會想出福爾摩沙這個名字，又倘若他們是從東邊初見福爾摩沙，最誇大的措辭就不免脫口而出。

我們行經太魯閣村，或此村所應在的位置，因爲我們既沒看見村子，也沒看見圖表中該緯度上所標示的河流。前一天爲時短暫的強風在日落前雖已減弱，卻颳起緩慢流向東南方向的海流，『馬凱查號』（Marchesa）乘著浪不斷地前進。我們緊靠陸地航行，陸地的外觀可說是越來越壯麗。宏偉的岩壁每隔幾哩就被巨大的峽谷所切割，這樣的峽谷在雨季時必然會聚集大水沖灌入海，從河床上巨礫的規模即可得到明證。

然而目前峽谷是乾涸的，或近乎乾涸，變成通往內部可行的通道，令人非常想要一探究竟，若非如此，在濃密的植物防衛下，幾乎無法進到內部。正午時在其中一個峽谷口外，據觀測爲北緯二十四度十四分的位置上，我們更接近海岸，打算下錨，然而測出水深不到一百噚，於是決定保持距離，不冒然靠近。救生艇被降下，船員們配了馬丁尼酒和左輪手槍以備不時之需，我們當中有兩個人朝岸邊前進。

這座峽谷極爲雄偉，壯麗的懸崖峙立在入口處，拔地而起，高度超過五千呎，懸崖底部近乎垂直。除了海面部分，山壁從頭到腳覆滿濃密的植物，其間爲藤蔓和數不清的蕨類植物所覆蓋，極爲顯目。除了一道清澈冰涼的潺潺細流之外，河床是乾涸的，上面分布著飽經沖刷的石英卵石。不到五百碼寬的河床，隨著我們前行的腳步迅速變窄，兩旁直聳的山崖近千呎高，想要穿越叢林是不可能的。

繼續前行數哩後，山谷突然轉向，河床變寬形成圓形的盆地，無與倫比的壯闊景色在眼前展開。河流從遠處狹窄的峽谷中流出，開展成腳下這片布滿卵石的圓形競技場。山勢收合後，高度變得更高，山脊交疊錯綜複雜令人眼花撩亂，叢生糾結的熱帶植物恣意滋長，這是大自然用大手筆所創造出來的一場混亂。

雖然不情願，但我們終究得往回走。我們驚訝地發現一個原住民所留下的新足跡，他顯然是在探查我們的行動。或許他有先見之明，知道想增加四顆白人人頭的收藏並不容易，又或許他有意和朋友一起分享獵人頭的樂趣。總之，他消失不見了，在四周都是濃密的叢林中，這並非難事。現在除了不遠處荒廢已久的泥舍遺跡，我們並未再見到任何人的蹤影。

此處海岸既不可停泊，又缺乏庇護，不宜久留，我們於是改變航程前往福爾摩沙島北端的雞籠港。途經外形生動醒目的『陡峭島』（Steep Island，今龜山島）。

雞籠

就雞籠（今基隆）這地方的髒亂和氣味而言，雞籠確實中國味十足。但雞籠很美，美在那迷宮般交錯的海與陸地，美在竹林淡綠

這是英國博物學家吉爾馬,途經宜蘭龜山島海域時所畫下的素描,他在書中稱龜山島為「陡峭島」。

的羽葉,美在意外出現的小屋以及造型奇特的石灰岩山峰和峭壁。

　　幸而『古老味和魚腥味』一點也不影響港口的功能,雞籠的繁榮除了得歸功於附近的煤礦床,港口也是一項因素,雞籠港是全島少有的真正港口之一。面對北太平洋巨浪衝擊,滿是懸崖峭壁二百多哩長的海岸,除了蘇澳港之外,並無可供庇護之處。西部迥異的海岸也造成相同的結果,只不過打狗和大員的淺港對歐洲來的船隻,幾乎沒有什麼功用。因此只有北部的淡水和雞籠可以相互爭輝,儘管淡水的內部貿易量較大,在電力取代蒸汽之前,雞籠還是可以安穩地仰賴煤礦優勢。

　　我們發現我們的代理領事是港口裏唯一的英國人,他的好心接待使此行十分盡興。四周的鄉野在綠意盎然的竹叢和稻田的妝點下風姿迷人,優游其中,讓人暫時忘卻返回鎮上時不得不聞的氣味。此地沒有衛生督察,人們不知道何謂石炭酸(消毒用化學

劑),各種疾病在此地都能滋長。

　　若根據現代科學所教的法則、微生物的研究、神聖的醫學真理,我們可以肯定地預測,此地所有的居民二、三天後會死亡,若依醫生慣有的謹慎來看,其中或許有一、二個最強壯的人可以拖上一個星期。但隔天卻一切如常,那位打造古怪小船(這種船在中國被用來當作棺材)的老先生,他的生意並沒有任何異常的增加。人們很難摒棄自己長久抱持的信條,但我相信,只要在中國的城市中多待一些時間,就算是最極端的衛生學家,其堅定的信心也要為之動搖。

　　雞籠也有瀑布,如果沒有瀑布,這麼迷人的一個地方將美中不足,如果我們不去看瀑布,此行會有所缺憾。於是我們費力地坐上為我們所提供的椅轎,去見識慈悲女神觀音與瀑布。街道上人山人海,歡樂與吵鬧是分不開的,這件事,中國人與西方人並無二致,抬著神像的隊伍被咚咚擊鼓的喧鬧人群所包圍。我們奮力穿越狹窄的街道,行經在

越過雞籠後山，吉爾馬一行人在雞籠河岸搭乘舢舨駛往內陸，往淡水方向繼續探索。

泥漿裏打滾的豬群，路旁有赤裸著上身、大嚼可怕中國菜的男子，以及成堆的不知名垃圾，直到出了城郊，我們才能自由地呼吸。

天氣非常炎熱，我們坐在椅轎上非常侷促，很樂意下轎，雙腳走在狹窄的田埂上，我們循著田中小徑，走到一座長滿了竹子的小山谷。據說福爾摩沙有不下於十三種的竹子，而竹子也確實是島上北部景色主要的特徵之一。我從未在世界上的其他地方，見過如此鮮綠、彷如羽毛的葉子，以及輕盈的樹枝。雞籠當地沒有大型的竹子，但據說在西部海岸，長著高度將近一百呎的竹子。

前方已無路可行，我們被大量的蕨類植物和青苔所包圍，我們停下來休息，看著小溪流入下方冰涼幽暗的盆地。無疑地，在這島上有許多歐洲人從未目睹的瀑布，這些瀑布藏在我們一無所知的群山深處。直到要回返雞籠，我們平靜愉快的感覺才被粉碎。

上船時，我們回到了生活的現實面，因為我們發現裝煤的工作（原希望能避免）只完成了一半。福爾摩沙的煤，首次發現於一八七四年，島上不少地方應該都有蘊藏，至於礦藏量則幾乎沒有做過調查，無法下定論。雞籠地區是目前唯一正在開採煤礦的地點，離城鎮不遠有幾處地表上的露頭。此地的煤是煙煤，適用於家庭，卻不太適用於船舶，因為煙煤燃燒得太快，而且還會產生大量的煙，更麻煩的是，很容易積煤垢在火爐上。

長久以來，中國人都以最原始簡陋的方式採礦，許多的礦井都因為淹水而被放棄。一八七六年時引進了英國礦工，目前還有幾個外國工人在監督煤礦的開採，而產量也在穩定地增加中。

我們先前曾考慮經由陸路到淡水，並派船

調頭回來港口接我們，很高興這樣的行程是可行的。我們在六月二十五日清晨四點出發，登上街道後方的山丘，到達一處裸露的山脊，港口與諸島嶼的美景盡收眼底。天色放亮，東邊的天空和海面上布滿藍色與玫瑰色光線所形成的條紋。港口如湖泊般平靜無波，緩駛而過的中國帆船劃破似鏡的水面，漾起淡淡的波紋，留下零零落落的波影。

暗藍色的霧籠罩城鎮上空，往海邊望去，光亮的水面托襯著港口入口處輪廓分明的墨黑色山峰。我們恣意觀賞完美景，然後繼續往上爬。不久我們登上圍繞著雞籠圓形腹地的山嶺，這是我們第一次看見福爾摩沙的內陸。一排排形狀特異的山嶺在眼前展開，山勢緩緩向東傾斜，而其西邊卻近乎垂直，像似在背風岸破碎的海浪線。其後可見到在遠處，高度一萬二千呎，呈暗藍色的席維亞山山脈(Sylvia，今雪山)，山上似乎到處都覆蓋著濃密的植物。我們循著小徑，向下切入一座深藏在杜鵑花和羊齒植物之中的小山谷，走了一、二哩路之後，碰上一條小溪。

溪裏有兩艘船在等候我們。我們的陸路行程到此結束，餘程改走河路。我們並不因此感到遺憾，因為這種專用來渡過河上眾多淺湍、吃水淺的大型平底舢舨，搭乘起來十分舒適。不久我們離開支流的小溪，駛進被稱為雞籠河的主流。在更下游的河段上充斥著大大小小的船隻，船上滿載各式物產。雞籠河環繞丘陵底部迂迴而行，丘陵上照例長滿竹子，但許多地方被清理開發，那裏的土壤似乎特別適合某些茶樹生長，近來有些茶葉在中國市場上一磅賣到一塊錢。這種茶葉品質粗劣，然而每年出口數量卻相當可觀，而且逐年增加。

河邊叢林中的鳥類為數眾多，黑色的大卷尾五色鳥清亮的叫聲從四面八方傳來。這兩種鳥都是福爾摩沙的特有種，在中國大陸並沒這種鳥，與牠們關係最密切的近親見於北印度和蘇門答臘。福爾摩沙特有的物種不下三、四十種，想想福爾摩沙與中國大陸僅有六十哩之遙，就知道是非常驚人的數目，其中，更有二十種是當地特有種，而非鄰近中國大陸的，同樣的傾向在哺乳動物中或許還要更顯著。

以上我們所知的知識幾乎完全歸功於已故的郇和先生，他是最先教導我們的人，他認為福爾摩沙應該歸類為新近的大陸島嶼，福爾摩沙與大陸塊連接的時期，福爾摩沙、印度和馬來物種的祖先，平均地分布在當時未分裂的大陸。

在福爾摩沙與馬來諸島分開之後，地質和氣候條件變化劇烈，以致許多物種都消失了。只有某些地區的物種存活下來，這些地區仍保有所需的條件，如濃密的森林或高聳的山脈。然而大量的特有種顯示，福爾摩沙與大陸分離，必定是發生在很久以前，因為我們知道物種的形成過程絕不是一件短時間的事。」

汐止

「我們划著船兒緩緩地順流而下，令人高興的是，又彎又大的竹製船蓬，替我們免去日曬之苦。午後，登陸於水返腳(今汐止)，這是座傍河而建的中式大城，樹林與形勢奇趣的低丘環繞四周，真可謂如畫之景。

在此有座相當吸引人的寺廟，其入口為兩

吉爾馬一行以這種專用來渡過河上眾多淺湍、吃水淺的大型平底舢舨渡過雞
籠河,他形容搭乘起來十分舒適。

根巨大的整石石柱,高度達十五呎,刻工相當精緻。右柱雕有一龍攀柱而上,口含圓形水果或球,左柱石龍則緣柱而下,以龍爪攀抓相同物體。論其技巧與設計均屬上乘,想必耗費相當人力。雕刻後,整整用去三分之二的石料。

城裏還算乾淨,與雞籠附近的城鎮差不多,我們四處漫遊,引來一小群人圍觀,對他們來說,歐洲人的模樣無疑是相當新奇的。就算是中國通,也會覺得在此見識到的各色物件、生活瑣事,無一不饒富趣味。

街上有個攤位,孩童們聚攏於此,小孩當中,個頭小的想把錢放上去都嫌困難。攤位的老闆是個目光遲鈍的無賴。這些孩子不是要買東西,是為了糖果在賭錢。剛輸錢的小男孩,滿臉驚惶、心情忐忑,一邊喃喃自語地離開。這個男孩年紀還小,若我們留在水返腳一、兩年(老天可能不允許),應該還會看到他仍在賭博,但卻換成一張彬彬有禮、鎮定的臉龐,就像聚集在蒙地卡羅賭桌上的老千。

我們向前走到一間帽店,裏頭盡是福爾摩沙流行的寬邊圓錐帽件。半裸、膚色油亮的製帽者以樹葉來編織,好熟練的手法!這些帽子是道地的馬來帽,從麻六甲束傳至斯蘭島,再到酷熱的婆羅洲、西里伯斯島,還有風光明媚的摩鹿加群島等印尼島嶼。時間與區域性使帽子在外形、材質上有所改變——就像動物界會衍變出新品種一樣,博物學家亦會將其列入新物種,但物品本身確實源自

馬來區，島上許多原住民部落亦是如此。

較低處的河變寬，出現稻田，景色變得單調，雖然有優美的蕨類與筆直的檳榔樹點綴其中。熟練且不動聲色的漢人沿河捕魚，有些使用釣竿，有些則架起漁網，頗像英國拿來捉西鯡與其他小魚的網。當我們經過時，一位原本冷靜的漁夫突然驚跳而起，簡直到了興奮的地步。他抓到一條魚，但不是西鯡。我無法得知魚是否被抓上岸，但魚隻的激濺聲，遠在半哩外還清晰可聞，若漁夫的努力有所收穫，必能為家裏足足加菜一星期或兩星期。」

淡水

「我們又向前行一、兩哩，來到大姑崁（今大溪）與三峽溪的匯流處，這兩條河流輸送了所有內陸貨物到淡水。溯河往上五哩多即到艋舺大城，該地商業繁榮，設立兩、三家英商辦事處。臨近一帶種植稻米、甘蔗、藍草（indigo，植物染料）與茶，於尚未開墾的森林處女地裏，也可以找到樟腦樹。

近年來樟腦的出口量已減少，可能是因為採集有風險。叢林邊緣永遠有虎視眈眈的番人，番人認為，只有獵得漢族男人的頭才能彰顯榮耀，若沒有獵到人頭，則不得參與部族會議。可憐的張三或李四，戰戰兢兢地採集樟樹時，不知何時會在番人刀下落首，而欣喜不已的番人則會忙著生火煮食，處理

頭蓋骨。

淡水是個頗為單調的港口，雖然福爾摩沙北部地勢走高，比港口高了好幾千呎。得知『馬凱查號』能在碼頭下錨，我們都鬆了一口氣，先前還有點擔心進港的問題。此處水道有沙洲，退潮時水深僅八呎深，漲潮時會再高出七呎，剛好讓船駛過，但若要安置船身的龍骨則需要再多出三、四呎才夠。

建於三百年前的古老西班牙堡壘，高立於港口東側的半山丘上，目標相當顯著，它現在面對著領事館。堡壘的紅磚牆厚得驚人，一入室內暑氣全消，比夜裏還涼爽，荷蘭人在此抵禦海盜出身的國姓爺，卻被這位中國

來到雞籠，吉爾馬展開了一趟陸地探險，這張圖是他們此行嚮導的畫像。

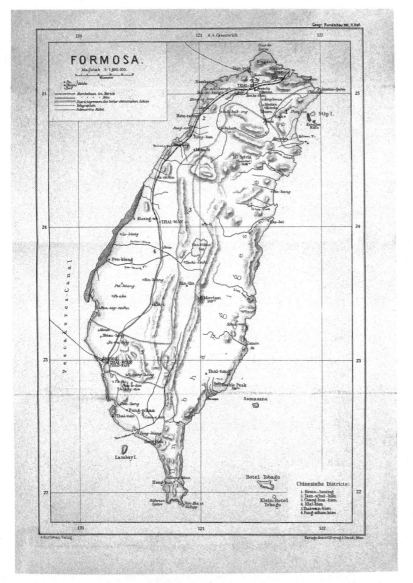

一八八四年出版的福爾摩沙地圖，圖上標明島上重要港口、河川，甚至連外海小島，如小琉球、綠島和龜山島也都有標示。

海盜從島上趕走。

待在這裏頗為愉快，偷閒點根菸，聽聽老友聊大學生活，我們已經多年不見，我認為不久後仍有機會在中國相遇。領事館的監獄是最有趣之處，這兩個房間和堡壘一樣古老，看起來相當舒適寧靜。有一個同遊的人對無人居住在此感到驚奇，又得知待在此牢

中不用做事、亦不禁菸，深感這裏真是講求人性。不過，想到要從近二十名歐洲人中選一位來當房客，倒是頗煞風景。

福爾摩沙之旅超乎想像的愉快，一位重病多時的水手被留下，雖然感到如釋重負，但我們的離情並未因而減輕。單獨被留在遙遠的小島，一定很難受，可是我們別無選擇，因為遠行可能會讓他喪命。從我們自堪察加半島回英國數月後，很高興結果傳來喜訊，聽說他已康復並安返英國。

這幾年，歐洲的貿易與陸上掠奪皆獲利不佳，為了維持利益，歐洲開始覬覦遠東。俄羅斯已占有薩哈林島（Saghalien，今庫頁島）與當地煤田。日本急欲染指琉球，邀請琉球國王至東京，再以日本官員取代其王位。無視瘴氣與土地貧瘠的不利，英國也在北婆羅洲建立勢力。

『中國之眼──福爾摩沙』，近來已成為眾所矚目的焦點。大家對中法之爭如何收場均感好奇，法國說是與中國和平相處，卻還是砲轟對方的城鎮、封鎖其港口。此時危機似乎不再，就像在一八七四年，日本入侵該島的狀況一樣。而福爾摩沙還能免於被他國占

領多久，則是另一回事。

　撇開福爾摩沙肥美的土地、富含礦產的可能性不說，因為所在地理位置，福爾摩沙之於東方貿易可謂舉足輕重。汕頭、廈門、福州正位於福爾摩沙海峽（Formosa Channel）上，福爾摩沙是船艦往返中國北方港口與日本的必經之地。當然，中國的外貿總額是要比此地高得多，一八八一年的總額為四千萬英磅，其中近三千萬英磅落入英國與其殖民地的口袋。因此任何擁有艦隊實力的國家若想占據福爾摩沙，將導致與英國開戰的嚴重後果。

　一般認為，該島並無良港，這是不正確的。淡水與雞籠是當地最好的港口，兩者均在東北雨季的勢力範圍內，吃水超過十六呎的船隻，無法停泊淡水。但船隻若位於中國澎湖群島澎湖廳的外港，卻能補其不足。澎湖是船隻免於北方疾風的絕佳避風港，颱風侵襲時，停泊於群島內的馬公再安全也不過了。雨季時亦不愁沒有良港，從十二月到三月，大員與西南海岸均有良好的停泊港。」

法國封鎖福爾摩沙

　隨著人口與經濟重要性與日俱增，北部地區新增了三個行政區（指淡水、宜蘭、新竹三縣），合組成一個新的府（即台北府）。台北府從艋舺規畫出來，界限內禁止種稻。一八八〇年，完成四座城門、試院、孔廟，以及府衙的建築。

　三年後，中、俄因伊犁領土產生爭端，戰爭一觸即發。大批俄國戰艦出現於福爾摩沙島北方海域。台灣府（今台南）與台北府（今台北）之間修築了四座新要塞，而雞籠海岸

上則興建了一座現代化堡壘。堡壘長達一百呎，上面架設最新式的克魯伯大砲，用以抵禦外國人的攻擊。

法國海軍中將孤拔奉命率領艦隊北上，封鎖福州閩江口，並以閩江口外的馬祖作為艦隊停泊處，多山的馬祖島全無利益可圖，天氣酷熱逼人，僅有的一些樹種植在幾間不起眼的小廟旁。圖為當時馬祖島上的廟宇。

在馬祖島上進行測量工作的法軍。

馬祖島上，漁村裏人口衆多，捕魚是馬祖島民唯一的生計。
圖爲當時馬祖漁民使用的漁船。

殖民統治拓展至中南半島上的安南（今越南）後，法國開始和中國競爭安南的宗主權。由劉永福所率領的強盜部隊號稱「黑旗軍」，原屬太平軍，兵敗後逃至安南。「黑旗軍」被中國政府收編，以游擊戰方式，保衛中國對安南的宗主權。法國部隊對抗「黑旗軍」與清帝國正規軍的聯軍，直至一八八四年五月一日，雙方才在天津達成初步的和平協定，依照條約，中國政府應將安南的宗主權讓給法國。一個月後，東京（今越南河內市）的法國部隊遭受攻擊，法國政府要求中國撤軍並做出賠償。

中國政府不理會法國的最後通牒，海軍中將孤拔（Courbet）於是奉命率領艦隊北上，封鎖福州閩江口。閩江口川石島上有一座英國電報站，緊鄰川石島的馬祖島被選作法國艦隊的停泊處。

《東京與中國海》（Tonkin et le mers de la Chine）一書作者兼插圖畫家德利索（Rollet de l'Isle）描寫道：「多山的馬祖島全無利益可圖。馬祖的天氣酷熱逼人，僅有的一些樹種植在幾間不起眼的小廟旁。島上雖

有一、兩口水井，卻也汲不出多少水，星期天獲准上岸的陸戰隊員利用井水洗滌衣物。島上稍堪居住之處漁村遍布，漁村裏人口衆多。比起大陸上的中國人，馬祖居民友善、好交際，擁有更黝黑的膚色。居民戴頭巾，許多婦女纏足。捕魚是島上唯一的生計。」

從軍事戰略的觀點而言，孤拔主張攻打中國首都附近的北方條約港口：登州、亞瑟港以及威海衛，但法國政府則傾向於以經濟手段來解決問題，福爾摩沙被法國政府視爲以小筆費用即可取得的擔保品。中國政府於法國即將入犯福爾摩沙之際，任命劉銘傳爲欽差大臣。

劉銘傳於七月十六日抵達福爾摩沙，接管島上防務。二十二日，法軍輕型護衛艦「維拉號」（the Villars）停泊雞籠港。馬偕在回憶錄中寫道：「民衆又驚又怒，他們敵視所有的外國人。傳教士立刻遭受懷疑，本地的基督教徒被控與法國人勾結。我們的受洗信衆全數處於酷刑與死亡的威脅下，中國士兵當著基督徒的面磨刀，在他們頭頂上揮舞著磨利後的長刀，誓言一旦外國人開火，他們一個個都會被砍成碎片。」

法國三度發出最後通牒，仍舊未獲答覆，法國政府於是命令海軍少將利士比（Lespes）率領三艘巡洋艦開往雞籠，摧毀沿岸砲台，占領煤礦區。

當時馬偕正在棕櫚島（Palm island，今基隆和平島）進行教學活動，他看見法國戰艦在港口中就位。外僑被帶上英國砲艇「金龜子號」（the Cockchafer），移往淡水避戰。馬偕被召喚到雞籠外某村莊，替一位生病的皈依信徒治病。

砲轟

　　海軍少將利士比派遣一名軍官上岸向各要塞招降。招降沒有結果，八月四日，法軍開始展開猛烈的砲轟。雞籠港附近的大型堡壘和其他要塞開火還擊，不久後即毀於法軍的砲火。

　　於砲轟之後，法軍派遣兩百陸戰隊員登陸，於附近山丘的首次攻防戰中，遭遇了數量占優勢的中國部隊，岸上的陸戰隊員身處險境。羅爾(Maurice Loir)在《孤拔司令》(1'Escadre Courbet)一書中記述道：「撤退顯然是有必要的。由於撤退的行動過於迅速，連隊中的大多數士兵因此無法井然有序地撤退。」

　　有位西方人目擊此一事件，某家中國報紙在報導中引用了他的描述，此一報導被刊登在英國雜誌《圖文》(The Graphic)上：「有一名德國人來到上海，細述了發生在雞籠的戰役。交戰期間，這位德國男士正好待在某艘停泊於雞籠海域的船隻上。他親眼看見法軍舉起旗子，朝堡壘開火，堡壘裏的火藥庫發生爆炸，中國軍隊撤出堡壘。法國人派遣三百名士兵登陸，他們攜帶了四座砲架、大小旗幟、帳棚等物，前來占領堡壘，以及堡壘後方山丘上的營舍。

　　向前推進的法軍，遭遇一千名氣勢如虹的中國士兵，雙方隨即展開戰鬥。法軍不敵，拋下旗幟和大砲，落荒而逃，帳棚、衣帽沿途散落。有些法國士兵跌下山坡，有些落入山溝，屍體相疊。倖存者跑到海岸邊，由於船隻離岸邊有一段距離，他們只得跳入海中，在海面上沉浮。幸而有幾艘小船解救了他們，半數的法軍才得以生還，否則三百名

士兵將全軍覆沒。這個德國男士還說，法國軍人素以英勇著稱，他以往也曾數度見識到他們的驍勇善戰，他從未看過法國士兵如此抱頭逃竄。」

吉爾馬盛讚雞籠港是「全島少有的真正港口之一」，當時能與之爭輝的只有北部的淡水港。

法國軍艦砲轟雞籠。一八八四年八月雞籠之役，正式拉開中法戰爭的序幕。法國海軍少將利士比，率三艘巡洋艦駛往雞籠，摧毀沿岸砲台，占領煤礦區。

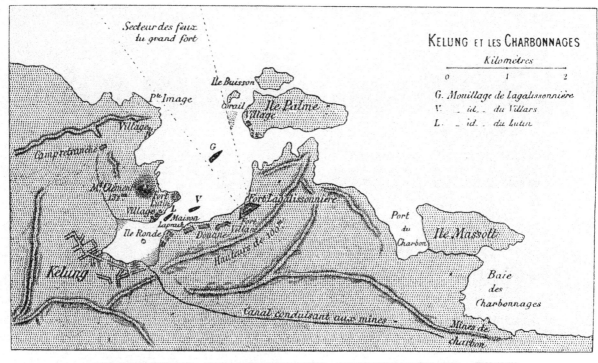

雞籠與附近煤礦地圖。法軍之所以選擇攻占雞籠，除因當地海防防衛力弱外，雞籠的煤礦也是法軍覬覦的目標，煤礦是當時重要的資源。

在中法交戰期間，一名德國人親眼目睹了清軍火藥庫遭法艦砲火擊中，火藥庫爆炸引起巨大的聲響與強大的爆炸威力。

法國方面無傷亡報告，中國方面則估計損失五十至二百人。法軍登陸雞籠後，劉銘傳接管了中國部隊。他即刻下命摧毀礦區的機械設備和工廠，淹沒礦坑，焚毀庫存煤炭。淡水河入口以水雷封鎖，十二艘中國帆船則被填裝了石塊沈置水底。「金龜子號」（the Cockehafer）在引導之下穿越了障礙物，前往護僑。

在砲轟結束四天後，馬偕走訪了被占領的雞籠港：「我在海岸附近打轉的時後，得到允許，可以上岸察看還在冒煙的要塞。兵士的屍體面部朝下，四分五裂。在爆炸的彈殼結束他們的性命之前，他們顯然地正在逃命。彈殼迸裂的威力十分強大，足以削斷直徑半吋的樹枝。爆炸的彈藥庫將大量混凝土拋送到驚人的距離外。」馬偕受邀登上旗艦「迦利索尼葉號」（Galissoniéres）進行參觀。「我們注意到，在吃水線以上的船身上，有三個直徑幾近一吋的大洞，這些破洞是射自中國堡壘的砲彈所造成的。」

隨後幾天，岸上發生了幾次小規模的戰鬥。法軍挺進雞籠，二人傷亡。兩艘法國軍艦抵達雞籠增援。中國軍隊在雞籠海灣東邊的山丘上建築防禦工事、挖掘壕溝，若干山地客家人加入部隊。英商陶德在《中法戰爭封鎖日記》中寫道：「這些客家人配帶自己

的火繩槍，他們不喜歡外國步槍。他們居住在邊地，與野蠻人交戰的生活已經將他們訓練成神槍手。」

馬偕描述傳教人員所遭受的攻擊：「法國人開火後，仇外的舉動真正開始，趁機打劫的暴民越來越多，他們樂此不疲。在戰爭中，他們不但沒有任何損失，反而大有斬獲。這是他們千載難逢的良機，可以藉此大肆掠奪，展開報復。他們舉著黑旗，宰豬、飲酒，有條不紊地進行著他們的工作。基督徒尤其是他們首要的攻擊目標。我們有七座最好的禮拜堂完全被毀壞，其他的禮拜堂則嚴重受損。」

有人將教堂殘餘磚塊堆成兩米高的石堆，塗上黑泥，在朝馬路的一面刻上斗大的中國字：「黑鬍子惡魔馬偕躺在這裏，他的工作結束了。」在新店，有一對年長的基督徒夫婦被殺害。

在福爾摩沙南部的打狗，抵禦法軍的準備工作正在著手進行。部隊被召集，監控港口的撒拉森山頭上建起了一座堡壘，裏面架置兩門重砲。九月期間，許多中國人逃離福爾摩沙，並將財物運送到安全之所。甘為霖寫道：「台灣府的居民得知雞籠港遭到砲轟，南部地區隨時可能進入戰爭狀態。傳教士是府城裏僅有的歐洲人，我們的處境岌岌可危。令人不安的流言顯然並非空穴來風，仇外情緒一旦爆發，我們幾乎不可能逃走。

在這種情況下，即使我們擁有英國國籍這種特殊身份也無濟於事，因為中國人實在無法分辨『外國番仔』的國籍。目前，大多數人反外的情緒，遠勝於仇視法國人。大約在九月中旬，台灣府的情勢變得相當危急，因

炮轟結束四天後，馬偕牧師獲准上岸察看，清軍之要塞仍在冒煙，他描述當時所見：「爆炸的彈藥庫，將大量混凝土拋送到驚人的距離外。」

THE CALL OF THE EAST

A ROMANCE OF FAR FORMOSA

BY
THURLOW FRASER

Illustrated

TORONTO
WILLIAM BRIGGS

法軍攻占雞籠後，引發民眾仇外情緒，教堂被毀壞，教徒及傳教人員遭受攻擊。福羅瑟（Thurlow Fraser）於是參照此段歷史，撰寫一本名為《來自東方的呼喚──遙遠的福爾摩沙羅曼史》的半虛構小說，圖為此書標題頁。

與雞籠戰役同時，在福爾摩沙南部的打狗，中國迎戰法軍的準備正著手進行，圖為當時打狗港內的景觀。

圖為由外海眺望打狗港。清廷除集結部隊外，監控港口的要塞也架設起了兩門重砲。

此當局禁止我們繼續走訪鄉間的傳教站。除了必須繼續留在台灣府，以及傳教醫院的工作人員之外，所有的婦女都被送到廈門，男性人員也隨後而至。」

八月二十二日，法國政府發出電報，授權孤拔中將攻打福州軍械庫。在歷時短暫的河戰中，中國的海軍中心被摧毀，在場的十一艘中國戰艦被擊沉。孤拔率軍經馬祖前往雞籠，下令仰攻港口周圍的山頭。

十月一日的《倫敦畫報》概述了法軍入侵雞籠的經過：「上週，孤拔中將指揮法國艦隊再度攻打雞籠，少將利士比麾下的部分海軍，於八月五日已先行砲轟過雞籠。中國有四座堡壘，海灣東邊的兩座堡壘配置了八門克魯伯大砲，第一次進攻時被法艦的砲火掃除，一小支法軍登陸部隊企圖攻占堡壘被擊退。二度進攻時，海灣西邊的兩座堡壘，在稍事戰鬥後，被法軍奪下，法軍死亡四至五人，約十二人負傷。」

根據孤拔的評估，擁有雞籠煤礦的控制權相當重要。由於占領北部需要數量龐大的登陸部隊，孤拔認為占領澎湖比較可行，在戰略上也較有利，可以逼迫中國政府讓步，取得法國所要求的賠償。法國政府續續採行占領雞籠煤礦與福爾摩沙北部的策略。又有兩艘法艦抵達，增援兩營兵力進行登陸作戰。為了減輕法軍占據雞籠的負擔，並且更有效地全面控制福爾摩沙北部，孤拔決定攻打島上另一個港口——淡水。

法國人在淡水

繼任淡水的領事，其妻愛莉歐絲‧翟爾斯（Eliose Giles），寫了一本歷史小說《福爾摩沙——法國封鎖下的故事》，描繪封鎖期間所發生的事件。在封鎖下，任何船隻都無法出入淡水河口。

「淡水河口有一條供中國砲艇出入的小水道，這條通道極為隱密。法國人派出魚雷艇

四處偵尋，儘管找到了通道，他們仍然不敢
貿然進河。因為整條淡水河沿岸，堡壘與大
砲林立。靠近沙洲的低地上生長著濃密的橙
樹和露兜樹叢，在叢林的掩護下，無疑埋伏
著數不清的敵人。」

十月一日，四艘法艦出現在地平線海平面
上。利士比少將通知外僑，淡水砲台翌日將
遭砲轟。馬偕當時正在牛津學堂授課，「金
龜子號」砲艇上的一位海軍軍官前來造訪馬
偕，他要馬偕攜帶眷屬與貴重物品登船。馬
偕說：「學堂裏裏外外都有我的貴重物品，
什麼叫貴重物品？！那些和我一起旅行，在
我生病時照料我的人，那些看顧我涉溪渡
河、翻山越嶺，陪我一起上山下海面對危
難、不畏任何險阻的人，他們才是我的貴重
物品！我知道他們不能登船，只要他們還待

海軍中將孤拔為一八八四年中法戰爭法軍最高指揮官，曾率
法軍轉戰雞籠、淡水、福州、澎湖，最後病死於澎湖。現今
馬公市內仍可見到其墓塚及紀念碑。

一八八四年十月十一日英國《倫敦畫報》刊載的雞籠城與雞籠港。雞籠港正式開港是在
一八八六年，即中法戰爭結束後的隔年。

在擊潰福州閩海艦隊後，法軍兵分兩路，分別於十月一日登陸雞籠，次日襲擊淡水。淡水清軍率先開火，在長達十三小時的砲戰後，清軍砲台被毀，外僑住宅區也遭法軍砲火擊中。

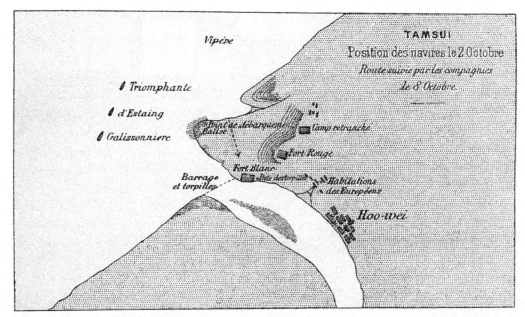

淡水河入口地圖，淡水領事的妻子翟爾斯依此段歷史所撰寫的小說《福爾摩沙——法國封鎖下的故事》，描述當時淡水戰況：「法國人派出魚雷艇四處偵尋，儘管找到了通道，他們仍不敢貿然進河，因為整條淡水河沿岸，堡壘與大砲林立……。」

在岸上，我是不會上船的。」

除「金龜子號」外，英國領事館所在地紅毛城是最安全的地方。陶德、英國領事，以及其他的一些外僑都躲在館內避難，這座十七世紀的建築，圍牆厚度達八呎。陶德寫道：「中國人與外僑普遍都認為，大約半小時內，法國人即可摧毀兩座砲台，派遣陸戰隊和水兵登陸，幾個小時內法國人就會占據淡水。」出乎外僑的意料，中國砲台在清晨開火，法國戰艦隨即從船舷展開砲轟。

馬偕提議以淡水的傳教診所提供醫療協助，劉銘傳欣然接受。「迄今，中國軍隊尚無堪稱醫療部門的單位。受傷、生病的士兵，景況極為悲慘。寥寥可數的中國軍醫，對於中國醫藥只是略知皮毛而已，而且軍醫中並無外科醫生。除此之外，中國軍隊裏還有一些業餘的外科醫生，他們通常是一般的士兵。」

法國船艦被迫停留在深水區，它們距離砲台三到五哩遠，只受到些微的損傷，然而在法軍持續砲轟下，中國砲台被毀。陶德寫道：「如果砲火對準了堡壘，以及附近的士兵，情況不會這麼嚴重。大約半小時後，我們聽見砲彈從天呼嘯而過，看見它們在外僑住宅區附近爆炸。」

有顆砲彈擊中紅毛城，砲彈向後反彈，並沒有造成損害，另有一顆砲彈穿過牛津學堂的屋頂。十三個小時後，砲轟結束，馬偕發現家中百來呎範圍內，有六顆未爆彈，這些砲彈被村民收集起來兜售。

在雞籠附近的戰役中，指揮官劉銘傳吃了敗仗，帶著千餘名士兵逃往艋舺。人們以為劉銘傳挾帶財寶，想帶著手下逃往竹塹，艋舺居民殺死劉銘傳的一些士兵，並將他囚禁了一段時間。

登陸淡水

六天後，法軍再度展開砲轟，在砲火掩護下，八百名法國士兵登陸淡水。他們行經迷

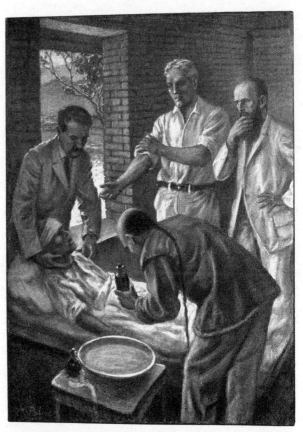

在淡水傳教行醫的馬偕醫生，不顧自身安危，在戰火中提供傷患醫療協助。馬偕醫生立於最右側，中間挽袖的則是另一位外籍醫生。

宮般的水稻田。仰攻山嶺的法國海軍陸戰隊無法以編隊方式作戰，他們缺乏在此類地形中的戰鬥經驗。法軍遇到擅長此種作戰方式的山地客家人，雙方激戰了三小時。

百餘名中國傷兵湧進馬偕的傳教診所。法

八百名法軍法軍登陸淡水時吃了敗仗，十七名士兵死亡，登陸部隊被趕回船上，法軍軍艦上之舵手發出信號，表示船隻遭受嚴重損傷，需要額外的軍火補給。

國登陸部隊被趕回船上，十七名士兵死亡。山地客家人追擊法軍陸戰隊員，並在海灘上將他們斬首。隔天，淡水的外僑看見法國士兵的頭顱被插在市場裏的竹竿上展示。陶德寫道：「勝利激發中國軍隊不守紀律的野蠻本性，沒人知道他們何時會在大屠殺中展露野蠻本性。」

在英國領事敦促下，所有的外僑婦孺都被緊急撤離，人們勸馬偕護送妻兒到香港。孤拔中將宣布封鎖福爾摩沙，法國巡洋艦監視著南、北兩地的條約港口，貿易活動全數停頓。據法軍的報告，他們擊沉了三十艘無視於封鎖的中國帆船，被俘船員被帶往雞籠築路。懸掛英國國旗的中國巡洋艦「飛虎艦」，在西南海岸附近被俘。孤拔指揮指導法軍在雞籠作戰，將勢力範圍拓展到周圍山

法軍兵敗淡水後，宣布封鎖福爾摩沙。法軍共擊沉了三十艘無視於封鎖的中國帆船，而圖中懸掛
英國國旗的中國巡洋艦「飛虎艦」，也在台灣西南海域被俘。

區，以及通往淡水的道路。中國軍隊試圖奪回雞籠，未果。

法國方面所出現的各種報導，包括達瓊（Jean Dargene）的小說《福爾摩沙烽火》（Le Feu à Formosa），無不述說著法國士兵可憐的生活景況。霍亂疫情在部隊中爆發，數週內，三百五十名士兵被送進設於海關的野戰醫院，這種致命的疾病造成法軍的重大傷亡。法軍縮小了封鎖範圍，主要針對北部港口。在此同時，中國的增援部隊從大陸馳抵福爾摩沙，運兵船通常懸掛中立國英國的國旗，以利穿越封鎖。島上守軍的官兵數目增至六萬名。

一月，法國外籍兵團與殖民地援軍抵達福爾摩沙，原本兵力薄弱的法國地面部隊，士兵人數增至三千名，法軍駐紮在雞籠當地荒廢的房舍與寺廟。在二、三月的七次戰鬥中，法軍奪取了港口附近的中國堡壘。

一幅描繪法國海軍中將孤拔，在斷頭台上將「中國」斬首的諷刺畫。事實剛好相反，孤拔最後是病死於澎湖。

占領澎湖

法國再度加強對福爾摩沙的封鎖。法艦在浙江沿岸追捕中國巡洋艦，並加以摧毀。三月，孤拔想在中國北方的寧波灣實施「稻米封鎖」。由於封鎖福爾摩沙成效不彰，三月底，孤拔獲准率軍前往澎湖，以五艘巡洋艦砲轟澎湖島的堡壘。法軍奪下堡壘，而所受傷亡極少。澎湖守軍逃往廈門，有三百名士兵傷亡，傷兵被送到台灣府，在教會醫院接受治療。

法軍占領馬公後，發布了通告，「告知所有遭受牽連者，此一事件的發生源自於兩個偉大國家之間的爭端，兩國人民絕無理由為此負責，我們將努力使無辜者免於遭受各種

不必要的痛苦，愛好和平的居民無須恐懼。在居民同意下所徵得的任何物品，將依時價抵付。」

四月十五日，孤拔解除對福爾摩沙的封鎖。占領澎湖期間，持續的霍亂疫情使法軍傷亡慘重。中、法政府展開外交談判，雙方達成協議，六月九日簽訂條約，中國承認法國對安南的統治權。不久，孤拔中將病逝澎湖。法軍離開澎湖和雞籠，釋放交戰期間所俘的八百八十名中國戰俘。

恢復傳教工作

馬偕恢復傳教工作。在一八八六年七月的醫療傳教記錄中，馬偕寫道：「法國人輕率地進攻福爾摩沙，嚴重妨礙了島上的醫療工作。醫療工作停頓一整年，如今，有數以千

一八八四年一月，法國外籍兵團與殖民地援軍抵達福爾摩沙，原本兵力薄弱的法國地面部隊，一時士兵人數增至三千名。法軍駐紮在雞籠當地荒廢的房舍與寺廟。在二、三月的七次戰鬥中，法軍奪取了港口附近的中國堡壘。此為當時雞籠的雨景，街上到處濕濕的。

法國三度向清廷發出的最後通牒仍舊未獲答覆，法國政府於是命令海軍少將利士比率領三艘巡洋艦開往雞籠，不久，法軍開始展開猛烈的砲轟。雞籠港附近的大型堡壘和其他要塞隨即開火還擊，不久後皆毀於法軍的砲火中。

當時駐防於雞籠的法國軍官,常坐轎子外出,
雞籠的轎夫性情溫和,雞籠人也很溫和。

中法戰爭期間,法軍兩度攻
占雞籠,遭遇中國軍隊激烈
抵抗,法軍最高指揮官孤拔
不得不親赴前線督戰。

一八八四年十月一日，法軍二度攻擊雞籠，在經過一天激戰後，清軍統帥劉銘傳將主
力移至淡水，法軍終於得以攻占雞籠。圖為當時法軍進入雞籠市的情形。

計不信教的民眾公然表明，他們懷念我們平常所提供的醫療救助。封鎖開始時，島上的民眾聚集在城鎮裏，急切地等候我替他們拔牙、治病。每當我路過農村時，往往會有數不清的人跑出屋舍喊住我，要我替他們看病。揹著病童的男人，成群地排列在我每天必經的小路上。」

馬偕傳教團被毀的教堂，獲得劉銘傳的賠償。六週內，馬偕興建了六座新教堂，艋舺也有一座。「我知道劉銘傳觀念先進，對我和傳教團態度友善，我也知道他對艋舺人沒有好感，因為在法國人進犯的期間，艋舺人始終詆毀、傷害他。我認為現在是興建新教堂的時機，正好藉此破除中國的風水迷信。新建的教堂讓民眾驚嘆不已！他們私下爭論，但並未惹事生非。『你看！』人們說，『教堂高過我們的寺廟。這座教堂比被我們破壞的那座還要大，如果我們破壞這座教堂，他們又會另蓋一座更大的教堂。』」

一八八六年甘為霖在馬公設立傳教站。甘為霖發現孤拔中將受人景仰懷念，他說：「令人非常遺憾的是，法國人在離開前，不知是出於私心或謹慎，並未帶走數量眾多的未爆彈，如今這些未爆彈有的埋藏土中，有

由於封鎖福爾摩沙成效不彰，一八八四年三月底，法軍孤拔中將攻擊目標轉往澎湖，以五艘巡洋艦砲轟島上的清軍堡壘。

法軍奪下清軍堡壘，傷亡人
數極少，澎湖守軍則棄城逃
往廈門。圖為當時法軍占領
馬公北方堡壘的情形。

在中、法對峙，戰事吃緊時，法國人將此次戰役
以漫畫的形式表現，描繪一個法國人單獨與中國
軍隊對抗的情形，中國軍隊的隊陣之上還出現一
條龍助陣呢！

XI

LE BLOCUS DE FORMOSE

的散置在馬公附近的曠野。目前已有二十餘人在五起意外中喪生，這些魯莽、頑固的中國人，在好奇心的驅使下，說什麼也要碰那些危險的東西。」

在嘉義附近的村莊，有人經介紹，前來請求甘為霖牧師替他施洗，這個人遭強盜襲擊，因而失去視力，甘為霖認為有必要幫助這位盲人。「走在大城市裏，我們不時會遇上盲人，中國人深受天花，以及不良衛生習慣之危害，對此我們並不感到訝異。盲人似乎多半當乞丐，或以算命為業，也有些靠打穀或踩水車維生。」島上沒有教育盲人的機構，盲人前途黯淡。甘為霖以他在祖國所募得的資金，在台南成立了盲人學校，開始製造點字書。

地契

倫敦的「皇家亞洲學會」(Royal Asiatic Society)主席，收到傳教士甘為霖所轉交的九份羅馬拼音手稿。甘為霖寫道：「七月上旬(一八八四年)，從台灣府以東的某座村莊中，我得到了這些文件。我希望這些文件能被充分利用，儘可能地解讀出這些文件上的語言，以及一度通曉此種語言的民族的人種地位。因為擁有這些文件的平埔族人，如今已完全不認識文件上所使用的語言。他們約於八十年前內遷至現居地，其祖先居住在荷據時期的新港村(今台南新市鄉)，透過這批文件的解讀，說不定能揭露最後一筆平埔傳統的記錄。」

倫敦學院印度支那民族語言學教授樂古培(Terrien

法國占領軍在澎湖升起法國國旗，持槍士兵舉槍行禮，指揮官孤拔則脫帽表示敬意。

上圖為法國占領區中划小舟的澎湖漁民，下圖為在法軍監督下搬運東西的苦力。

de Lacouperie)在《福爾摩沙手稿筆記》的〈種族與語言〉(Formosa Notes on MS., Races and Languages)一文中，鑑定該批文件為地產契據，或私人契約書，時間介於一七三五至五四年之間。他將文件與大英博物館內兩份類似手稿作了比對，博物館的手稿可能是郇和領事於一八七六年五月二十五日所呈獻。

樂古培教授研究了荷治時期倪但理與尤羅伯所搜羅的福爾摩沙島上之原始詞彙，以及郇和、史迪爾、湯姆生等其他旅行者所收集的原始詞彙，他試著分析數種原住民語言。「我想將沙曼那拿流利的福爾摩沙方言列入這張詞彙表。沙曼那拿極有可能於無意中取得由某位荷蘭傳教士所編纂的方言詞彙，並將它們硬背下來，你不認為如此嗎？人們一直以為沙曼那拿發明一種語言，但我所提出的理論，不是更有可能嗎？用這種觀點來重新檢視這個問題，必定很有意思！」

建省

一八八七年，福摩摩沙島建為獨立省分，由劉銘傳出任巡撫。他遏止官僚普遍的貪風，並將行政所在地暫時遷往新城台北。劉銘傳計畫在中部，建造名為台灣(在今台中)的新府城，舊府城台灣府更名為台南。

劉銘傳在雞籠修建一座新堡壘，其他條約港口的防禦工事亦加以修復、強化，外國軍官協助軍隊現代化，增強戰鬥力，大批工程師被聘來推動一系列的現代化計畫。一八八八年，台南、台北之間與台南、澎湖群島之間的電報線接通，這條連接淡水與川石島英國電報站的電報線，使福爾摩沙和世界接軌。劉銘傳巡撫計畫要修築一條從雞籠到台南、與西海岸平行的鐵路，他全力發展雞籠港，刺激島上的貿易活動。第一段鐵路接連雞籠和台北，連結了雞籠與台北的茶葉和樟腦市場。

一八九〇年夏，修建鐵路橋梁期間，雞籠河與某條溪流的會合處發現了黃金。數以千計的中國人從大陸湧向此地，他們之中有許

法軍在占領澎湖、馬公時，馬公港口停滿了許多的
船艦，左下角有一間當地的廟宇。

為安撫民心，法軍在占領
馬公後，張貼這樣一張布
告：「此一事件的發生，
源自於兩個大國之間的爭
端，兩國人民決無理由為
此負責，我們將努力使無
辜者免於遭受不必要的痛
苦，愛好和平的居民無需
恐懼。在居民同意下所徵
得的任何物品，將依時價
抵付。」

多人曾在澳大利亞的礦場工作。海關稅務司的稅務員夏德(Hirth)在報告中提到,當局雖然設法阻止無節制的淘金活動,但卻未見成效。

最初幾年,雞籠、台北線的鐵路仍沒有發揮貿易上的用途,鐵路並未接通碼頭,因為北京的中央政府擔心,如此將引起外國人來犯。雞籠、台北路段使用作廢的郵票作為車票,這些郵票是在英國印製,原本供島上新設的台灣郵政總局使用,因為不合用而轉作車票。

原住民的肉

根據駐台南領事培倫(Pelham)的計算,原住民攻擊製造樟腦的工人的事件,五年內只發生過一次:「當然,野蠻人和邊地的中國人之間,時常進行小規模的戰鬥,但是並未爆發嚴重的衝突。邊地人或原住民,到底誰更該被稱為『野蠻人』,這問題有待商榷。邊地人顯然學會原住民的某些不良習俗。打狗以東約二十五哩處的邊地,最近發生一起小規模的戰鬥,邊地人得勝,俘虜了一位原住民頭目。他們以真正野蠻的方式對待他,他們將他的頭割下,歡欣鼓舞地將人頭傳示各村莊,最後還設宴慶功,這顆人頭被當成主菜。邊地人與原住民差不多一樣野蠻,然而必須說明的是,原住民並不會無故襲擊中國人,通常是因為對方背信,他們才會發動

法國水手向澎湖當地漁民買魚的情形。從這幅圖畫看來,當時法國占領軍並未受到澎湖居民的敵視及抵制。

一八八四年，英國長老教會牧師甘為霖，將他搜集到的平埔族文件送往倫敦「皇家亞洲學會」鑑定，鑑定結果證實該批文件為地產契據，或私人契約書，訂約時間介於一七三五至一七五四年間。圖為該批文件中的三號原件摹本。

攻擊。」

為了使原住民部落服從清帝國的統治，劉銘傳在北部和東北部山區發動了幾次大規模的軍事行動。原住民死者的肉，在邊地附近的村莊被販售，有外國人報告說他們在大料崁（今桃園大溪）的市場上目睹此景。原住民的心、肝、腎和足底，被切成小塊煮湯，據傳言吃了以後可以產生力量和勇氣。

釐金

為了增加歲收，現代化計畫的推動者劉銘傳巡撫，對出口貨物徵收「釐金」。這種出口稅尤其增加南部甘蔗出口的負擔。改革後的土地稅，稅額加重，根據駐台南英國領事的年度報告，人們拒付稅金。土地被課以重稅後，貧瘠的田地廢耕，內地村莊的人口減少二至三成。

「數個月以來，鄉村地區一直處於混亂狀態，惡劣的情勢幾乎引發叛變。不少小農戶傾家蕩產，出讓土地；有些拒絕納稅，他們被當成罪犯，不得不投靠已歸化的原住民或客家人，尋求庇護。移民熱潮終止，人們不再有意願將資金或勞力，投資在福爾摩沙南部。由於工資與食物價格變高，貿易活動持續衰退。釐金的徵收阻礙進步，土地稅的調整以及抗拒政府勘測土地的騷亂，造成地主的不安，嚴重干擾生產活動。

出口不斷衰退，現在我們回復到三十五年前剛起步時的景況，完全仰賴輸出蔗糖、輸入鴉片。運銷鴉片、帶回貨款的工作，在去年遭遇重大的困難。武裝強盜橫行各地，販賣鴉片風險極高，許多人裹足不前。目前，押運鴉片與貨款的人員都得攜帶武器。至於港口，計畫中的改善措施已談論多時，至今

一八九○年，格利馬尼在當時的打狗港工作，平日最喜歡的休閒活動即是一個人划著小舟，
沿著潺潺溪流緩緩而行，優游在原始叢林中。

仍看不出有任何動工的跡象。打狗港已經進行過勘察，疏浚港口的費用也估算出來，這是近十年來的第三次了，然而疏浚工作似乎還是沒有動靜。

台南、打狗間的土地已經勘測過，聽說要修築鐵路。疏浚安平溪、改善安平與台南間的路況、修築產業道路，以及進行各種改善措施的呼籲，再度被提出來，但是沒有一項真正得到落實，這個國家目前正陷於混亂中，想實現以上任何一項計畫，看來是不可能的。

所謂的原住民歸化工作，至今並無太大的進展。原住民與中國軍隊發生過數次衝突，大體而言，中國軍隊居於下風。中國人似乎在島上極南之處取得進展，不過他們所使用的卻是平和的手段。那裏的野蠻人雖日漸被中國移民逼退，但願意與中國移民進行買賣，還建立起友好的關係。說到買賣，野蠻人絕非中國人的敵手，雖然他們非常擅長叢林作戰。」

策馬深入內地

一八九○年的春季，《倫敦畫報》刊登格利馬尼（Edmund Grimani）在福爾摩沙東南部旅行時所畫的一系列素描。「格利馬尼先生在打狗的潟湖岸邊居住數月。潟湖岸邊生長著豐富而多樣的亞熱帶植物，他划著獨木舟沿岸而行，樂在其中。另一次驚險事件，爲描述他們遭到一群水牛攻擊的經過，當時這些牛正在野放中，水牛似乎特別討厭白種

格利馬尼對台灣的竹林相當著迷，當他們一行人走入竹林小徑時，他以為進入了迷宮而驚歎不已！

來自英國的格利馬尼一行人，亟欲在暴風中強渡東港溪，卻碰上暴風雨，這個驚險的遭遇，自然也成為格利馬尼畫筆下的另一幅素描題材。

格利馬尼從高雄港前往屏東萬金庄的途中，經過藏有流沙的溪流，其坐騎因失去平衡而跌落水中。

格利馬尼一行人騎馬往屏東萬金庄的旅途中，行經一處被低矮樹叢圍繞的沼澤地，他發現
自己身處於一群正在喝水的野生水牛之中，沒想到，隨即展開與野生水牛之追逐戰。

對歐洲人而言，深入山區探訪山地原住民往往需要長途跋涉。此圖為格利馬尼描繪他於一八九○年前往山區途中，路經平埔族村落休息一景。

人，牠們會毫不忌憚地攻擊陌生人。

『我們轉入一條下傾的道路，路旁有一座幽暗的水塘，水塘周圍環繞著濃密的樹叢。我們發現自己走進牛群之中，牠們看來並非善類。見到牠們全忙著喝水，我們打算趁機靜靜溜走，不引起牠們的注意。沒想到還是有幾頭大水牛朝著我們而來，結果整群水牛起而效尤，在水塘裏造成一陣驚人的騷動。

牠們不停地追趕我們，大約一哩之後，牛群數目開始減少。最後只剩一隻水牛還堅持不懈，牠繼續追逐了兩哩路。我們走上一座舊竹橋，橋身搖晃不止，牠不敢貿然跟進。馬匹一一被帶過橋，飽經風霜的竹條咯吱作響，接連地斷裂，馬匹似乎因此受到了驚嚇，唯恐整座橋會突然倒塌。這隻水牛必定

也有同樣的想法，因為牠停在一旁觀看，顯然希望看見我們跌入溪流中。但是牠沒有如願，於是掉頭走開，我們至此才擺脫了干擾，繼續踏上行程。』

穿越平原途中，這群旅人在中國村莊裏受到親切的招待。他們愉快地穿行於平埔族部落之間，平埔族是平原上的原住民，他們已經採納了部分中國人的風俗習慣，相較於其他的原住民，他們顯得較開化。

進入山區後，山區裏林間小徑、河流、沙丘加上沼澤，使旅程變得十分艱辛。這一行人、連同挑行李的中國腳夫，費力地行走在滑溜、陡峭下斜的河岸上，人員和馬匹幾乎無法立足。他們在土著村莊萬金庄上方的深山地區旅行時，所遭遇到各種的插曲。

在前往萬金庄的途中，格利馬尼一行受到一位漢人朋友的熱情招待。

格利馬尼與友人從高雄騎著馬匹翻山越嶺往屏東途中，行於陡峭下斜的河岸時，人與馬匹都
站不穩，而從旁經過的平埔族人，雖然赤腳挑著重物，平衡感卻極佳。

他們在一位西班牙老神父的家裏歇腳，這位神父已經在那裏居住了三十餘年。萬金庄位於中央山地的邊緣，幾乎不受中國文明影響，近來，山地上的野蠻人部落常下山殺戮平原上的居民，藉以宣示他們的獨立自主。

我們的特派員遇見一支原住民部落，素描圖生動地呈現他們的長相和習俗。『隔天早上，我剛好著裝完畢時，我的僕人因為知道我想替野蠻人做素描，急忙前來通知我，有一群野蠻人下山來到此地。我拿起素描本，走到外面的一間屋子裏，我看見一名頭目與他的幾位親屬：男人、女人和兒童，在一條粗糙的長凳上坐成一排，長凳是屋裏唯一的家具。

男子全數配刀，頭戴無邊的獸皮帽、蓄長髮，身穿極短的短裙，頭目前額上裝飾著排列成星形的山豬牙，以顯示其與眾不同的優越地位，肩上還披著一小塊充作披肩的布片。他們的膚色非常黝黑，皮膚因長期暴露而變得粗糙，有些人的腳上、腿上和雙手，因被尖刺戳傷、或被岩石擦傷而流著血，在他們艱辛的生活中，這些傷口是免不了的。

我打開素描本，由頭目開始畫起，這種嚴峻的考驗似乎讓他相當不安，他看起來彷彿正準備赴約，急著要離開。倘若他有手錶，他必定會看錶，因為他的雙手不停地在手腕上摸索。我直視著他的臉，將線條一一畫在紙上，他游目四顧，手指在赤裸的膝蓋上緊張地抽動，顯然以為我正在施行某種法術。當我畫到他的帽子時，他頭上的羽毛開始晃

格利馬尼與他的兩位朋友及一行挑夫，一路從高雄港越過高山、河流及溪谷，終於抵達
六十哩外的屏東萬金庄，萬金庄在當時是個典型的平埔族村落。

長途跋涉來到萬金庄教會的格利馬尼，手上拿著書本，站在二樓，遠遠地看著原住民頭目帶著援軍返回的場景。

動，身體顫抖得相當屬害，一等到我開始削鉛筆時，他大概認為這已經是關鍵時刻，正當我準備完成全圖，他忽然一躍而起，高聲呼喊，拔腿『飛奔』，衝出門外，其餘的人起身跟隨。

我多麼羨慕這位頭目的一雙勁腿！他雖然年逾六十，但是才不一會兒功夫，他就已經跑上山，遠遠領先其他跟著逃命的人，他真是深諳『落後者倒楣』的道理。他曾一度回頭向後探望，見到我揮動素描本召喚他回來，他誤解我的手勢，再次拔足狂奔，瞬間不見人影。這種滑稽的場面，令我捧腹大笑，然而不久之後，我的愉悅化為恐懼。這個老傢伙竟全副武裝返回原地，帶著整個部落的人增援，他們從陡峭的山坡上蹤躍而下，惡狠狠地揮舞長矛，顯然渴望報仇。

我該怎麼辦？我們當然有槍，但如何能以寡敵眾？幸好，我的素描本和鉛筆發揮了功效，令他們不敢越雷池一步，這才讓我有時間派翻譯去說明一切。這項任務成功地達成，大多數的野蠻人知道我並無惡意，於是都放下疑慮，但是老頭目對我仍存有戒心。

我走向前，請他看一看他的素描像，希望能消除他的恐懼，然而他卻驚駭地轉身，說什麼也不瞧上一眼。往後，這些野蠻人與我們熟稔起來，他們每天都帶了不同的人下山，最後他們終於開始惹人討厭，竟然在我們尚未更衣前，貿然進入我們的臥室，察看房間內的每樣東西，試穿起衣服，還常穿反了，並摸遍我們全身肌肉，我們因為武力不足，只得忍氣吞聲。

一八九〇年，格利馬尼初次見到台灣高山原住民，此圖是他描繪當時的情景。

這是件很惱人的事，但我們畢竟也只能刻意屈從，滿足他們愛窺探的好奇心。我們不敢做出任何不明智的舉動，唯恐這群性情不定的鄰居，會危害到我們所借住的村莊。他們看起來粗暴、殘忍，個個孔武有力，隨時帶著武器，有時是長矛、弓箭；有時甚至還帶著滑膛槍，他們腰間隨時掛著刀。木製的刀鞘露出刀身，也就是說，刀鞘是單面的，另一面以線繩呈之字形固定刀身。在這群野蠻人之中，有不少人看起來別具格調，他們肩上所披的豹皮優雅地懸垂而下，包裹住部分身體。

我們鎮日漫遊山林，打打獵，學幾句原住民的蠻言蠻語，生活逍遙快活。某天下午，我在院子裏看見一場奇特的表演。兩名中國人裝扮成一條龍，由一個男人操縱龍頭，另一個小伙子敏捷地操縱著尾巴，一條長棉布接連首尾，構成鬆垮的龍身。龍頭開闔著巨大的下頷，半惡意、半玩笑地朝尾巴咬去，龍尾則東躲西閃，不讓自己被咬到，頭尾扭作一團，製造出滑稽的效果。在旁的有一群平埔族人不停地擊鏡伴奏。作爲觀眾的野蠻人忘情地觀賞表演，有一位年長的頭目竟忍不住跳躍起來。

我們原本打算進入山區，探訪居住在山中的原住民，但我們之中有人患了熱病和瘧疾，因此無法成行。到了第七天，向親切、年長的主人道過謝後，我們踏上回程。

格利馬尼先生告訴我們一個有趣的故事，關於一群下山到打狗(今高雄)的野蠻人，其中一個單獨進到他的屋中。這個野蠻人雖然不懷敵意，但卻惹下不少麻煩，他隨意翻動屋內的每一件東西，最後摸到一項電器，結果觸了電，他刹時又怒又驚，當場摔碎電器，一路嚎叫奔回森林。』

上述就是世居於福爾摩沙的馬來人，他們分布在這座大型島嶼的大部分區域——山區和東部地區。中國只是名義上的統治他們，目前他們激烈地反叛，引發統治權的爭議。西部沿岸的平原耕地，則爲中國移民所占據，他們栽種甘蔗以及其他有價值的農作物，最近因遭到野蠻人的攻擊，而蒙受了不少損失。」

邵友濂

在呈給英國政府的大批報告中，英國駐淡水領事霍西(Alexander Hosie)，細數劉銘傳推動現代化事業的成效：「近三年內所引進的鐵路，已使外界更加注意到中國的這個藩屬，然而令人遺憾的是，外界極欲獲准通商的企圖，卻完全無法實現。將島上西半部平原與東北海岸的雞籠港加以連接，是首任巡撫劉銘傳的目標，然而中國軍事當局並不願聽從外國築路工程師的建議，台北、雞籠之間的鐵路，由於雞籠附近路段管理不善，事實上從未全線通車。

這位前巡撫渴望使雞籠成爲福爾摩沙首港的願望，實現遙遙無期，而他的繼任者也不可能蕭規曹隨。劉銘傳雖於任內完成多項建設，但同時也花費龐大的經費。他輕信外國顧問的計畫，這些顧問並非全無私心，結果目前省政府手上，擁有不少『大而無當的』汽輪、疏浚機等等，這些設備虧本營運，並未發揮預期的功效。當今政府於是下令節約開銷，劉銘傳所聘用的外國人，都迅速地被解雇了。」

由於地理的隔絕，早期台灣高山原住民初見紅髮、白皮膚的歐洲人，無不深感好奇。他
們用手碰觸這些外來客的身體，撫摸洋人身上的肌肉，並且對其衣物也很好奇。

格氏一行人在市集看到漢人的舞獅表演，在旁邊奏樂的是平埔族人，而圍觀的高山原住
民亦看得不亦樂乎，是場餘興節目的特技表演。

向宏偉的中央山脈揮揮手，格利馬尼告別此番難忘的旅程。正如葡萄牙水手以「福爾摩沙」
形容台灣一樣，他亦頗有同感地表示，台灣真是一個非常美麗的島嶼。

　　新任巡撫邵友濂放棄劉銘傳的大多數計畫，包括修建新府城。鐵路只延伸到竹塹。駐台南領事胡力穡(Hurst)報告說，從英國引進的兩部小型鐵製榨汁機，在南部試用，榨出大量蔗汁，成爲製糖工業現代化的基礎。「有人替某位武官組裝了一部榨汁機，效果卓著，連最多疑的人也都用它來取代粗糙的石製輾壓機。但是我們不可因此斷定，這種外國製的榨甘蔗機能立刻有銷路，因爲中國人行動遲緩，而且對外國人的東西過度防備。」

　　霍西領事總結了北部煤礦經營的變遷。「煤礦起初爲私人所擁有，後來被省政府接收，由外國人監造，設置豎井與歐式工廠。當局派一名中國監工與外國人共事，了解中國的人必定知道，這種制度將產生許多困難。政府當局不滿意煤礦事業的有限成果，解聘了外國人，煤礦於是又落入了當地人的手中。

　　礦場經營每下愈況，終至完全關閉。後來，有一家駐於中國的外國公司向省政府提出建議，表示願意接管煤礦營運，當時的巡撫也覺得條件可以接受，但必須獲得中央政府的批准，結果中央政府並不同意。此後，礦場就一直閒置著。在私人經營下，礦場又重新開工，所有的煤炭都由他們供應，然而煤炭產量總是無法維持穩定，也無法大量取得煤炭。」

中日戰爭

一八九四年，中日戰爭爆發，布政使唐景崧接替邵友濂的職位。大批增援部隊從大陸馳抵福爾摩沙，劉永福奉詔主持防務。在東京(今越南河內)對抗法軍的劉永福，戰後率領他的游擊部隊返國，並晉升為將軍。

以下是由住在打狗的外僑所做的報告，刊登於一八九五年六月八日的《倫敦畫報》。這一期畫報中的素描圖，描繪福爾摩沙所發生的事件，特派員做了如下的說明：「約七哩長、一至三哩寬的淺潟湖，隔開了撒拉森山頭的堡壘與福爾摩沙本島。近來，堡壘駐軍面臨通道完全被切斷的危險，有無路可退之虞。駐防該區的將軍察覺此一危機，下令築橋連接本島。長約一哩半的竹橋在三天之內完工。

航道上設置了水雷，他們打算從北門堡壘以電流引爆水雷，對付想要進港的船隻。然而設置水雷的地點太靠近岸邊，只能對付魚雷艇和小型船隻。

中國人似乎還是執迷不悟，他們總以為只有堡壘前方會受到攻擊，他們仍死命地在堡壘前堆放障礙物，而讓後方門戶大開。不過，他們絕不會忘記，要留下一條好的退路。打狗目前是軍事重地，因為它可能會成為日本人的攻擊目標。

由於福爾摩沙無法避戰，而且島上駐軍對歐洲僑民懷有敵意，為此英國戰艦前來護僑。將軍揚言以沈船堵塞入口，阻止船隻進出。十年前，在中法戰爭期間，這種方法已經被使用過，證明無法奏效，原因是障礙物一旦堆積至一定高度後，強勁的潮水便會將石頭，連同裝載石頭的中國帆船一併沖走，不到四十八小時，水道又會通暢無阻。

中國士兵差不多每天都會騷擾僑民，想找

一八九五年初，中國在甲午戰爭中徹底戰敗，清廷認為澎湖和台灣將是日軍下一波攻擊目標，為避免落入日本之手，於是打算將台、澎兩地送給英國，但為英國拒絕。這幅地圖繪於一八九三年，即甲午戰爭爆發的前一年。

出施暴者幾乎是不可能的事。將軍乘轎，由四名苦力搬抬，巡視地方。他的身旁約有十二名護衛，這些『護衛』身上同時配備古代與現代的武器，一種古怪的組合。他們的制服是鑲紅邊的寬藍袍，胸前、背後各有一個白色的大圓塊，成為供敵人瞄準的絕佳標靶。此外，他們頭戴大型草帽，這恐怕是最累贅、最不切實用的軍盔。將軍經過時，士兵們行五體投地跪拜禮，如此屈從的表現多半是假裝出來的，而非出於真心。」

一八九五年年初幾個月，清帝國在中國北方與韓國面臨優勢武力的威脅。中國政府擔心澎湖和福爾摩沙南部將遭受攻擊，估計無力抵禦，於是祕密地將福爾摩沙獻給英國，以免落入日本之手。但為防止引發國際紛爭，英國外交部長拒絕接受。法國政府風聞此事，派遣兩艘軍艦前往馬公，艦上法高級軍官呼籲中國指揮官交出澎湖群島。指揮官向劉永福將軍報告法國人的提議，將軍命他向進入馬公港的法艦開火。

三月二十二日，日軍開抵澎湖。因天氣惡劣，日軍延後兩天登陸。二十六日，日軍攻下澎湖。中、日兩國在下關展開談判，中國答應割讓福爾摩沙島。該月底，島上幾乎陷入了無政府狀態。巡撫唐景崧告知各國領事，說明軍隊已經失控，他已無力保護外僑

一八九五年，台灣依馬關條約而割讓給日本。但消息一傳到台灣即引起極大的反彈，當時駐守台灣的黑旗軍，一邊積極準備守禦事宜，一邊在高雄港的沙洲間建造竹橋方便撤退。

的性命和利益，並籲請外國介入調停。

　　五月八日，割讓條約簽定。官員、士紳所組成的代表團，向北京的中國皇帝遞呈請願書，要求保住福爾摩沙，倘若福爾摩沙不保，不如獻給英國。反抗割讓的行動得到非正式的認可與支持。唐景崧巡撫准許市民議會宣布福爾摩沙獨立，並於五月二十日接受共和國（即台灣民主國）總統職位。三十日，三千名日軍在澳底登陸。三天後在雞籠靠岸，福爾摩沙正式轉交給日方所指派的樺山（Kabayama）總督。

　　美國人謨斯（Hosea Morse）當時擔任淡水海關代理稅務員，他回憶道：「政府組織瓦解，各級單位潰散。到了六月四日早晨，文武官員無一人在職，兩萬餘兵士無一人在伍。島上無人治理，陷入極度混亂，守法良民任由目無法紀的軍隊所擺布。」

一八九五年英國畫家李坦特手繪作品，可以清楚看到當時的哨船頭及高雄港的風貌，黑旗軍與平埔族民正在港區內放置水雷，以防日本軍艦進入。

李坦特精細地描繪「黑旗軍」將軍視察打狗的情形，當時由劉永福率軍，正在港區內加強防禦工事。

　　台北城開始發生掠劫事件，逃難士紳湧往淡水港的國營汽輪「亞士輪號」（the Arthur）。失控的亂軍警告船上乘客——超過二千五百人硬擠上船，船若開動將遭砲轟。「引發此舉的因素有幾個：兵士們認為長官沒有理由棄他們而去，他們沒有得到軍餉，政府財務官攜款登船，還有，兵士們懷

疑，船上的共和國文官身懷侵吞的公款。」

　　由於財務官在船上避難，茶稅暫由代理稅務員謨斯保管。船上乘客派出代表，要求謨斯介入調停，讓船離開港口，謨斯於是與淡水堡壘的指揮官談判。「我發現他非常理性，他說他控制不了手下，但是他願以項上人頭擔保，只要他們拿得到錢，他們會心懷感激，靜靜解散。他要求五千元贖金，作為

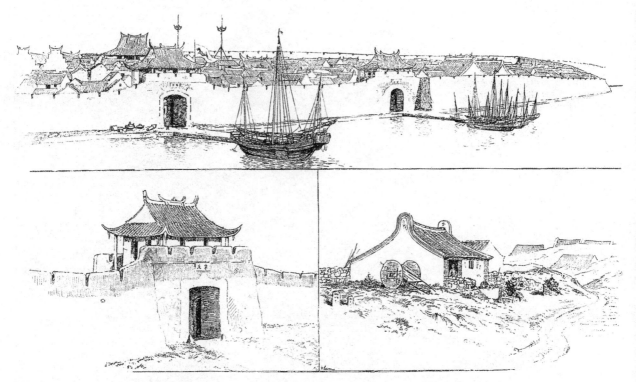

一八九五年三月二十六日，日軍攻佔澎湖，迫使清廷談判，並答應割讓台灣和澎湖。圖為當時澎湖島上的城垣、村莊及小港口。

贖回船隻與船上所有乘客的代價。」

堡壘指揮官開出條件，他也要登船。謨斯手上的海關稅款總共有四千五百元，餘額由私款補足。付款之後，「亞士輪號」才得以開船離港。在日軍尚未進入台北之前，唐景崧總統逃往大陸。一百來位知識分子自行成立組織，宣布他們是新政府。新政府隨即移往台南，企圖抗拒日軍的接收，劉永福將軍同意就任總統。

美國新聞記者戴維森（Davidson）隨日軍南下竹塹，一路上日軍幾乎未遭任何抵抗。「中國軍隊從不出擊，除非他們人數遠勝敵軍，並確定可以輕易撤退。我從不知道，有哪次他們曾在勢均力敵之下，在曠野上抵抗來犯的敵人。」

十月，日軍開始往南推進。從澎湖出發的一支部隊，在台南以北四十哩處登陸。十月十二日，三艘日艦出現在打狗的堡壘前方。其他的日軍在乃木（Nogi）將軍指揮下登陸枋寮。翌日，日艦開火。半小時後，堡壘陷入沈寂。

日軍占領部隊發現劉永福的部隊已經撤往台南和安平。十八日劉永福最後一次現身，他喬裝成懷抱嬰兒的婦女，逃往廈門。聽到劉永福逃亡的傳聞後，安平的三名英籍海關稅務員，說服安平的軍士放下武器，堆放在海關屋舍中。十九日乃木將軍的部隊行經坤頭。二十日，騎兵隊哨兵在台南以北七哩處的湖內被包圍。劉永福殘軍在激戰中敗北。

台南僅留的外國人是三名英國傳教士，其中一位宋忠堅牧師（Duncan Ferguson）寫道：「十多天來，台南居民不斷向我們請求，想辦法居中替他們和日本人斡旋。十月二十日的早上和下午，我和巴克禮（Barclay）先生

被地方上的商紳包圍，要求我們出面。他們說，劉永福和他所有的行政官員都已經逃亡，不久台南就要落入暴民之手。」

這幾位傳教士答應出面，在十七名中國人護送下，他們與日本人會面。「在離城門約一哩處，我們看見一匹死掉的日本軍馬。當天早上，日軍與黑旗軍曾在那裏交戰。不久，我們進入一戶人家，他們正準備要吃晚飯。一見到我們的燈火，他們立刻躲開，顯然以爲我們是暴民。

我們繼續前行一小段路後，有幾位同行的中國人竟抱怨他們尚未吃晚餐，建議我們停下來過夜。我們回答說，他們必須繼續往前走，直到我們碰見日本軍隊爲止。走沒多遠，一匹日本軍馬開始跟著我們。前進大約五哩後，在接近村莊時，我們聽見奇特的叫喊聲。

巴克禮和我立刻明白了，這是日本哨兵在叫喚我們停下腳步。我們帶著燈火跑向前，舉起我們的英國國旗。一大群士兵快步趨近，上了刺刀，站定在我們面前。一名日本兵隨即向前，他會講一點點的英語。我們設法讓他了解我們的任務。然後，同行的中國人就被綁成一串。接著我們被引導去見一位軍官，透過翻譯，他從我們身上得知劉永福已經逃亡，以及台南人請求他們和平入城

由於戰火一觸即發，加上台灣守軍對歐洲僑民懷有敵意，英國於是在一八九四年派出「水星號」停泊於打狗港護僑。

馬關條約簽訂後，日本政府即派遣樺山資紀上將接收台灣，他同時也是日本治台的第一任總督，圖爲一八七四年日本遠征台灣時（牡丹社事件），他官拜少校之模樣。

等所有的消息。

隨後，我們見過一位又一位的軍官，接受盤問直至清晨三點才結束。乃木將軍告訴我們，軍隊會在清晨五點出發，開往台南。巴克禮先生與十五位中國人在部隊前方帶路，並叫人們先打開大門。我和另外四名中國人被安排在隊伍中間。那是一個晴朗、涼爽的清晨，日本步兵和騎兵列成縱隊，跟在巴克禮先生和十五名赤腳的中國人後面，這是一幅值得回憶的景象。」

眼見日本國旗懸掛在南門上，宋忠堅牧師明白，日軍即將順利完成占領工作，但不會有人傷亡。

chronicle
台灣大事記

15 【十五世紀之前】

230年 (三國黃龍2年)	《三國志》提及夷州，夷州即台灣。
605年 (隋大業元年)	隋書《東夷流求傳》中提到流求，即台灣。
607年 (隋大業3年)	煬帝派朱寬招撫流求。
610年 (隋大業6年)	煬帝派陳稜、張鎮州擊流求。
1292年 (元至正29年)	元世祖派楊祥征流求。

16 【十六世紀】

1544年 (明嘉靖23年)	葡萄牙人發現台灣，以「Formosa」稱之。
1563年 (明嘉靖42年)	俞大猷、戚繼光追剿海盜，海盜林道乾入台。
1580年 (明萬曆8年)	西班牙耶穌會教士往澳門，歸途遇颱風抵台。

17 【十七世紀】

1621年 (明天啓元年)	海盜顏思齊率其黨人居台灣，鄭芝龍附之。
1622年 (明天啓2年)	荷蘭艦隊重登澎湖島。荷蘭人向明廷請求互市。
1623年 (明天啓3年)	明朝禁止船隻航行台灣。
1624年 (明天啓4年)	荷蘭人占台灣，明朝承認，荷蘭人並於安平築熱蘭遮城。
1625年 (明天啓5年)	荷蘭人於赤崁初築普羅民遮城。
1626年 (明天啓6年)	西班牙艦隊登陸雞籠。
1629年 (明崇禎2年)	西班牙軍在淡水建造聖多明哥城 (今紅毛城)。
1634年 (明崇禎7年)	荷蘭軍於台南建造的熱蘭遮城 (今安平古堡) 竣工。
1641年 (明崇禎14年)	平埔族成立地方會議。
1642年 (明崇禎15年)	西班牙軍隊從台灣撤退，據北台灣共十七年。
1652年 (明永曆7年)	荷蘭人廣建普羅民遮城。爆發郭懷一事件，荷蘭人屠殺漢人。
1661年 (明永曆15年)	鄭成功登陸鹿耳門，立台灣為東都，赤崁為承天府，置天興、萬年二縣。
1662年 (清康熙元年)	鄭成功擊退荷蘭人，荷蘭人據台共38年。鄭成功逝世。
1663年 (清康熙2年)	荷蘭與清廷聯軍攻金門、廈門。
1666年 (清康熙5年)	荷蘭人又據雞籠。
1683年 (清康熙22年)	施琅入台灣。
1684年 (清康熙23年)	清朝將台灣併入福建省，設台灣府及台灣、諸羅、鳳山三縣，澎湖置巡檢。
1685年 (清康熙24年)	建台灣府公署。
1687年 (清康熙26年)	正式開科考試。

【十八世紀】

1704年（清康熙43年）　諸羅縣築木柵為城（今嘉義）。建鳳山縣署。

1721年（清康熙60年）　爆發朱一貴事件。

1726年（清雍正4年）　清廷將台灣鹽業由民營改為官營制。

1727年（清雍正5年）　增設澎湖廳。

1732年（清雍正10年）　凡有田產而循規蹈矩的人，准攜眷來台。

1737年（清乾隆2年）　清廷嚴禁「番」漢通婚。

1752年（清乾隆17年）　清廷詔台灣各廳縣立石「番界」，禁止漢人進入。

1758年（清乾隆23年）　清廷諭令平埔族人習漢俗。

1766年（清乾隆31年）　成立「理番廳」。

1770年（清乾隆35年）　澎湖西嶼建造燈塔。

1783年（清乾隆48年）　漳州人嚴煙來台傳播天地會。

1784年（清乾隆49年）　鹿港開港通商。

1786年（清乾隆51年）　爆發林爽文事件。

1788年（清乾隆53年）　林爽文事件。台南府城改土城。艋舺祖師廟建成。

1791年（清乾隆56年）　清廷於台灣實行「屯番」制度。

【十九世紀前半】

1810年（清嘉慶15年）　蛤仔難（今宜蘭縣境）歸入版圖，改稱噶瑪蘭。

1812年（清嘉慶17年）　新設噶瑪蘭廳。建鹿耳門、淡水等處砲台。

1823年（清道光3年）　竹塹鄭用錫中進士，為開台後首位進士。

1824年（清道光4年）　艋舺地位日重，與台灣府、鹿港並稱「一府二鹿三艋舺」。

1825年（清道光5年）　英人至雞籠採購樟腦。

1828年（清道光8年）　淡水吳全等入台東建吳全城。

1830年（清道光10年）　詔禁各省種鴉片。

1837年（清道光17年）　鳳山知縣曹謹，引水灌溉，世稱「曹公圳」。

1838年（清道光18年）　英人載鴉片入雞籠、滬尾換樟腦。

1841年（清道光21年）　中、英首次在台交戰，英籍船艦「納爾不達號」被擊沉。

1850年（清道光30年）　徐宗幹訂「全台紳民公約」六條，強烈排外，嚴禁鴉片。

十九世紀後半

1854年（清咸豐4年）　美國遠東艦隊總司令伯理上將派艦隊到台灣，調查台灣礦產，力主占領台灣。

1858年（清咸豐8年）　依天津條約，開放台灣之港口。

1860年（清咸豐10年）	北京條約，開放安平、淡水為通商港。
1861年（清咸豐11年）	全台設釐金局，實行樟腦專賣。
1862年（清同治元年）	淡水正式設關徵稅。
1863年（清同治2年）	雞籠、打狗、安平先後分別開港。
1865年（清同治4年）	英人在打狗建領事館。美商在雞籠經營煤炭及樟腦業。英國長老教會派馬雅各牧師來台傳教行醫。
1866年（清同治5年）	英人陶德在淡水種茶。
1867年（清同治6年）	美國船於七星岩觸礁，遭琅礄原住民襲擊。
1869年（清同治8年）	英艦進犯安平。台產茶葉銷往國外，北部茶業大盛。
1871年（清同治10年）	琉球人漂流至八瑤灣，五十四人被牡丹社土著殺害。
1872年（清同治11年）	馬偕牧師抵達台灣北部宣教行醫，由淡水上岸。
1873年（清同治12年）	日本樺山資紀等人抵淡水，在台停留四個月。
1874年（清同治13年）	西鄉從道將軍率兵進攻台灣南部原住民部落，日軍登陸琅礄。中日議和，清廷賠款五十萬兩。琅礄城設官，定名恆春縣。
1875年（清光緒元年）	清廷置台北府，成二府八縣五廳。
1877年（清光緒3年）	獎勵內地人民來台開墾。
1879年（清光緒5年）	台北府城興工。台灣地圖測繪完成。
1882年（清光緒8年）	台北府城落成。
1884年（清光緒10年）	孤拔攻陷基隆砲台、滬尾。
1885年（清光緒11年）	台灣建省，劉銘傳為巡撫，督辦台灣軍務。清朝和法軍交戰，法軍登陸基隆占領澎湖。三月，中法停戰，法解除對台封鎖。
1886年（清光緒12年）	劉銘傳推展現代化建設，在各地設砲台，架設電線等工程。
1887年（清光緒13年）	台北至基隆始建鐵路。滬尾至福州海底電線竣工。原台灣縣改為安平縣，台灣府改為台南府。
1888年（清光緒14年）	架設淡水河鐵橋。劉銘傳開辦台灣郵政，設郵政總局、分局及郵站。台灣鐵路收歸官辦。
1889年（清光緒15年）	新台灣府城（在台中）興工。
1891年（清光緒17年）	劉銘傳去職，繼任巡撫為邵友濂。
1893年（清光緒19年）	台灣鐵路工程竣工通車，台北至新竹率先通車。
1894年（清光緒20年）	中、日朝鮮起衝突，台灣加緊防備。邵友濂奏移省會至台北。
1895年（清光緒21年）	甲午戰爭結束，清廷割讓台灣給日本。首任台灣總督樺山資紀抵台，台灣島民及清朝官民於全省各地反抗，開始日本殖民台灣五十年。

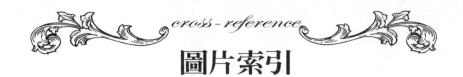

圖片索引

【第參部】 十九世紀前半

【第肆部】 十九世紀後半

● 130、131、137：《美國與外國商業關係年度報告》(Annual Report on the Commercial Relations between the United States and Foreign Nations,1871)。

● 132、133、135、139、140、174、217上圖： 波奈旦(Paul Bonnetain) 所著之《遠東——風景秀麗、充滿名勝古蹟的世界》(L'Extreme Orient, le Monde Pittoresque et Monumental, Librairies- Imprimeries Reunies, aris,1887)。

● 138：筆名「必寫稿」(Pisco)所著之《森林與溪流》(Forest and Stream)。

● 142、143：甘為霖（William Campbell）牧師所著之《在台宣教之成功》(Missionary Success in Formosa, 1889)。

● 144：馬雅各(James Laidlaw Maxwell)牧師編的刊物《居家主日》(Sunday at Home, 1871)。

● 159：《全球地理》(Geographie Universelle), 1882。

● 168上圖：《青年朋友》雜誌(der Jugendfreund),1882。

● 169下圖：《馬六甲海峽、中南半島與中國》(The Straits of Malacca, Indo-China, and China)。

● 172：《臺灣特色》(Streifzuge durch Formosa)。

● 175上圖、175下圖、178、189、216上圖、216下圖：《畫報》(The Graphic)。

● 176：黑格呂(Elisee Reclus)所著之《新全球地理》(Nouvelle Geographie Universelle),1874。

● 179：《費城詢問報》(Philadelphia Inquirer),1874。

● 180、181、182上圖、182下左圖、182下中圖、182下右圖、183、184上圖、184下圖、185上圖、185下圖、186：保羅·艾必斯(Paul Ibis)發表於《全球》(Globus)刊物上，〈論福爾摩沙——民族學旅行記〉(On Formosa: Ethnographic travels)一文。

● 192、193：提默斯(Henry Teignmouth)《拉普溫號航行記》(The Flight of the Lapwing)。

● 195、197：《天主教傳教團》(The Catholic Missions)。

● 200：美國《哈潑》(Harpers Bazaar)雜誌，Volume XV., No. 47. 11 February, 1882。

● 202、203、205、206、208、209：吉爾馬(Francis Henry Hill Guillemard)《馬凱查號巡航至勘察加半島與新幾內亞，以及對福爾摩沙、琉球與馬來諸島的評述》。

● 210：《地理集錦》(Geographische Rundschau)，第七冊，第三部，1884。

● 211上圖、211下圖、212、213上圖、213下圖、218、222、223下圖、224、225、226、227、228上圖：利索(Rollet de l'Isle)之《東京與中國海》(Tonkin et le mers de la Chine)。

● 214上圖、214下圖、215上圖、218下圖、220上圖、223上圖、229上圖、229下圖、230：《孤拔司令》(L'Escafre de l'Amiral Courbet),1894。

● 215下圖、219：福羅瑟(Thurlow Fraser)《來自東方的呼喚——遙遠的福爾摩沙羅曼史》(The Call of the East, a romance of far Formosa)。

● 220下圖：伯第(Maxime Petit)所著之《法國在東京與中國》在(La France au Tonkin et en Chine)。

● 221：《圖畫世界》(L'Univers Illustre), 8 November, 1884。

● 231：《英國皇家亞洲學會期刊》(Journal of the Royal Asiatic Society)。

● 249下圖：艾末特(Coucheron-Aamot)《馬關條約以來東亞地區步向和平的歷史》《Die Geschichte Ostasiens nach dem Frieden von Shimonoseki》。

參考書目

01.Anderson, Lindsey, A Cruise in an Opium Clipper, Chapman and Hall Limited, London, 1891.

02.Abend, Hallett, Treaty Ports, Doubleday, Doran & Company, Inc. Garden City, New York, 1944.

03.Adelung, Johann Christoph, Mithridates oder allgemeine Sprachenkunde mit dem Vater unser als Sprachenprobe in bey nahe funfhundert Sprachen und Mundarten, Erstel Teil, in der Vossischen Buchhandlung, Berlin, 1806.

04. Adriana, M.A., Dr. Karel Gutzlaff, 'Lichtstralen', 15e jaargang, 5e/6e aflevering, J.M.Bredee, Rotterdam, 1909.

05. (An.), 'Die Insel Formosa im Chinesischen Meer', 'Das Ausland', I- 17, II-18, III-20; IV 24, Augsburg, 1872.

06.Walter, Richard, Anson's Voyage around the World in the years 1740,1741,1742,1743,1744, Blackie and Son, London, 1894.

07.Bax, Bonhard Ward, The Eastern Seas, Being a Narrative of the Voyage of the H.M.S. Dwarf in China, Japan and Formosa, John Murray, London, 1875.

08.Bechtinger, Joseph, Het eiland Formosa in de Chineesche zee, Batavia et Wyt, 1871.

09.Beauvoir, le Comte de, Voyage autour de Monde, Australie, Java-Siam-Canton, Pekin-Yeddo-San Francisco, E. Plon et Cie, Editeurs, Paris, n.d. (1868).

10.Beazely, Michael, Notes of an overland journey through the southern part of Formosa in 1875 from Takow to the South Cape, Proceedings of the Royal Geographical Society, vol.7, 1885.

11.(Beazely), Beazeleys Reise auf Formosa, in 'Die Weite Welt, Reisen und Forschungen, ein geographischen Jahrbuch', pp. 245-251, Verlag von W. Spemann, Berlin und Stuttgart, n.d.(1886).

12.(Benyowsky) herausg. von W. F. v. Bous, Meine Abenteuer, Memoiren des Grafen Moritz August von Benjowski, Schawbacherische Verlagsbuchhandlung, Stuttgart, n.d.

13.(Benyowsky) ed. by Captain Pasfield Oliver, The Memoirs and Travels of Mauritius Augustus de Benyowsky in Siberia, Kamchatka, Japan, the Liukiu Islands and Formosa , T.Fisher Unwin/ Macmillan & Co, London/New York, 1893.

14.(Benyowsky)Eugen Krsizat, Benjowsky, Roman nach dem Tagebuch eines Abenteurers, Bernhard Sporn Verlag, Zeulenroda, 1937.

15.(Benyowsky) Martens, Kurt, Graf Benyowsky verachtet den Tod, Steuben-Verlag Paul G. Esser, Berlin, 1944.

16.Berg, A., Die Preussische Expedition nach Ost-Asien, in 10 vols., Berlin, Hofbuchdruckerei, 1864 -73.

17.Blei, Franz, Ungewohnliche Menschen und Schicksale, Ernst Rowohlt Verlag, Berlin, 1929

18.Blusse, Leonard, Tribuut aan China, Vier eeuwen Nederlands-Chinese betrekkingen, Otto Cramwinkel Uitgever, Amsterdam, 1989.

19.Boehm, Lise (ps. of Elise Willamina Giles), Formosa, a tale of the French Blockade, China Coast Tales 10, Kelly & Walsh, Limited, Shanghai-Hongkong-Yokohama-Singapore, 1906.

20.Boehm, Lise (ps. of Elise Willamina Giles), In the Sixties, China Coast Tales 3 & 4, Kelly & Walsh, Limited, Shanghai-Hongkong-Yokohama-Singapore, 1922.

21.Bonnetain, Paul, L'Extreme Orient, le Monde Pittoresque et Monumental, Librairies-Imprimeries Reunies, Paris, n.d. (1887).

22.Callery and Yvan, MM, History of the insurrection in China with notices of the christianity, creed and proclamations of the insurgents, Harper & Brothers, Publishers, New York, 1853.

23.Campbell, William, An Account of Missionary success in the island of Formosa, published in London in 1650 and now reprinted with copious appendices, in 2 vols. Trubner & Co, London, 1889.

24.Campbell, William, Formosa under the Dutch, described from contemporary records with explanatory notes and a blibliography of the island, Kegan Paul, Trench, Trubner & Co. Ltd, Soho (London), 1903.

25.Carrington, George Williams, Foreigners in Formosa 1841-1874, Chinese Material Center inc., San Francisco, 1977.

26.Chen, A Bibliography of English-language Sources for Taiwan History, Taipei, 1995.

27.China, Imperial Maritime Customs, Statistical Series: Nos 3 and 4, returns of Trade and Trade Reports for the Year 1891, Published by order of the Inspector General of Customs, Shanghai, 1892.

28.China Customs, Imperial Customs, Statistical Series: No. 6,Decennial Reports on the Trade, navigation, Industries, etc., of the Ports open to foreign commerce and Corea and on development of the treaty port provinces. 1882-91, first issue, Published by order of the Inspector General of Customs, Shanghai 1893.

29.Clark, J.D. (comp.), Formosa, Printed and Published at the 'Shanghai Mercury' Office, Shanghai, 1896.

30.Collingwood, Dr. C., Rambles of a naturalist on the Shores and Waters of the China Sea. Being observations in Natural History during a voyage to China, Formosa, Borneo and Singapore made in her Majesty's vessels in 1866 and 1867, John Murray, London, 1868.

31.(Coyett) C.E.S., 't Verwaerloosde Formosa, of waerachtig verhael, hoedanigh door verwaerloosinge der nederlanders in Oost-Indien, het eylant Formosa, van den Chinesen Mandorijn, ende Zeerover Coxinja, overrompelt, vermeestert ende ontweldight is geworden, 1675 (1991).

32.(Coyett) edited by Inez de Beauclair, Neglected Formosa, a translation from the Dutch, Chinese Materials Center, Inc, San Francisco, 1975.

33.Corner, Arthur, Journey in the Interior of Formosa, Proceedings Royal Geographic society, Vol. XIX, 1875.

34.Corner, Arthur, A Tour through Formosa from South to North, Proceedings Royal Geographic Society, Vol. XXII, 1877.

35.Coucheron-Aamot, Die Geschichte Ostasiens nach dem Frieden von Shimonoseki, Verlag von Robert Baum, Leipzig, 189?.

36.Dargene, Jean, Le Feu a Formose, roman de l'escadre Courbet, Librairie Ch. Delagrave, Paris, 18??

37.Davidson, James W., The island of Formosa; Its Past and Present. History, People, resources, and Commercial Prospects, Tea, Camphor, sugar, Gold, Coal, Sulphur, Economical Plants, and other Productions, Macmillan & Co., London, 1903.

38.Dawson, Edward Walter, The Isles of the Sea, being an entertaining narrative of a voyage to the Pacific and Indian Ocean and embracing a full and authentic account of the islands of (), Betts & Co., Publishers, Hartford, Conn., 1886.

39.Dekker, F. , Voortrekkers van Oud-Nederland in Engeland.Frankrijk.Achter-Indie.Formosa en Perzie, L.J.Boucher, 's-Gravenhage, 1947.

40.(Department of State), The Annual Report on the Commercial Relations between the United States and foreign nations made by the Secretary of State for the year ending september 30, 1869, Department of State, Government Printing Office, Washington, 1871.

41.Dubbeldam, C.W.Th. van Boetzelaer van Asperen en, De protestantsche kerk in Nederlandsch-Indie, haar ontwikkeling van 1620-1939, Martinus Nijhoff, 's-Gravenhage, 1947.

42.Duboc, Emile, En Chine, au Tonkin, 35 Mois de campagne, Courbet - Riviere, Librairie d'Education Nationale, Paris, n.d. (1898).

43.Edmonds, I.G., Taiwan, the other China, The Bobbs-Merrill Company, Indianapolis/New York, 1971.

44.Elisius, Ph. I., Diarii Europaei, oder Taglischer Geschichts-Erzehlung, neunter theil, bey Wilhelm Serlin Buchhandlern, Frankurt am Main,1663

45.Fischer, Adolf, Streifzuege durch Formosa, B. Behr's Verlag, Berlin, 1900.

46.Flier, A. van der, Door overmacht geveld, G.F. Callenbach, Nijkerk, 1905.

47.Foley, Frederic, The great Formosan Impostor, Jesuit Historical Institute, St.Louis University, Printed by Mei Ya Publications, Inc. Taipei, 1968.

48.Fraser, Thurlow, The Call of the East, a romance of Far Formosa, William Briggs, Toronto, 1914.

49.Friedel, E. Die Grundung Preussisch-deutscher Colonien im Indischen und Grossen Ocean, mit besonderer Rucksicht auf das ostliche Asien, eine Studie im Gebiete der Handels- und Wirtschaftpolitik, Verlag von Albert Eichhoff, Berlin, 1867.

50.Garnot, Capitaine, L'Expedition Francaise de Formose, 1884-85, Delagrave, Paris, 1894.

51.Ginsel, W.A. De Gereformeerde Kerk op Formosa of de lotgevallen eener handelskerk onder de Oost-Indische-Compagnie 1627-1662, Boek- en steendrukkerij P.J. Mulder & Zoon, Leiden, 1931.

52.Groeneveldt, W.P., De Nederlanders in China, eerste deel, De eerste bemoeienissen om den handel in China en de vestiging in de Pescadores (1601-1624), Martinus Nijhoff, 's Gravenhage, 1898.

53.(Gully, Robert and Denham, Frank), Journals kept by Mr. Gully and Captain Denham during captivity in China in the year 1842, Chapman and Hall, London, 1844.

54.Gutzlaff, Karl F. A., Journal of Two Voyage along the Coast of China, in 1831 and in 1832, John P. New Haven, 1833.

55.Hall, Phil, Robert Swinhoe, a Victorian Naturalist in treaty port China, in 'The Geographical Journal', Vol. 153 part 1, pp. 37-47, The Royal Geographical Society, London, 1987.

56.Henderson, Daniel, Yankee Ships in China Seas, Adventures of Pioneer Americans in the Troubled Far East, Hastings House, New York, 1946.

57.Ho, Samuel P.S., Economic Development of Taiwan, 1860-1970, Yale University Press, New Haven and London, 1978.

58.Hobson, H.E., Fort Zelandia, and the Dutch Occupation of Formosa, Journal of the North-China Branch of the Royal Asiatic Society, New Series no. XI, pp33-41, Shanghai, 1877.

59.(Herport) Honore-Naber, S.P. (ed.), Albrecht Herport. Reise nach Java, Formosa, Vorder-Indien und Ceylon 1659-1688. Bern 1669, facs. edition Martinus Nijhoff, Den Haag, 1930.

60.Hosie, Alexander, Report by Mr. Hosie on the Island of Formosa, with special references to its resources and trade (with a map), Printed for her Majesty's Stationery Office, London, 1893.

61.House, Edward Howard, The Japanese Expedition to Formosa, Tokyo, 1875.

62.Hughes, Thomas Francis, A visit to Tok-e-tok, Chief of the eighteen tribes of Southern Formosa, Proceedings of the Royal Geographical Society, Vol. 16, 1872, pp. 265-271.

63.Hurst, Richard Willard, Diplomatic and Consular reports on trade and finance. Reports for the year 1894, and 1895 on the trade of Tainan, Printed for her Majesty's Stationery Office by Harrison and Sons, London, 1895 and 1896.

64.Ibis, Paul, Auf Formosa, in: 'Globus, Illustrirte Zeitschrift fur Lander- und Volkerkunde', 31-er Band, pp. 148-152, 167-171, 181-187, 196-200, 214-217, 230-235, Druck und Verlag von Friedrich Vieweg und Sohn, Braunschweig, 1877.

65.Imbault-Huart, Camille, L'Isle Formose, Histoire et Description, Erst Leroux, Paris, 1893.

66.Imbault-Huart, Camille, Les Sauvages de Formose, no. 47 'Bibliotheque Illustree des Voyages autour du Monde par Terre et par Mer', Librairie Plon, Paris, n.d. (1890's).

67.Jackson, R.N., Pickering, Protector of Chinese, Oxford University Press, Kuala Lumpur, 1965.

68.Johnston, Rev. Jas., China and Formosa with the story of a mission of the Presbyterian Church of England, Hazell, Watson, & Viney, Ltd., London, 1897.

69.Keith, Marian, The Black-Bearded Barbarian, the life of George Leslie Mackay of Formosa, Missionary Education Movement of the United States and Canada, Interchurch Press, New York, 1912.

70.Kuepers, J.J.A.M., The Dutch Reformed Church in Formosa 1627-1662, Mission in a Colonial Context, Neue Zeitschrift fur Missionwissenschaft/Novelle Revue de science missionaire 33 (1977, 247-267;34 (1978),48-67. Immensee.

71.Kotzebue, August, Blumenkorbchen, Erzahlungen, n.p., n.d. (1810).

72.Kriszat, Eugen, Benjowsky, Roman nach dem Tagebuch eines Abenteurers, Bernhard Sporn Verlag, Zeulenroda i. Thur, 1937.

73.Last, Jef, Strijd, handel en zeeroverij, De Hollandse tijd op Formosa, Van Gorcum & Comp. N.V. -Dr.H.J.Prakke & H.M.G.Prakke, Assen, 1968.

74.Le Monnier, Franz Ritter von, Die Insel Fomosa, 'Deutsche Rundschau fur Geographie und Statistik', VII Jahrgang , heft 3, pp. 97-108, heft 5, pp. 210-221 , A. Hartleben's Verlag, Wien/Leipzig, 1885.

75.Loir, Maurice, L'Escadre de l'Amiral Courbet, Berger-Levrault & Cie Editieurs, Paris/Nancy, 1894.

76.Louwerse, P., Krijgsman en Koopman of hoe het eiland Formosa voor de O.-I. Compagnie verloren ging, A.W.Sijthoff, Leiden, n.d (1895).

77.Mackay, Geo. L., From Far Formosa, the island, its people and missions, Fleming H. Revell Company, New York/Chicago/Toronto, 1896.

78.MacLeod, Duncan, The Island Beautiful, the Story of Fifty Years in North Formosa, Board of foreign missions of the Presbyterian Church in Canada, Confederation Life Building, Toronto, 1923.

79.MacTavish, rev. W.S. (Ed.), Missionary Pathfinders, presbyterian laborers at home and abroad. The Musson Book Co.,Limited, Toronto, 1907.

80.Morse, Hosea B. , A short lived Republic (Formosa, May 24th to June 3rd, 1895), in 'New China Review', No. 1. March 1919, pp 23-27.

81.Otness, Harold M., One thousand Westerners in Taiwan, to 1945; a biographical and bibliographical dictionary,

82.Institute of Taiwan History, prepatory office Academia Sinica, Taipei, 1999.

83.Pauli, Gustav, Was ich auf der Insel Formosa sah und horte, in 'Mitteilungen der Geographischen Gesellschaft in Lubeck', Heft und 3, pp. 57-82, Gerdinand Grauthoff, Lubeck, 1883.

84.(Perouse, de la), Voyage round the world, performed in the years 1785,1786, 1787 and 1788 by the Boussole and Astrolabe, Under the command of J.F.G. de la Perouse, G.G. and J. Robinson e.a., London, 1799.

85.Petit, Maxime, La France au Tonkin et en Chine, Publication de la Librairie Illustree, Paris, n.d.

86.Phillips, Geo (Ed), Dutch trade in Formosa in 1629, Printed at the 'Celestial Empire office', Shanghai, 1878

87.Pierson, Arthur T., The miracles of missions, modern marvels in the history of missionary enterprise, second series, Funk & Wagnalls Company, New York and London, 1895.

88.Psalmanaazaar, An historical and Geographical Description o Formosa, an Island subject to the Emperor of Japan giving an account of the Religion, Customs, Manners, &c. of the Inhabitants. Together with a Relation of what happen'd to the Author in his travels; particularly his Conferences with the Jesuits, and others, in several Parts of Europe. Also the History and Reasons of his Conversion to Christianity, whith his Objections against it (in defence of Paganism) and their answers. To which is prefix'd a Prefacein Vindication of himself from the Reflections of a Jesuit lately come from China, with an Account of what passed between them. By George Psalmanazaar, a native of the said island, now in London. London, 1704 (repr. 1926).

89.Psalmanaazaar, Beschryvinge van het eyland Formosa in Asia, En der Regering, Wetten, Zeden, en Godsdienst der inwoonders, Uit de gedenkschriten van den Hr. Georgius Psalmanaazaar Aldaar geboortig, 'tzamengestelt. Mitsgaders Een breet, en net verhaal zijner Reizen door verscheidene Landenvan Europa, en van de vervolging, welke hy door toedoen der jesuiten van Avignon, geleden heeft; benevens de redenen, die hem tot het afzeren van het Heidendom, en het aannemen der hervormde Christelijke Godsdienst gebracht hebben. (translation from the French by N.F.D.B.R.), Pieter van der Veer boekverkooper te Rotterdam, 1705.

90.(Psalmanazar), Memoirs of ****. Commonly known by the Name of George Psalmanazar; a Reputed Native of Formosa. Written by himsel In order to be published after his death. Containing An account o his Education, Travels,

Adventures, Connections, Literary Productions, and pretended Conversion from Heathenism to Christianity; which last proved the Occasion of his being brought over into this Kingdom, and passing for a Proselyte, and a Member of the Church of England. Printed for the executric. London, 1764.

91.(Psalmanazar) 'Gentleman's Magazine', pp. 503-508, 573-xx, November, London, 1764.

92.(Psalmanazar, see also: Blei, Franz, Ungewohnliche Menschen und Schicksale, Ernst Rowohlt Verlag, Berlin, 1929.)

93.(Psalmanazar, see also: Foley, Frederic, The Great Formosan Impostor, the Jesuit Institite, Taipei, 1968)

94.Ragot, Ernst, Le Blocus de l'ile de Formose, these pour le doctorat, Imprimerie A. Mellottee, Paris, 1903.

95.Reclus, Elisee, Nouvelle Geographie Universelle, La Terre et les Hommes', Vol. VII: L'Asie Orientale, Librairie Hachette et cie, Paris, 1882.

96.Resandt, W Wijnaendts van, De Gezaghebbers der Oost-Indische Compagnie op hare Buiten-Comptoiren in Azie, Uitgeverij Liebaert, Amsterdam, 1944.

97.Riess, Ludwig, Geschichte der Insel Formosa in 'Mittheilungen der Deutschen Gesellschaft fur Natur- und Volkerkunde Ostansiens', Heft 59, Tokyo, 1897.

98.Roche, James F. & Cowen L.L., The French at Foochow, printed at the 'Celestial Empire' Office, Shanghai,1884.

99.Rollet de l'Isle, M., Au Tonkin et dans les mers de Chine, Souvenirs et croquis (1883-1885), E. Plon, Nourrit et Cie, Paris, 1886.

100.(Rr), Die Insel Formosa, in 'Aus Allen Welttheilen, Familienblatt fur Lander- und Volkerkunde', pp. 307-311; 348-49, 1878.

101.Rubinstein, Murray A. (ed.) e.a., Taiwan, a new history, M.E.Sharpe, New York/London, 1999.

102.Schetelig, Arnold, Mittheilungen uber die Sprache der Ureinwohner Formosa's, in 'Zeitschrift fur Volkerpsychologie und Sprachwissenschaft', n.p, 1869.

103.Schetlig, Arnold, Reise in Formosa, in 'Zeitschrift Gesellschaft fur Erdkunde zu Berlin', vol. III, 1868.

104.(Schmalkalden) Joost, Wolfgang (ed.), Die Wundersamen Reisen des Caspar Schmalkalden nach West- und Ostindien 1642-1652, Veb F.A. Brockhaus Verlag Leipzig, 1983.

105.Shore, Henry Noel N. L. (Pseud. of Henry N.S. Teignmouth), The flight of the lapwing, a naval officer's jottings in China, Formosa and Japan, Longmans, Green, and co. London, 1881.

106.Struys, Jan, The voyages and travels of John Struys (..), London, 1684.

107.St. Denys, Hervey, Sur Formose et sur les iles appelees en Chinois Lieou-Kieou, in: 'Journal Asiatique' Aout-September 1874, pp. 105-121, Paris, 1874.

108.Staatkundige historie van Holland (....) alsmede maandelijkse Nederlandsche Mercurius, zestigste deel, vier honderd zes-en-zeventigste stuk, by Bernardus Mourik, Amsterdam, 1786.

109.Swinhoe, Robert, Narrative of a visit to the island of Formosa, in North China Branch of the Royal Asiatic Society, 1858-9, pp 145-164.

110.Swinhoe, Robert, General Description of the Island of Formosa, in Chinese and Japanese Repository, 1864: pp. 159-166; 1865: pp. 161-176, 217-223.

111.Swinhoe, Robert, Notes on the Ethnology of Formosa, extracted from a paper read before the Ethnological Society, with Additional Remarks, privately printed, n.d. (1863)

112.Swinhoe, Robert, Notes on the Island of Formosa, Proceedings of the Royal Geographic Society , vol. 8, pp. 23-28.

113.Swinhoe, Robert, Additional notes on the island of Formosa, Proceedings of the Royal Geographic Society, vol. 10, pp. 122-128.

114.Stocklein, Jospeho, Allerhand so Lehr-als Geistreich Brieff, Schrifften und Reis-Beschreibungen, welche von denen Missionaris der Gesellschaft Jesu aus Heyden Indien, und anderen uber Meer geleghen Landern, seit an 1642 bis

1726 in Europa angelandt seynd, Verlegts Philipp/Martin/und Johann Veith seel, Erben, Augsburg und Graz, 1726.

115.Takegoshi, Yosaburo, Japanese rule in Formosa, Longmans, Green, and Co, New York, Bombay, and Calcutta, 1907.

116.Taylor, George, Formosa: characteristic traits of the island and its aboriginal inhabitants, Proceedings of the Royal Geographic Society, pp. 224-239, 1889.

117.Thomson, John, Notes of a Journey in Southern Formosa, Proceedings of the Royal Geographic Society, Vol 17, pp. 97-106, London, 1873.

118. Thomson, John, Illustrations of China and its People, in Four Volumes, S.Low, Marston, Low and Searle, London, 1873/4 (repr. China and its People in Early Photographs, Dover Publications, New York, 1982).

119.Thomson, John, The Straits of Malacca, Indo-China, and China or, Ten Years Travels, Adventures, and Residence Abroad, Harper & Brothers, Publishers, New York, 1875.

120.Thomson, John, Through China with a camera, A. Constable & Co, Westminster, 1898.

121.Thomson, John, China, the Land and its People, early Photographs by John Thomson, John Warner Publications, Hongkong, 1977.

122.Tong, Hollington, Christianity in Taiwan: a History, Taipei, 1961.

123.Valentyn, F., Oud en Nieuw Oost-Indien, vervattende een Naaukeurige en Uitvoerige verhandelinge an Nederlands Mogentheyd in de Gewesten, (), Dordrecht, 1724-26.

124.Verhoeven, F.R.J., Bijdragen tot de oudere koloniale geschiedenis van het eiland Formosa, J.C. van Langen, 's-Gravenhage, z.j.(1930).

125.Verster Balbian, J.F.L. Psalmanasar, een geographisch-ethnographisch bedrog in de 18e eeuw. In: 'Tijdschrift van het Koninklijk Nederlandsch Aardrijkskundig Genootschap', tweede reeks DL XLVII No. 5, Leiden,1930.

126.Vrankrijker, A.C.J. de, Francois Caron, een carriere in het Verre Oosten, Uitgevers-maatschappij 'Elsevier', Amsterdam, 1943.

127.Vries, Anne de, en P.H.Muller, Het droevig avontuur van Formosa, P.Noordhoff N.V., Groningen, 1930.

128.Warren, Pelham, Diplomatic and Consular reports on trade and finance. Reports for the years 1886, 1887 for the trade of Taiwan (Formosa); reports for the year 1889, 1891, 1892 for the trade of Tainan. Printed for her Majesty's Stationery Office by Harrison and Sons, 1887-1893, London.

129.Waterschoot, B., Het eiland Formosa en zijn inboorlingen: realiteit en beeld, 2 delen, Licentiaatsverhandeling, Leuven, 1991.

130.Weggel, Oskar, Die Geschichte Taiwans, Bohlau Verlag, Koln/Weimar/Wien, 1991.

131.White, Stephen, John Thomson, A Window to the Orient, Thames & Hudson Inc., London 1986.

132.Wirth, Albrecht, Geschichte Formosa's bis Anfang 1898, Verlag von Carl Georgi, Universitats-Buchdruckerei, Bonn, 1898.

133.Wijnaendts van Resandt, W., De Gezaghebbers der Oost-Indische compagnie op haar Buiten-Comptoiren in Azie, Uitgeverij Liebaert, Amsterdam.

134.Yen, Sophia Su-fei, Taiwan in China's foreign relations 1836-1874, The Shoestring Press, Hamden, Connecticut, 1965.

135.Zandvliet, Kees, Constructing a colony, Dutch cartography in relation to Formosa, manuscript; Chinese edition published by Echo Publications, Taipei.

136.Zeeuw, P., J. Gzn. De, De Hollanders op Formosa 1624-1662, een bladzijde uit onze koloniale- en zendings-geschiedenis, W. Kirchner, Amsterdam, 1924.

感謝

大鑫國際股份有限公司

新翎企業有限公司

熱情贊助

讓本書得以成功推出！

國家圖書館出版品預行編目資料

風中之葉—福爾摩沙見聞錄／蘭伯特（Lambert
van der Aalsvoort）著；林金源譯
—初版—臺北市：經典雜誌，2002年（民91）
探索系列
附參考書目
含索引
ISBN：986-80304-2-0

1. 台灣-歷史
673.22 　　　　　　　　　　　　　　　　　　91011695

福爾摩沙見聞錄 風中之葉

作　　　者 / 蘭伯特(Lambert van der Aalsvoort)

審 訂 者 / 陳國棟

譯　　　者 / 林金源

發 行 人 / 王端正

總 編 輯 / 王志宏

責任編輯 / 林香婷・李菁菁

文字編輯 / 李光欣・王一芝・鄭吳富・唐澄暐(實習生)

美術編輯 / 林家琪・蔡雅君・杜軍儀

校對志工 / 廖耿能・魏淑貞

出 版 者 / 經典雜誌

地　　　址 / 台北市忠孝東路三段二一七巷七弄十一號一樓

電　　　話 / 02-27760111

劃撥帳號 / 19194324

登 記 證 / 行政院新聞局出版事業登記證局版北市誌第2088號

製 版 廠 / 禹利電子分色有限公司

印 刷 廠 / 秋雨印刷股份有限公司

經 銷 商 / 凌域國際股份有限公司

地　　　址 / 台北縣五股工業區五權三路八號五樓

電　　　話 / 02-22983838

出版日期 / 九十一年八月初版一刷　　　　　ISBN 986-80304-2-0

定　　　價 / 1200元